Mosaik

Bolliger/Erben/Grau/Heubl

Strauchgehölze

Herausgegeben von Gunter Steinbach
Illustriert von Hans Held

Mosaik Verlag

Der Mosaik Verlag ist ein Unternehmen
der Verlagsgruppe Bertelsmann

Neue, bearbeitete Sonderausgabe

Druck und Bindung: Graphischer Großbetrieb Pößneck GmbH
Printed in Germany · ISBN 3-576-10560-3

Inhalt

Ein Verzeichnis fachkundlicher Begriffe wurde in den Band *Bäume* aufgenommen.

Zum Buch

Innerhalb unserer Reihe fügen sich die Strauchgehölze zwischen die Bände *Wildblumen* und *Bäume* ein. Die Grenzen zu den blühenden Stauden und Kräutern, die wir ungenau als ›Wildblumen‹ zusammenfassen, einerseits und den Bäumen andererseits fließen. Verholzende Sprosse scheiden die Strauchgehölze unabhängig von ihrer Wuchsgröße von den krautigen Pflanzen, so daß etwa das Heidekraut nicht den ›Blumen‹, sondern den Strauchgehölzen zuzuordnen ist.
Schwieriger wird die Unterscheidung zwischen Sträuchern und Bäumen, zumal nicht wenige Arten sowohl in Strauch- als auch in Baumgestalt auftreten, etwa der Schwarze Holunder. So verwendet man hier auch zutreffenderweise beide Bezeichnungen für eine Art: Holunderbusch und Holunderbaum. In jedem Fall behandelten wir eine Gehölzart nur jeweils einmal, entweder im Band Strauchgehölze oder im Band Bäume, so daß beide Bände zusammen die wildwachsenden Gehölzpflanzen Europas dokumentieren.
Die Gliederung in zwei Bände ermöglichte es uns, die formenreiche Gehölzflora verhältnismäßig ausführlich in Text und Bild zu würdigen, auch die in Mitteleuropa nicht oder nur selten vorkommenden Arten darzustellen, vor allem die des Mittelmeerraumes und des hohen Nordens beziehungsweise der Hochgebirge.
Der Aufbau des Bandes nach botanischen Familien und Gattungen entspricht dem Grundsatz unserer Reihe. So können ähnliche Arten, unabhängig von ihrem bevorzugten Lebensraum, besser miteinander verglichen werden. Viele Strauchgehölze sind nicht ähnlich eng an genau abgrenzbare Biotope gebunden, wie das bei vielen Wildblumen zutrifft.
Die Randsymbole des Bestimmungsteiles bezeichnen die 45 Pflanzenfamilien des Bandes. Die Doppelseite 8/9 ermöglicht eine Übersicht. Als Bestimmungsschlüssel eignen sich die Familiensymbole allerdings nur in beschränktem Maße.
Während die Wildblumen vom interessierten Naturfreund in der Regel nur während ihrer Blüte wahrgenommen und dann auch bestimmt werden, bleiben zumindest die größeren Strauchgehölze auch während der übrigen Jahreszeiten unübersehbar. Als Bestimmungshilfe bekam deshalb jede Art neben der Bebilderung durch Fotos eine genaue Blattzeichnung. Sie dient der Schnellerkennung, ersetzt aber bei vielen Arten mit recht ähnlichen Blattbildungen das Beschreiben anderer Bestimmungs-Merkmale nicht.
Die Autoren unterzogen sich der Mühe, die botanischen Merkmale recht genau und umfassend herauszuarbeiten. Der Laie wird für das Erkennen der wichtigsten heimischen Sträucher diesen informationsreichen Pflanzensteckbrief nicht ausschöpfen müssen. Dem Fachmann ermöglichen die dargestellten Einzelheiten jedoch eindeutige Abgrenzung zu ähnlichen Arten und Formen. Von den zahlreichen Strauchgehölzen, die meist als Kultursorten unsere Parks und Gärten eroberten, wurden nur solche berücksichtigt, die sich in unserer Wildflora eingebürgert haben, das heißt, die sich in freier Natur unter unseren Klimabedingungen behaupten und vermehren. Gartenfreunde seien auf mein Taschenbuch *Ziersträucher* im Heyne Verlag hingewiesen.
G. S.

Übersicht der Bildsymbole für die 46 Pflanzenfamilien dieses Bandes

Kieferngewächse
Seite 16

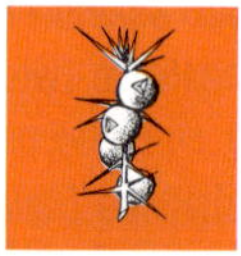
Zypressengewächse
Seite 18

Hahnenfußgewächse
Seite 20

Lorbeergewächse
Seite 24

Berberitzengewächse
Seite 26

Steinbrechgewächse
Seite 30

Rosengewächse
Seite 38

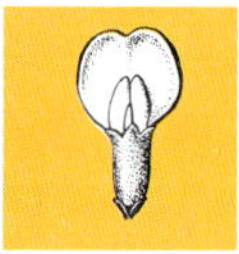
Schmetterlingsbütler
Seite 84

Seidelbastgewächse
Seite 108

Ölweidengewächse
Seite 114

Zistrosengewächse
Seite 118

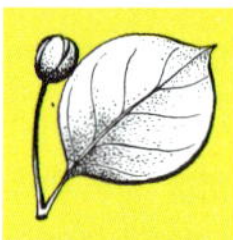
Kaperngewächse
Seite 118

Tamariskengewächse
Seite 120

Myrtengewächse
Seite 124

Granatapfelgewächse
Seite 124

Johanniskrautgewächse
Seite 126

Malvengewächse
Seite 128

Rautengewächse
Seite 128

Kreuzblumengewächse
Seite 130

Sumachgewächse
Seite 130

Ahorngewächse
Seite 134

Stechpalmengewächse
Seite 136

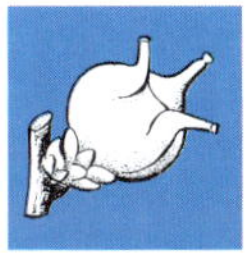

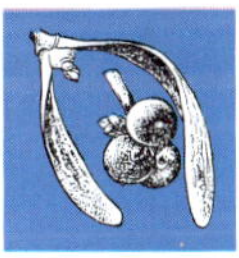

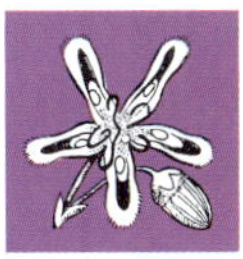

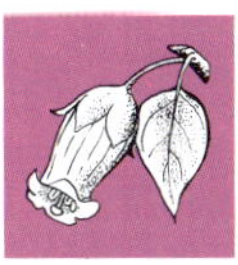

Was sind Sträucher?

Links: Purpurweide, Waldsaum, Bärentraube

Sie fehlen in keinem Garten und sind uns als mittelhohe Gewächse wohlvertraut. Die Kennzeichnung »größer als eine Krautpflanze und kleiner als ein Baum« reicht indessen bei weitem nicht aus, der Eigenart und Vielfalt unserer Strauchgehölze gerecht zu werden. Die uns für einen Strauch vielleicht typisch erscheinende mittlere Größe stellt nur eine Gruppenkennzeichnung und ein in vielen Fällen unbrauchbares Erkennungsmerkmal dar.

Der Zwerg-Kreuzdorn, der im Gebirge mit flach ausgebreiteten Ästen und kaum 1 cm hohen Zweiglein auf einem Felsblock kriecht, ist genauso ein Strauch wie die über mannshohe Purpurweide am Bachufer. Zwei wesentliche Merkmale verbinden diese in ihrem äußeren Erscheinungsbild so verschiedenen Pflanzen: Im Gegensatz zu den Krautpflanzen weisen sie verholzte Sprosse auf, unterscheiden sich aber von den ebenfalls holzigen Bäumen durch ihre von Grund auf verzweigte, nicht in Stamm und Krone gegliederte Wuchsform. Weil sich der Hauptsproß schon wenig über dem Boden in mehrere etwa gleichstarke Stämmchen teilt, werden Sträucher in der Regel nicht so hoch wie Bäume, die meistens einen Hauptstamm entwickeln.

Die Verholzung beruht auf dem Einbau von Holzstoffen, den Ligninen, in die Zellulose-Wand der Zellen. Die Lignine bilden reichverästelte räumliche Gitter in den freien Räumen zwischen den fadenartigen Zellulose-Molekülen. Hierbei entsteht eine Substanz, die sich in Struktur und Formfestigkeit mit Eisenbeton vergleichen läßt, wobei die Zellulose-Fibrillen den Eisenstäben und die Lignine dem Beton entsprechen. Verholzte Zellwände sind deshalb nicht nur zugfest wie reine Zellulose-Wände, sondern darüber hinaus auch druckfest. Dank dieser erhöhten mechanischen Festigkeit vermögen Holzpflanzen unglaubliche Wuchshöhen zu erreichen, wie etwa die kalifornischen Mammutbäume mit über 100 m. Verholzte Triebe sind außerdem frosthärter und weniger anfällig gegen Tierfraß als krautige.

Im Winter allerdings müssen die Holzgewächse mit einem Nachteil ihrer Lebensform fertig werden. Ihre Erneuerungsknospen liegen über der Erdoberfläche und sind somit ungeschützt dem Frost ausgesetzt, im Gegensatz zu den meisten mehrjährigen krautigen Pflanzen, die z. B. als Knollen, Zwiebeln oder Wurzelstöcke im Boden überwintern. Der Frost stellt für die Pflanzen eine zweifache Gefahr dar. Er kann unmittelbar Schäden verursachen, die auf das Gefrieren des Wassers in den Geweben zurückgehen (Kälteschäden), oder er bewirkt das Vertrocknen der oberirdischen Organe, weil durch die blockierten Leitbahnen kein Wasser mehr nachgeführt werden kann (Frostdürre). Sträucher und Bäume schützen deshalb ihre Knospen durch derbe lederige, harzige, schleimige oder dichtbehaarte Knospenschuppen. Oft genügen aber auch diese Schutzeinrichtungen nicht, so daß die Winterkälte nur unter einer Schneedecke ausgehalten werden kann. Als schlechter Wärmeleiter bildet der Schnee einen wirksamen Frostschutz.

Die Sträucher brachten vielfältige Wuchs- und Lebensformen hervor. In Mitteleuropa besonders gut vertreten sind **sommergrüne Sträucher mit großen Blättern,** die

Rutensträucher verdunsten wenig Wasser

von einer reichlichen Wasserversorgung abhängen, wie die Hasel und der Holunder. An trockene und heiße Klimate passen sich die Rutensträucher an, die immergrünen Hartlaubsträucher, die Dornensträucher und die Halbsträucher.

Rutensträucher, wie etwa die Ginsterarten, kennzeichnen sich durch blattlose oder nur mit kleinen Schuppenblättern besetzte, schlanke, grüne Sprosse; diese »Ruten« assimilieren wie Blätter, verdunsten aber bedeutend weniger Wasser; durch Abwerfen des kleinblättrigen Laubes kann die Verdunstung noch zusätzlich eingeschränkt werden.

Bei den **immergrünen Hartlaubsträuchern,** etwa beim Lorbeer und bei der Stechpalme, sind die Zellen des Abschlußgewebes stark verdickt, oft verkorkt und mit Wachs- oder Harzschichten überzogen, womit ein wirkungsvoller Verdunstungsschutz erreicht wird.

Auch bei den **Dornsträuchern** assimiliert häufig die grüne Rinde, während die Blätter oder die Sproßachsen zu Dornen umgebildet sind, wie bei der Berberitze, beim Stechginster und beim Schwarzdorn. Die Verdornung setzt nicht nur die Transpiration herab, sondern schützt gleichzeitig vorzüglich gegen Tierfraß.

Die **Nadelsträucher,** wie der Wacholder, sind ebenfalls recht unempfindlich gegen Verbiß und wegen der geringen Verdunstung der Nadeln oft auch ziemlich unempfindlich gegen Trockenheit.

Eine Anpassungsform an Klimazonen mit langen und kalten Wintern stellen die **Zwergsträucher** dar. Dank ihres niedrigen Wuchses entgehen sie im Schutz der Schneedecke den härteren Frösten und den heftigen Winterstürmen. Sie sind vorwiegend im Hochgebirge (z. B. Vaccinien) und in den arktischen Tundren verbreitet (z. B. Zwergbirke und verschiedene kleine Weiden).

Eine besondere Form der Zwergsträucher bilden die am Boden kriechenden **Spaliersträucher.** Durch enges Anschmiegen an den Untergrund nützen sie die Erdwärme aus und entgehen weitgehend dem Windanprall. Mit ihrem reich verzweigten, oft teppichartig ausgebreiteten Astgeflecht vermögen sie auch nackte und steile Felswände zu überziehen. Mehrere Weiden, wie die Netz-Weide, die Buchs-Kreuzblume und die herzblättrige Kugelblume gehören in diese Gruppe. Ihr karger Lebensraum schützt sie vor dem Wettbewerb mit höherwüchsigen Pflanzen.

Halbsträucher stellen Übergangsformen zwischen Sträuchern und Kräutern dar: ihre unteren Sproßteile verholzen, die oberen sind krautig. In der Trockenzeit dorren die oberen Teile ab, während der verholzte untere Teil, der die Überdauerungsknospen trägt, erhalten bleibt. Zur Vorherrschaft gelangen Halbsträucher (z. B. Zistrosen- und Sonnenröschen-Arten) vor allem in Trockengebieten mit häufigen Bränden.

Strauchförmige Halbparasiten, wie die Mistel, dringen mit wurzelähnlichen Gebilden in ihre Wirtspflanzen ein und entnehmen diesen Nährsalze und Wasser. Als grüne Pflanzen sind sie jedoch selber zur Assimilation befähigt.

Die Bedeutung der Sträucher für die Vegetation Europas

Fast alle Straucharten sind sehr lichtbedürftig und meiden den Waldschatten. Im Innern der meisten Wälder Mittel- und Osteuropas spielen sie deshalb keine bedeutende Rolle. Sie gedeihen hier am besten an halbschattigen Standorten, die keine großen Flächen einnehmen: auf Waldlichtungen, an sonnigen Waldrändern, in Hecken und an den Ufern von Fließgewässern.

Dort aber, wo sie von den Bäumen nicht verdrängt und von den Menschen geduldet werden, bilden sie häufig die vegetationsbeherrschende Gewächsform. Eine von Natur aus herausragende Rolle spielen sie in verschiedenen ökologisch extremen Lebensräumen: im Hochgebirge an und oberhalb der Waldgrenze, in der arktischen Tundra, im Dünensand und auf den Schären der Küsten sowie in bach- und flußbegleitenden Auengebüschen. Zu den wichtigsten Bestandbildern der Pflanzendecke gehören sie außerdem in Gebieten, die durch das massive Eingreifen des Menschen ihr ursprüngliches Waldkleid verloren haben, wie in den atlantischen Heidegebieten Westeuropas und in den Buschsteppen des Mittelmeerraumes.

An der Waldgrenze im **Hochgebirge** bilden Beerensträucher (Vaccinien: Heidel- und Preiselbeere) zusammen mit der Alpenrose den oft dickichtartigen Unterwuchs in lichten Arven-Lärchenwäldern. Diese **Alpenrosen-Vaccinienheide** entwickelt sich auch oberhalb der Waldgrenze und wird je nach Untergrund von der Behaarten Alpenrose *(Rhododendron hirsutum* auf Kalkböden) oder von der Rostroten Alpenrose *(Rhododendron ferrugineum* auf eher sauren Böden) gebildet. Infolge ihrer Giftigkeit meidet das Vieh die Alpenrose; sie kann sich deshalb auch auf Weiden rasch ausbreiten. Sie ist frostempfindlich und auf den Schneeschutz angewiesen.

In noch höheren Lagen findet sich meist ein weiterer überwiegend aus Sträuchern bestehender Vegetationsgürtel: Die **Krähenbeeren-Heide.** Neben der Krähenbeere *(Empetrum hermaphroditum),* deren Früchte die Hauptnahrung der Schneehühner bilden, kommt hier auch die Rauschbeere« *(Vaccinium uliginosum)* häufig vor. An windgepeitschten Kämmen und Kuppen breiten sich die Spaliere der widerstandsfähigen Alpenazalee *(Loiseleuria procumbens)* aus, die Temperaturen bis −40° C erträgt. In dieser tundra-ähnlichen, niederwüchsigen **Alpenheide** gedeihen üppig mehrere Flechten, vor allem das Isländische Moos *(Cetraria islandica)* und Rentierflechten *(Cladonia).*

Eine wichtige Rolle als Pionier in **Schutt- und Blockhalden** spielt die Silberwurz *(Dryas octopetala),* sie bedeckt mit ausgedehnten Strauchspalieren den Boden. Trotz ihrer geringen Höhe von nur wenigen Zentimetern werden diese Pflanzen bis 50 Jahre alt. Das auffallend schöne, weißblühende Rosengewächs befestigt lose Steine und hält in seinem Astgeflecht Mineralstaub fest, der zusammen mit den abgestorbenen Blättern Humus bildet. Damit wird der Boden für Rasenpflanzen vorbereitet, die ihrerseits einen Übergang zum Boden für Bergföhrenwald (Latschen) darstellen.

In den endlos sich erstreckenden, **arktischen Zwergstrauchheiden** des Hohen Nordens können sich nur Pflanzen halten, die an die langen, lichtarmen Winter mit ihren sehr niedrigen Temperaturen angepaßt sind. Ein weiteres Erschwernis für die Vege-

Alpine Zwergsträucher

tation stellen hier auch die heftigen Winterstürme mit Geschwindigkeiten von über 100 km/h dar. Sie schaden den Pflanzen unmittelbar durch die mechanische Wirkung des Schnee- und Eisschliffes sowie mittelbar durch das Wegfegen des schützenden Schnees an exponierten Stellen.

Zwergsträucher mit zum Teil immergrünen kleinen Blättern wurden deshalb zur kennzeichnenden Wuchsform der Tundra. Sie können die überaus kurze Vegetationszeit voll ausnutzen. Vorwiegend handelt es sich um Heidekrautgewächse arktischer Gattungen, die im übrigen Europa fehlen: *Harrimanella, Cassiope* und *Phyllodoce.* Daneben sind auch sommergrüne Kleinsträucher, wie die Zwergbirke und verschiedene Zwergweiden sehr verbreitet. Wie langsam sich das Wachstum in dieser Zone vollzieht, lassen bis 30jährige Sträuchlein und Bäumchen erahnen, die kaum aus der Krautschicht herausragen und an Höhe oft nicht mehr als 1 cm im Jahr zunehmen. Selbst auf dem zum größten Teil mit Eis bedeckten Franz-Josef-Land, wo es nur noch 36 Blütenpflanzen-Arten gibt, behaupten sich die Zwergsträucher neben polsterförmigen Stauden; sie werden über 100 Jahre alt. Auch in unseren Breiten wachsen einige Strauchgehölze nur sehr langsam: An einem 8,3 cm dicken Wacholderstämmchen wurden 544 Jahresringe gezählt!

Dauernd von Überschüttung bedroht ist die Vegetation in den **Dünen** der Küsten. Als Pioniere bewähren sich hier die Krähenbeere *(Empetrum nigrum),* die eine allmähliche Übersandung verträgt, und die selten über 40 cm hoch werdende Dünen-Kriechweide *(Salix arenaria),* die zusammen mit dem Sanddorn *(Hippophae rhamnoides)* den **Sanddorn-Dünenweiden-Busch** bildet. Mit ihren oft weit kriechenden Wurzelausläufern befestigen diese Sträucher den Dünensand und bereiten damit die Bewaldung durch die Kiefer vor.

Auf den windgefegten und mit Salzwasser übersprühten Schären Skandinaviens gehören Sträucher zu den sich am weitesten vorwagenden Pflanzen: Heidekraut, Heidel-, Moos- und Krähenbeere bilden hier zusammen mit vereinzelten Birken die sogenannte marine Baumgrenze.

Als erfolgreiche Besiedler sandig-kiesiger **Schwemmböden** an den Ufern von oft reißenden Bächen und Flüssen haben sich die Weiden erwiesen. Mit kräftigen und tiefen Pfahlwurzeln verankern sie sich fest im Boden. Ihre Stämme und Äste bleiben auch im Alter biegsam. Sie regenerieren sich schnell, wenn sie durch Steine oder Eisschollen verletzt werden, was an Gebirgsbächen mit ihren Hochwässern während der Schnee-

schmelze und ihrem starken Gefälle nicht selten geschieht.
Viele Weidenarten haben schmale Blätter, die dem Hochwasser nur wenig Widerstand entgegensetzen. Eine weitere Anpassung an den unwirtlichen Standort stellt das Ausschlagvermögen der Weiden dar: abgebrochene und im Uferschlamm steckengebliebene Zweige bilden Ableger, aus denen neues Weidengebüsch hervorgeht.
In den atlantiknahen Gebieten Westeuropas wurden die ursprünglichen Laubwälder schon seit vorgeschichtlicher Zeit durch den Menschen vernichtet, so daß sie heute über weite Strecken gänzlich fehlen. An ihre Stelle traten auf den infolge der hohen Niederschläge ausgewaschenen sauren Böden Heiden auf, in denen Sträucher die dominierende Pflanzenform darstellen. Die wichtigsten Sträucher dieser **atlantischen Heiden** sind Ginsterarten wie der Besenginster *(Sarothamnus)*, der Stechginster *(Ulex)* und verschiedene Genista-Arten, das Heidekraut *(Calluna vulgaris)* sowie Erica-Arten. Im Norden Westeuropas gelangen die Beerensträucher der Heidekrautgewächse *(Vaccinium)* und die Krähenbeere zur Vorherrschaft. Alle Heidesträucher vertragen Winterfröste schlecht; sie kommen deshalb in küstenfernen Gebieten nur an Stellen vor, wo das Klima verhältnismäßig mild oder eine schützende Schneedecke vorhanden ist. Fast ein Drittel von Schottland wird von Calluna-Heide eingenommen, die dort als Schafweide genutzt wird und die Niederwildjagd begünstigt.
Eine ebenfalls strauchreiche Ersatzvegetation stellen die **Buschsteppen des Mittelmeergebietes** dar. Man bezeichnet sie je nach Dichte und Höhe der Bestände als **Macchien, Gariden** (französisch: Garrigue; griechisch: Phrygana; spanisch: Tommilla-

Mediterrane Macchia

res) oder **offene Felsenfluren.** Sie ersetzen den immergrünen Steineichenwald *(Quercus ilex)*, der vor dem räuberischen Eingreifen des Menschen die natürliche Vegetation bildete. Die fast vollständige Rodung der Eichenwälder hatte die Austrocknung des Bodens und, bedingt durch die ergiebigen winterlichen Niederschläge, die Abtragung der Humusdecke zur Folge, so daß sich heute nur noch die genügsameren Strauchgehölze halten können.
Durch besondere Anpassungen, welche die Verdunstung einschränken, wird den Sträuchern die Besiedelung dieses wasserarmen Lebensraumes ermöglicht: Verdickung der Zellwände (immergrüne Hartlaubsträucher), Verkleinerung der Blattoberfläche (Nadelblätter bei Heidekrautgewächsen und Wacholder), Schuppenblätter bei der Tamariske oder völlige Rückbildung der Blätter (Ginsterarten und andere Rutensträucher). Wo häufig Brände wüten, breiten sich Halbsträucher aus, zum Beispiel die Zistrosen *(Cistus)*, der Rosmarin und der Lavendel; sie werden besser mit der Vernichtung ihrer oberirdischen krautigen Teile fertig als andere Gewächse, weil sie sich durch grüne Triebe aus Knospen der unversehrt gebliebenen, unterirdischen Holzsprosse rasch erneuern können.

Merkmale: Immergrüner, nadeltragender, vom Boden an verzweigter, breitwachsender, 1–5 m hoher Strauch mit mehreren dicken, niederliegenden bis aufsteigenden oder auch aufrechten Stämmchen und breit kegelförmiger Krone. Untere Äste häufig knieförmig gebogen. Rinde graubraun bis rötlich grau, in kleine eckige Schuppen zerreißend; Schuppen im Alter schwärzlich, an den Rändern leicht aufgebogen, aber nicht abblätternd. Junge Triebe hellgrün, im Laufe des Streckungswachstums braun werdend. Knospen äußerst harzreich, 5–7 mm lang und 2–3 mm im Durchmesser, länglich-zylindrisch, am oberen Ende zugespitzt. Blätter nadelförmig paarweise angeordnet, 30–80 mm lang und 2–3 mm breit, gerade oder sichelförmig zur Achse hin gekrümmt, im Querschnitt halb stielrund, beiderseits glänzend dunkelgrün, am Rand fein gesägt, am oberen Ende hornartig ausgezogen, an der Basis scheidenartig von mehreren, dicht anliegenden Schuppen umgeben. Männliche Blüten im Frühjahr erscheinend, achselständig, 10–15 mm lang, spindelförmig, goldgelb, aus zahlreichen, schraubig angeordneten Staubblättern bestehend, zu mehreren am Grunde um junge Langtriebe ährenförmig angeordnet (= männlicher Zapfen). Weibliche Blüten ebenfalls im Frühjahr nach der Entfaltung der Nadelpaare entstehend; purpurrot, kurz gestielt, aus zahlreichen, in den Achseln von Deckschuppen entspringenden, schraubig angeordneten, fleischigen Fruchtschuppen bestehend, einzeln oder zu mehreren an der Spitze von Langtrieben sitzend. Zapfen nur sehr kurz gestielt, 2–5 cm lang und 1,5–2,5 cm im Durchmesser, symmetrisch, ei-kegelförmig, am oberen Ende stumpf, hellbraun, glänzend, zunächst aufrecht, später waagrecht bis schräg nach unten abstehend; Fruchtschuppen verholzt, sich dicht dachziegelartig überdeckend, an der Zapfenaußenseite mit einem stark verdickten, nach oben gerichteten Schuppenschild; dieses rautenförmig, flach oder in der oberen Hälfte konkav, in der unteren konvex, an der Spitze einen kurzen, abfallenden Dorn tragend. Samen paarweise unter einer Fruchtschuppe hängend, 3–5 mm lang, von eiförmiger Gestalt, hellbraun, mit einem 15–20 mm langen, dünnen Flügel (Schraubflieger).

Standort: In Hochmooren, auf steinigen Matten und an felsigen Hängen. Von der Talsohle bis in die alpine Region (2400 m) steigend. Sowohl auf Kalk- als auch auf Moorböden.

Verbreitung: Gebirge Mitteleuropas und der Balkanhalbinsel. Von den Pyrenäen entlang des Alpenkammes bis zu den Karpaten, südlich bis zu den Abruzzen, nördlich bis zum Fichtelgebirge, Erz- und Riesengebirge beheimatet.

Blütezeit: Mai bis Juni.

Allgemeines: Die Latsche zählt zu den Kiefern und ist ein charakteristischer Vertreter der Krummholzregion. Nach Form des Wuchses und der Zapfen unterscheidet man 2 Varietäten: Var. *pumilo* mit flach niederliegendem, weit ausgebreitetem (bis zu 3 m), linsenförmigem Wuchs. Äste sehr dicht angeordnet, kriechend und nur an den äußeren Enden aufsteigend. Nadeln 2–5 cm lang, von unterschiedlicher Länge. Zapfen nahezu kugelförmig, nach der Blüte bläulich bereift, zur Reife dunkelbraun. Var. *mughus* mit halb niederliegendem, strauchigem Wuchs. Äste locker angeordnet, knieförmig gebogen. Nadeln 3–8 cm lang, von gleicher Länge. Zapfen kegel- bis eiförmig, nach der Blüte ockerfarben, zur Reife zimtbraun.

Die Latschen sind sehr genügsam und widerstandsfähig, sie zählen daher zu den ersten Pionierpflanzen im Gebirge. Durch ihr ausgedehntes, reich verzweigtes Wurzelsystem halten sie lockeres Erdreich und Geröll fest. Im Gebirge wird die Legföhre daher vor allem an erosionsgefährdeten Stellen und in Lawinenzügen angepflanzt. In Norddeutschland und Dänemark verwendet man sie zur Befestigung von Dünen und zur Aufforstung magerer Heideböden. Die Latsche ist auch eine beliebte Gartenpflanze, da sie an Boden und Klima keinerlei Ansprüche stellt und als ziemlich industriefest gilt. Die zahlreichen Kulturformen unterscheiden sich hauptsächlich in ihrer Wuchsform (kugel- bis säulenförmig).

Blütenstand ♂

Kiefern-
gewächse

Junger Zapfen

Reife Zapfen

Merkmale: Immergrüner, langsam wachsender, aufrechter, vom Grunde an verzweigter Strauch von säulenförmigem, aber auch flach ausgebreitetem Wuchs; oder kleiner, mehrstämmiger Baum mit schmal pyramidaler, nur selten abgeflachter Krone, 0,5–6 (in Kultur bis 12) m hoch werdend. Rinde anfangs glatt, rötlich braun, später graubraun, längsrissig, schuppig und faserig abschälend. Junge Triebe 3kantig, mit schmalen Längsleisten. Blätter nadelförmig, in meist 3zähligen Wirteln, weit auseinander und gerade abstehend, nicht am Sproß herablaufend, steif, stechend, 10–20 mm lang und 1–2 mm breit, linealisch bis lanzettlich, am oberen Ende stumpf bis stachelspitzig, gerade, meist graugrün, oberseits mit breitem weißem Mittelband und schmalen grünen Randstreifen. Blüten getrenntgeschlechtlich, nur sehr selten zwittrig, im Herbst einzeln in den Blattachseln der Nadelquirle in der Mitte der Zweige erscheinend. Männliche Blüten klein, länglich, gelb, meist schräg abwärts gerichtet, aus mehreren Quirlen von je 3 schuppenförmigen Staubblättern bestehend. Weibliche Zapfen sehr klein und unscheinbar, grünlich, aufrecht angeordnet, aus mehreren 3gliedrigen Quirlen länglich-spitzer Schuppenblätter bestehend. Die 3 Samenanlagen endständig zwischen den 3 obersten konkaven Schuppenblättern (auch Fruchtblätter genannt) sitzend. Diese nach der Bestäubung zu einer kugeligen, fleischigen, die 3 Samen umschließenden Scheinbeere oder zu Beerenzapfen heranwachsend. Die unreifen Scheinbeeren sind erbsengroß, grünlich, saftlos und unangenehm schmeckend. Beerenzapfen erst im 2.–3. Herbst reifend, schwarzbraun, bläulich bereift, kurzgestielt, 6–9 mm im Durchmesser. Samen schwach dreikantig, hellbraun, mit harter Schale.

Standort: In Heiden, lichten Nadelwäldern, auf Magerweiden und Felshängen. Von der Ebene bis in die Hochalpen auf nährstoffarmen, sandigen Böden in sonnigen Lagen verbreitet.

Verbreitung: Europa, Asien. Von der Iberischen Halbinsel ostwärts bis zur türkisch-iranischen Grenze, nördlich bis Mittelskandinavien, südlich bis Nordafrika, Sizilien und auf dem Peloponnes beheimatet.

Blütezeit: April, in höheren Lagen Mai, Juni.

Allgemeines: Der Wacholder ist für bestimmte Gebiete, wie beispielsweise die Lüneburger Heide, eine charakteristische Pflanzenart. Hinsichtlich der Länge und Gestalt der Nadeln sowie der Wuchsform unterscheidet man 3 Unterarten. Die Unterart *communis* ist ein aufrecht wachsender Strauch mit bis zu 20 mm langen und 1–1,5 mm breiten, schmal linealischen, geraden und nur locker angeordneten Nadeln. Die Unterart *hemispaerica* wächst ebenfalls aufrecht, zeichnet sich aber durch breitere (1,3–2 mm), lineal-längliche Nadeln aus und ist vorwiegend in den Gebirgen Süd-Europas beheimatet. Die Unterart *nana*, auch *Zwergwacholder* genannt, bildet niedrigbleibende, dichte Teppiche und trägt, dicht angeordnet, nur 10–15 mm lange, aufwärts gekrümmte Nadeln. Sie ist eine stark kälteresistente Pflanze der europäischen Hochgebirge (am Monte Rosa bis 3700 m), aber auch tieferer Lagen in arktisnahen Gebieten. Die schwarzblauen, reifen Wacholderbeeren werden gern von Vögeln (z. B. Wacholderdrossel, Birkhuhn) gefressen, die so zu ihrer Samenverbreitung beitragen. Sie enthalten vor allem ätherische Öle, Harze, Bitter- und Gerbstoffe, Mineralsalze und Spurenelemente. Neben ihrer Verwendung als Küchengewürz bedient man sich ihrer auch zum Räuchern von Fleischwaren und Fisch. Das aus ihnen gewonnene ätherische Öl dient zur Aromatisierung von Branntweinen (Gin, Steinhäger, Dornkaat, Genever). In der Medizin verwendet man ihre Inhaltsstoffe als harntreibendes und blutreinigendes Mittel, bei Rheuma, Gicht, Bronchialleiden und Hautkrankheiten. Vom Gemeinen Wacholder sind zahllose Gartenformen bekannt, die sich in Wuchshöhe, Gestalt und in der Farbe der Nadeln unterscheiden, beispielsweise »Hibernica«, eine sehr schmal säulenförmig wachsende Sorte mit blaugrünen Nadeln oder »Repanda«, ein niederliegend breitwachsender Strauch mit oberseits grauweißen Nadeln.

Blüten ♂

Sadebaum, Stink-Wacholder *(Juniperus sabina* L.*)*

Zypressengewächse

Merkmale: Immergrüner, scharf riechender, meist niederliegender, reichverzweigter und weit ausgebreiteter, bis 2(–4) m hoher Strauch mit besenförmigen Ästen; seltener ein Baum, bis 12 m hoch mit schräg knorrigem Stamm und dichter, buschiger Krone. Rinde anfangs gelbbraun, später rötlich braun, längsrissig abblätternd. Jugendblätter nadelförmig in Dreier-Wirteln stehend. Folgeblätter schuppenförmig, kreuzweise gegenständig und am Sproß herablaufend, dicht dachziegelig anliegend, bis 2,5 mm lang, länglich rautenförmig, glänzend dunkelgrün, außen mit einem gelben Höcker, innen mit 2 weißlichen Wachsstreifen. Pflanzen einhäusig oder zweihäusig. Die männlichen und weiblichen Blüten endständig an kurzen Seitenzweigen. Die männlichen Blüten sind stumpf ellipsoidisch und bestehen aus 10–14 kreuzgegenständigen, schildförmigen Staubblättern. Weibliche Blüten anfangs aufrecht, nach der Bestäubung herabgekrümmt, die 4 endständigen, gelblichen, sternförmigen Fruchtblätter tragen je eine Samenanlage, die sie in der Frucht umschließen. Beerenzapfen erbsengroß, blauschwarz, hechtblau bereift. Samen glänzend braun, mehrkantig gestreift.

Standort: Auf trockenen, sonnigen, steinigen oder felsigen Stellen, in Felsritzen, auf Schutt, als Unterwuchs in Lerchenwäldern, in den Zentralalpen oft große Bestände bildend, bis über die Waldgrenze kommend.

Verbreitung: Südeuropa bis Zentralasien, westlich bis Spanien von den Kantabrischen Gebirgen bis zur Sierra Nevada, in Italien bis zu den Abruzzen; Balkanhalbinsel südlich bis Albanien.

Blütezeit: März bis Mai.

Allgemeines: Typisch für den Stink-Wacholder ist der unangenehme, scharfe Geruch der zerriebenen Zweige. Die Blätter sind giftig. Die Pflanze ist sehr veränderlich.

Gemeine Waldrebe *(Clematis vitalba* L.*)*

Hahnenfußgewächse

Merkmale: Ausdauernde, bis über 10 m emporkletternde, verholzte Schlingpflanze, mit kantigen oder gefurchten Ranken, die große Flächen von Stämmen und Baumkronen überwuchern. Alte Sprosse armdick, mit grauer, sich unregelmäßig abschälender Rinde. Blätter unpaarig gefiedert, meist 5zählig, gegenständig, grob gezähnt oder ganzrandig; die einzelnen Fiederblättchen ei-lanzettlich, 3–10 cm lang und 4–6 cm breit. Die grünlich-weißen, 2–3 cm breiten, schwach duftenden Blüten stehen in achselständigen, reichblütigen Rispen oder Trugdolden. 4 behaarte Kelchblätter, zahlreiche Staubblätter. Früchte länglich, rotbraun, mit dicht fedrigen, etwa 3 cm langen Griffeln; den Winter über am Strauch verbleibend.

Standort: Verbreitet in feuchten Wäldern, Gebüschen, Hecken, Auen, an Waldrändern. Benötigt viel Licht und bevorzugt meist kalkhaltige Böden. Von der Ebene bis 1500 m.

Verbreitung: Mittel- und Südost-Europa. Nördlich der Iberischen Halbinsel bis Irland und Großbritannien zu finden, ebenso über den ganzen Alpenraum verbreitet; im Süden von Italien über die gesamte Balkanhalbinsel bis Kleinasien heimisch.

Blütezeit: Juli bis September.

Allgemeines: Die Gemeine Waldrebe ist eine der seltenen einheimischen Lianen, die sich mit Hilfe ihrer Blätter und Blattstiele an geeigneten Stützen emporrankt. Mitunter klettert sie aber auch mit ihren linkswindenden, manchmal armdicken Stengeln. Sie wird häufig auch als Veredelungsunterlage für großblütige Sorten verwendet. Der giftige Saft dieser Kletterpflanze kann Hautreizungen hervorrufen.

Zypressen-
gewächse

Hahnenfuß-
gewächse

Fruchtstände

Merkmale: Sommergrüner, raschwüchsiger, 1–3 m hochklimmender Strauch mit kräftigem, knotigem Wurzelstock. Rinde dunkelgrau bis graubraun, längsrissig, mit charakteristischer Seilstruktur. Knospen eiförmig, zugespitzt, 3–6 mm lang, graugrün. Laubblätter gegenständig angeordnet, lang gestielt, einfach bis doppelt 3zählig, unpaarig gefiedert. Fiederblättchen fast sitzend, 2–5 cm lang und 1–2,5 cm breit, lanzettlich bis schmal eiförmig, am oberen Ende spitz, am Grund keilförmig verschmälert, am Rand grob gesägt und unterseits schwach behaart. Häufig mit den Blattstielen rankend. Blüten zwittrig, hellblau oder violett, seltener weiß, 2–4 cm im Durchmesser, lang gestielt, nickend, einzeln an blattachselständigen Kurztrieben stehend. Blütenhülle einfach, aus 4, seltener 5 glockenförmig zusammenneigenden oder sternförmig abstehenden, 3–4 cm langen und 1–1,5 cm breiten, lanzettlichen, nur am Rand filzigen Blütenhüllblättern bestehend. 10–12 Nektarblätter, blumenblattartig, weißlich, breit spatelförmig, die fertilen Staubblätter überragend. Fertile fruchtbare Staubblätter gelb, zahlreich. Fruchtblätter zahlreich, nicht miteinander verwachsen, schraubig auf einem kurzen, kegelförmigen Blütenboden angeordnet. Einzelfrüchte nußartig, klein, eiförmig, abgeflacht, mit einem Randwulst, kurzflaumig behaart, am oberen Ende den sich bis zu 3 cm verlängernden und fedrig behaarten Griffel tragend. Dieser dient zur Zeit der Samenreife als Flugorgan (Windverbreitung).

Standort: An Felsen, im Rhododendrongebüsch, in lichten Bergwäldern sowie auf bewachsenen Schutthalden der Alpen und Voralpen. Im Gebirge von der Bergwaldstufe bis zur Krummholzregion (1000–2400 m). Teilweise von Alpenflüssen bis ins Tiefland herabgeschwemmt. Bevorzugt saure, kalkfreie, nährstoffarme Lehm- oder Steinböden.

Verbreitung: Nordeuropa und die Gebirge Mittel- und Südeuropas, Nordrußland, Nordchina. Von den Westalpen ostwärts zu den Karpaten und teilweise bis Nordchina und Sibirien, südlich bis zum Apennin, nördlich vereinzelt bis Skandinavien und Finnland beheimatet.

Blütezeit: Mai bis Juli.

Allgemeines: Die Alpen-Waldrebe ist die einzige Liane der Alpenkette. Nicht selten überzieht sie in felsigem Gelände in der Art eines kriechenden Zwergstrauches Felsblöcke und Geröllhalden. Sie ist eine von Umweltfaktoren stark beeinflußbare Art. Diese Anpassungsfähigkeit macht sich in sehr verschiedenen Formen bemerkbar, die vor allem Wuchs, Blattgestalt und Blütenform betreffen. Man gliedert sie in 2 Unterarten. Die westliche Unterart *alpina* mit violetten, nur selten weißlichen Blüten ist in den Bergen Mittel- und Südeuropas beheimatet. Die Unterart *sibirica* tritt vor allem in Nordosteuropa und Nordrußland auf und hat ein isoliertes Areal in Norwegen. Sie unterscheidet sich von der *alpina* durch einen stärker unregelmäßig gesägten Blattrand, durch gelblich-weiße, nur selten blaß blau getönte, elliptisch-lanzettliche, lang zugespitzte Blütenhüllblätter und durch schmälere, dichter behaarte, die fertilen Staubblätter nicht völlig überdeckende Nektarblätter. Viele *Clematis*-Arten sind beliebte Zierpflanzen, die meist aus den asiatischen Wäldern stammen. Sie werden hauptsächlich zur Verkleidung von Lauben, Wandflächen und Zäunen verwendet. Besonders geschätzt sind die großblumigen Arten und Bastarde. So etwa die aus China stammende **Wollige Waldrebe** *(C. lanuginosa),* mit weißen bis blaß violetten Blüten von 15–20 cm Durchmesser, die in Nordamerika beheimatete **Gekräuselte Waldrebe** *(C. crispa)* mit glockigen, rotvioletten Blüten und gekräuselten Blütenblättern oder die ebenfalls aus China stammende **Rehder-Waldrebe** *(C. rehderiana)* mit hellgelben, in aufrechten Rispen angeordneten Blüten. Aus dem Mittelmeergebiet ist die **Italienische Waldrebe** *(C. viticella)* mit duftenden violetten oder blauen Blüten erwähnenswert. Eine äußerst widerstandsfähige und stark wüchsige Art ist die aus dem Himalaya kommende **Berg-Waldrebe** *(C. montana),* die schon sehr zeitig im Frühjahr ihre weißen oder rosa Blüten entfaltet. Die Waldreben enthalten verschiedene Glukoside (z. B. Ranunculin).

Fruchtstände

Merkmale: Immergrüner, aufrechtwachsender, vom Grund an dicht verzweigter, 1–8 (in Kultur bis 20) m hoher Strauch oder kleiner Baum mit breit kegelförmiger, im Alter zunehmend rundlicher Krone. Rinde dunkelgrau bis grauschwarz, matt, mehr oder weniger glatt, nur im Alter schuppig zerreißend. Äste schräg aufsteigend, dicht beblättert. Junge Triebe dünn, kahl, rötlich grün. Knospen schmal kegelförmig, 2–4 mm lang, rotbraun. Laubblätter einfach, wechselständig angeordnet, mit einem 2–5 cm langen Stiel, 5–12 cm lang und 2–6 cm breit, länglich-lanzettlich bis schmal-elliptisch, am oberen Ende spitz bis leicht zu einer Spitze ausgezogen, am Grund keilförmig verschmälert, am Rand seicht gekerbt und schwach wellig, derb ledrig, oberseits dunkelgrün, glänzend, unterseits hellgrün, mit fiederartig abzweigenden, in der unteren Hälfte rötlichen Seitennerven. Blüten eingeschlechtlich, klein, 4–8 mm im Durchmesser, grünlichgelb, 4zählig, mit einer einfachen, am Grund verwachsenen Blütenhülle, zu 3–15 in achselständigen, büscheligen Trugdolden oder kurzen Rispen angeordnet. Männliche Blüten mit 8–12 Staubblättern, fast jedes beiderseits in Basisnähe eine Drüse tragend. Weibliche Blüten mit 2–4 verkümmerten Staubblättern (Staminodien) und einem 1fächrigen, oberständigen Fruchtknoten mit einer 3teiligen Narbe. Frucht eine anfänglich grüne, später blauschwarz glänzende, kugelige bis eiförmige Beere von 10–15 mm Durchmesser.

Standort: An felsigen Hängen und in lichten Gehölzen, seltener in geschlossenen, waldartigen Beständen (z. B. bei Opatija an der jugoslawischen Adriaküste) auftretend. Liebt sandig humose Böden in warmen, sonnigen Lagen.

Verbreitung: Ursprünglich aus Kleinasien und von der südlichen Balkanhalbinsel stammend, jetzt im gesamten Mittelmeergebiet verbreitet.

Blütezeit: März bis Mai.

Allgemeines: Der Echte Lorbeer ist eine wichtige Leitpflanze der mediterranen Hartlaubregion. Am natürlichen Standort vermehrt er sich nicht nur durch Samen, sondern auch durch Wurzelsprosse, so daß im Laufe der Zeit dichte Buschgruppen entstehen. In Mitteleuropa übersteht der Lorbeer meist nicht den Winter im Freien, obwohl er einige Minusgrade verträgt. Man zieht ihn daher als Kübelpflanze. Seit der Zeit Ludwigs des XIV. kultiviert man ihn für Terrassen, Treppenhäuser, lichte Eingangshallen und Wintergärten. Zugeschnitten als kugel- oder kegelförmiger Strauch schmückt er häufig bei Festlichkeiten weltliche und kirchliche Räume. Bei den Griechen war der Lorbeer dem Apollo geweiht und wurde als Götterbaum in dessen Heiligtümern angepflanzt. Schon in der Argonauten-Sage ist sein Name erwähnt. Da er einem Gott geweiht war, verlieh der Lorbeerstab dem Seher die Kraft, die Zukunft zu ergründen. Griechen brachten den Lorbeer nach Italien. Um 300 v. Chr. berichtet Theophrast über den Reichtum der umliegenden Gebiete Roms an Lorbeerbäumen. Aus seinen Zweigen wand man den begehrten »Lorbeerkranz«, der als Symbol für Ruhm und Weisheit an siegreiche Feldherren, Kaiser, Sänger und Dichter verliehen wurde. Im Mittelalter verbrannte man in den Hinterhöfen Bündel von Lorbeerzweigen, um sich vor der Pest zu schützen. In unserer Zeit werden in der ganzen Welt, besonders aber in Frankreich und in den Mittelmeerländern, die Blätter des Lorbeers als Gewürz geschätzt. Man kann sie sowohl frisch als auch getrocknet verwenden. Frisch sind die Blätter ziemlich bitter, verlieren aber beim Trocknen nach einigen Tagen ihren Bitterstoff, während das Aroma erhalten bleibt. Als Gewürz nimmt man Lorbeerblätter zum Räuchern von Schinken, zu Braten, Fisch, Suppen, Soßen und Gemüse. Aus seinen Beeren wird durch Pressen oder Destillieren ein dikkes, grünliches Öl gewonnen, das vor allem in Italien und Griechenland Likören und Seifen beigemischt wird. In der Medizin verwendet man Lorbeerblätter als Aufguß bei Husten und Katarrhen und Lorbeeröl in Form von Salben zur schmerzstillenden Einreibung bei Prellungen und Rheuma. Die Art war bereits im Tertiär in einem Großteil Europas verbreitet.

Gewöhnliche Berberitze, Gemeiner Sauerdorn

(Berberis vulgaris L.*)* Berberitzengewächse

Merkmale: Bis 3 m hoher Strauch mit glatter, weißlichgrüner Rinde und tiefgefurchten, strohgelben Zweigen. Knospen klein, etwas zerzaust aussehend; die Enden der Knospenschuppen gebogen. Die Laubblätter der Langtriebe in 1–2 cm lange, 3- bis 7teilige Dornen umgewandelt. Die elliptisch bis eiförmigen Blätter stehen büschelig gehäuft in den Achseln der Kurztriebe; sie sind etwa 4 cm lang, mit dornig gezähntem Rand, derb, auf der Oberseite dunkelgrün, unterseits hellgrün. Der Blattstiel ist 1 cm lang. Blüten goldgelb, 6zählig (2 × 3), mit intensivem Geruch, in einfachen, hängenden, vielblütigen Trauben; diese endständig am Kurztrieb. Kronblätter 5–7 mm lang, eiförmig, halbkugelig zusammenneigend. 6 Staubblätter. Längliche, etwa 15 mm lange, orange- bis purpurrote Früchte mit länglichen Samen. Die fast durchscheinenden Beeren besitzen ein ausgesprochen saueres Fruchtfleisch.

Standort: Häufig in Gebüschen, Hecken, an lichten Waldstellen, Waldrändern, an steinigen Abhängen sowie in trockenen Flußauen. Vorwiegend auf mageren Kalkböden vom Tiefland bis ins Hochgebirge (etwa 2000 m).

Verbreitung: Als mediterranes Florenelement besonders in Südeuropa verbreitet. Aber auch in West- und Mitteleuropa beheimatet. Im Osten bis zum Kaukaus und noch in Nordpersien zu finden. Die Art fehlt aber in Skandinavien, Schottland und Irland.

Blütezeit: Der Strauch blüht meist überreich von April bis Juni. Die schwarzen Beeren sind etwa Anfang Oktober reif.

Allgemeines: Die Rinde und die Wurzel der Berberitze enthalten einen gelben Farbstoff, das Berberin, der früher zum Färben von Leder und Textilien verwendet wurde, heute aber durch den Einsatz synthetischer Farbstoffe vollständig vom Markt verdrängt wurde. Das Holz ist sehr hart, regelmäßig und fein strukturiert. Es wird als Nutzholz oft für Intarsienarbeiten sowie zur Herstellung von Zahnstochern verwendet. Die Früchte werden gerne von Vögeln gefressen; sie tragen dadurch wesentlich zur Verbreitung der Samen bei. Die Beeren sind weitgehend frei von Alkaloiden, enthalten aber größere Mengen an Apfel- und Fruchtsäuren (daher der saure Geschmack und der Name Sauerdorn) sowie zahlreiche Vitamine. Abkochungen von Beeren sollen bei Erkältungskrankheiten die körperliche Abwehrkraft steigern. In Notzeiten wurden die reifen Früchte mit großen Mengen Zucker zu einer recht schmackhaften Marmelade eingekocht. Interessant sind im Bereich der Blüte die reizbaren Staubblätter. Bei mechanischer Reizung der Innenseite der Staubfäden durch den Rüssel eines Insekts schlagen die Staubbeutel plötzlich nach innen und stäuben den Kopf des Blütenbesuchers mit Blütenstaub ein. Das in den Blättern und den Wurzeln enthaltene giftige und bitter schmeckende Alkaloid Berberin wird in der Pharmazeutischen Industrie als Zusatz für Abführmittel eingesetzt. Daneben verabreicht man die Droge auch bei Störungen der Leber- und Gallenfunktion. In Deutschland wurde der Strauch vor allem in landwirtschaftlich intensiv genutzten Gebieten fast ausgerottet, da er als Zwischenwirt des Getreiderostes *(Puccinia graminis)* auftritt. Im Sommer kann man auf der Unterseite der Berberitzenblätter orangegelbe bis rotbraune Flecken oder Pusteln aus vielen kleinen becherartigen Gebilden sehen. Aus diesen Lagern brechen Sporenketten hervor, deren Sporen durch den Wind verbreitet werden. Gelangen sie auf eine Getreidepflanze, den neuen Wirt, dann keimt die Pilzspore aus und bildet im Blattgewebe ein umfangreiches Pilzgeflecht. In strichförmigen, rostfarbenen Pusteln auf dem Getreideblatt werden Millionen neuer Sporen gebildet, die sofort weitere Pflanzen anstecken und in kurzer Zeit den ganzen Ertrag eines Ackers vernichten können.

Der Name Sauerdorn bezieht sich auf die sauren Früchte und dornigen Zweige des Strauches. »Berberitze« geht auf das Griechische zurück und bedeutet soviel wie kleine Muschel, abzuleiten von den muschelförmigen Kronblättern.

Gewöhnliche Mahonie *(Mahonia aquifolium* [PURSH] NUTT.*)* Berberitzengewächse

Merkmale: Immergrüner, etwa 1 m hoher, weit ausladender Strauch. Laubblätter ledrig, im Spätherbst und Winter meist rotfärbend, unpaarig gefiedert, aus 5–9 dornig gezähnten Fiederblättchen zusammengesetzt. Blättchen eiförmig bis elliptisch, 4–9 cm lang, mit 5–10 scharfen Zähnen an jeder Seite. Blattoberseite tiefgrün, glänzend, unterseits hellgrün. Blüten aufrecht, goldgelb, oft rötlich überlaufen; in rispenartigen 6–8 cm langen Trauben angeordnet. Beeren kugelig, graublau bereift, mit purpurrotem Saft. Samen 2–5, glänzend, rotbraun.

Standort: Bevorzugt halbschattige Lagen, meist auf humosen Böden. Häufig in Gärten, Parkanlagen und Friedhöfen angepflanzt.

Verbreitung: Die Heimat der Mahonie ist das westliche Nordamerika. Man findet sie von Britisch-Kolumbien bis Nordkalifornien. Im Jahre 1823 wurde die Mahonie erstmals nach Italien gebracht. Heute findet man sie häufiger angepflanzt in Südeuropa, wo sie stellenweise auch verwildert vorkommt.

Allgemeines: Wie auch bei anderen Berberitzengewächsen kann man bei der Mahonie den seltenen Mechanismus von reizbaren Staubblättern studieren, die etwa bei Berührung durch ein Insekt explosionsartig in Richtung Narbe schnellen und somit ihren Blütenstaub am Besucher festheften. Neben der Gewöhnlichen Mahonie werden einige sehr dekorative Ziersträucher aus Fernost und Nordamerika bei uns kultiviert. Dazu gehört die **Kriechende Mahonie** *(M. repens)* aus Kalifornien und Neu-Mexiko, die **Japanische Mahonie** *(M. japonica)*, die **Rippenfarnblättrige Mahonie** *(M. lomariifolia)* aus China, die auch im Winter blüht, sowie **Beales Mahonie** *(M. bealii)*, die im Himalaya beheimatet ist. 1850 gelang es erstmals, einen Gattungsbastard aus **Gewöhnlicher Berberitze** *(B. vulgaris)* und **Gewöhnlicher Mahonie** *(M. aquifolium)* zu erzeugen.

Thunbergs Berberitze *(Berberis thunbergii* L.*)* Berberitzengewächse

Merkmale: Strauch von 1–1,5 m Wuchshöhe; dichter verzweigt als die Gewöhnliche Berberitze. Zweige kantig, mit rotbrauner Rinde. Knospen klein, eiförmig. Dornen meist einfach, 10–15 mm lang. Laubblätter in Büscheln in den Achseln der Dornen sitzend. Blattrand ganzrandig, Blattoberseite frischgrün, unterseits bläulichgrün. Die Blätter meist von unterschiedlicher Größe, 1–3 cm lang, von verkehrt-eiförmiger oder spateliger Form, im Herbst prachtvoll scharlachrot gefärbt. Blüten gelb, in Büscheln zu 1–4 oder einzeln, außen oft rötlich überlaufen, 7–10 mm breit. Früchte ellipsoid, bis 10 mm lang, scharlachrot, bis in den Winter an der Pflanze verbleibend.

Standort: Wie alle Berberitzen stellt der Strauch keine besonderen Ansprüche an die Bodenbeschaffenheit. Bevorzugt Sonnenlage.

Verbreitung: Stammt aus Japan, wo der Strauch seit alters her in Kultur ist. Er wurde 1883 in Europa eingeführt. Man kennt heute viele Kulturarten mit unterschiedlicher Blattfärbung, die teilweise verwildert in Mittel- und Südeuropa anzutreffen sind.

Blütezeit: Von Mai bis Juni.

Allgemeines: Der Strauch verträgt das Schneiden gut und ist als Zierpflanze in Gärten und Parks beliebt. Dekorativ wirkt die nur 50 cm hohe Varietät *Atropurpurea Nana* mit ihren tiefroten Blättern. An gemeinsamen Standorten von Gewöhnlicher und Thunbergs Berberitze kann man den Bastard aus beiden Arten entdecken. Dieser als *Berberis ottawensis* bezeichnete Strauch ist von sehr kräftigem Wuchs, etwa 2 m hoch, hat ganzrandige Blätter und vielblütige, gestielte Blütendolden. Eine andere in Europa eingeführte Art ist die nur 1 m hohe **Darwins Berberitze,** die von Chile bis Patagonien heimisch ist und kleine, dauerhafte Blätter von lederartigem Aussehen hat.

Gewöhnlicher Pfeifenstrauch *(Philadelphus coronarius L.)* — Steinbrechgewächse

Merkmale: Etwa 1–3 m hochgewachsener Strauch, mit steif aufrechten Trieben. Junge Zweige braunrot, anfangs etwas behaart. Ältere Zweige teilweise überhängend, kastanienbraun, mit dickem Mark und abblätternder Rinde. Knospen klein und gegenständig. Laubblätter von eiförmiger bis elliptischer Form, dünn, bis 10 cm lang und 5 cm breit, zugespitzt, an beiden Seiten mit 6–11 Zähnen. In den Winkeln der Blattnerven oft schwach bärtig behaart. Blüten milchweiß, 2,5–3 cm breit, zu 1–10 in Trauben angeordnet. 4 Kronblätter, diese länglich mit abgerundeter Spitze. Blütenstiele meist kahl. Viele Staubblätter. Die Blüten strömen einen stark süßlichen Duft aus, der an Orangenblüten erinnert. Früchte in Form vierspaltiger Kapseln, mit vielen kleinen Samen.

Standort: Ohne besondere Ansprüche an die Bodenbeschaffenheit. Verträgt auch schattige Standorte.

Verbreitung: Bisher wurde angenommen, daß die Heimat des Gewöhnlichen Pfeifenstrauches das Gebiet von Italien bis zum Kaukasus ist, doch scheint dies keinesfalls bewiesen. Man findet diese betäubend duftende Pflanze in der Steiermark, in Oberitalien und begegnet ihr auch noch im Kaukasus und in Südrußland. Stellenweise trifft man auch verwilderte Exemplare in Mitteleuropa an.

Blütezeit: Mai bis Juli.

Allgemeines: Der Strauch ist in Mittel- und Westeuropa seit dem 16. Jahrhundert in Kultur. Es existieren zahlreiche Kreuzungsprodukte und gärtnerische Formen, von denen die meisten auf den französischen Züchter Victor Lemoine aus Nancy zurückgehen. Weil seine aromatischen weißen Blüten an die des Jasmins erinnern, wird der Strauch im Volksmund auch als **Falscher Jasmin** bezeichnet. Ein ebenfalls gebräuchlicher Name ist **Blasser Pfeifenstrauch.**

Alpen-Johannisbeere *(Ribes alpinum L.)* — Steinbrechgewächse

Merkmale: Dichter, buschiger, stark verästelter, wehrloser Strauch von 1–2 m Wuchshöhe. Junge Zweige kahl, mit hellgrauer Rinde. Laubblätter klein, rundlich bis eiförmig, 3–5 cm breit, am Grund breit keilförmig oder schwach herzförmig mit 3, seltener 5 stumpf oder spitzgezähnten Lappen. Blätter früh austreibend und im Herbst gelblich gefärbt. Blattstiel nur halb so lang wie das Blatt, mit langen Drüsenhaaren bewimpert. Blüten grünlichgelb, unscheinbar, in 3–6 cm langen 10–30blütigen aufrechten Trauben angeordnet. Blüten teilweise unvollkommen zweihäusig, in solchen Fällen sind die männlichen Blütenstände 10–30blütig, die weiblichen 2–5blütig. Kelch becherförmig, kahl, mit ausgebreiteten stumpfen Zipfeln. Kronblätter gelblich, viel kürzer als die Kelchblätter. Beeren scharlachrot, kugelig und fade schmeckend.

Standort: In lichten Bergwäldern, in Gebüschen, an steinigen Abhängen und häufig zwischen Felsblöcken. Mit Vorliebe auf lehmigen, mit Steinen durchsetzten, feuchten Böden. In den Alpen bis 1900 m aufsteigend.

Verbreitung: Von der Iberischen Halbinsel über ganz Mitteleuropa bis Skandinavien im Norden, südlich in den Gebirgen Italiens und der Balkanhalbinsel verbreitet, sowie im Kaukasus, in weiten Gebieten Sibiriens und in Ostasien zu finden.

Blütezeit: Mai und April.

Allgemeines: Die Alpen-Johannisbeere ist relativ unempfindlich gegen Luftverunreinigungen, sie eignet sich deshalb als Heckenpflanze in Industriegebieten. Zudem wurden zahlreiche Zuchtsorten geschaffen, die verschiedene Laubfärbungen zeigen und mitunter mannshoch werden können. Im Handel werden diese Varietäten mit gelbem Laub als *Aureum* angeboten, wenn die Pflanzen dagegen sehr dicht verzweigt sind und niedrig bleiben, bezeichnet man sie mit dem Sortennamen *Pumilum.*

Schwarze Johannisbeere *(Ribes nigrum* L.*)*

Steinbrechgewächse

Merkmale: Kräftiger, bis 2 m hoher, wehrloser Strauch mit hellberindeten, behaarten Jahrestrieben. Die ganze Pflanze von unangenehmem Duft. Laubblätter groß, 5–10 cm breit, im Umriß rundlich, 3–5lappig, mit dreieckigen, spitzen und gesägten Lappen, am Grund herzförmig, oberseits kahl, auf der Unterseite behaart und mit gelblichen Harzdrüsen besetzt, die besonders auffällig im Knospenstadium ausgeprägt sind. Blüten grünlich, unscheinbar, innen bisweilen rötlich, in 2–10blütigen, achselständigen Trauben angeordnet. Tragblätter lanzettlich, behaart, kürzer als der Blütenstiel, Kelch glockig, behaart und drüsig punktiert. Kelchzipfel länglich, stumpf, zurückgeschlagen, doppelt so lang wie die linealisch-lanzettlichen Kronblätter. Beeren kugelig, schwarz, drüsig punktiert, mit einem eigenartigen Geschmack.

Standort: Feuchte Gebüsche, lichte Laubwälder, Erlenbrüche, Auwälder, im Ufergebüsch, sowie in Flachmooren und Sümpfen. Bevorzugt nassen, tonigen Boden. Gern in halbschattigen Lagen.

Verbreitung: Von Nord- und Westfrankreich bis Großbritannien, östlich bis zum Kaukasus und Zentralsibirien. In Südeuropa nur kultiviert. Am nördlichen Alpenrand teilweise verwildert.

Blütezeit: April und Mai.

Allgemeines: Die Schwarze Johannisbeere wird seit dem 16. Jahrhundert kultiviert. Wegen seines unangenehmen Duftes wird der Strauch im Volksmund auch als **Ahl- oder Wanzenbeere** bezeichnet. Die Blätter verlieren bei Wärmebehandlung ihren eigenartigen Geruch und werden häufig zu einem gut schmeckenden Tee zubereitet oder dem Branntwein beigegeben. Beide Getränke wurden früher zur Behandlung von Gicht verabreicht. Die schwarzen, säuerlich schmeckenden Beeren sind wegen ihres hohen Vitamin-C-Gehaltes sehr geschätzt.

Gold-Johannisbeere *(Ribes aureum* PURSH.*)*

Steinbrechgewächse

Merkmale: Sommergrüner, dornenloser, reich verzweigter, aufrecht wachsender, 1–3 m hoher Strauch. Äste kahl oder nur spärlich behaart, mit rotbrauner Rinde. Laubblätter einfach, 2–4,5 cm lang und 2,5–5,5 cm breit, rundlich bis quer elliptisch, tief 3-, seltener 5lappig, am Rand unregelmäßig gezähnt bis gebuchtet, kahl, hellgrün, beiderseits glänzend, häufig am Rand gewimpert. Blüten goldgelb, angenehm duftend, strahlig, 5zählig, 16–20 mm im Durchmesser, kurz gestielt, zu 5–15 in achselständigen, 4–6 cm langen, nickenden bis hängenden, lockeren Trauben angeordnet. Blütenachse röhrenförmig verlängert (=Hypanthium), goldgelb, am oberen Rand Kelch-, Kron- und Staubblätter tragend. Kelchblätter ebenfalls goldgelb, waagrecht abstehend, nach der Blüte nach oben zusammenklappend. Kronblätter deutlich kleiner als die Kelchblätter, aufrecht angeordnet, gelb, zum oberen Rand hin rötlich überlaufen, am Rand fein gezähnt. Fruchtknoten unterständig. Beeren erbsengroß, kugelförmig bis länglich, rotbraun bis schwarz-violett, vielsamig, herbsauer schmekkend.

Standort: In Auenwäldern, an Flußläufen und auf feuchten Hängen. Liebt lockere, sandig-humose Böden.

Verbreitung: Stammt aus dem westlichen Nordamerika (von Mexiko bis Oregon). Wurde zu Beginn des 19. Jahrhunderts nach Mitteleuropa eingeführt und tritt hier teilweise verwildert auf.

Blütezeit: April bis Mai.

Allgemeines: Die Gold-Johannisbeere ist wegen ihrer leuchtend gelben Blüten und ihrer tief roten Herbstverfärbung ein beliebter Zierstrauch für größere Gärten. Aufgrund ihrer Schnellwüchsigkeit dient sie vielfach als Pfropfunterlage für hochstämmige Formen von Stachel- und Johannisbeeren.

Felsen-Johannisbeere *(Ribes petraeum* WULF*)* Steinbrechgewächse

Merkmale: Kräftiger, dicht verzweigter, bis über 2 m hoher, aufrechter, stachelloser Strauch. Triebe aufrecht, kahl, mit graubrauner Rinde. Knospen eiförmig, dunkelbraun, die Knospenschuppen am Rand fein gewimpert. Laubblätter im Umriß rundlich, 7–10 cm breit, 3–5lappig, mit dreieckig-zugespitzten Lappen, am Grund herzförmig, scharf gesägt. Unterseits auf den Nerven spärlich behaart, am Rand kurz gewimpert. Blattstiel mindestens so lang wie das Blatt. Blüten rötlich punktiert, in überhängenden, dichten, bis 8 cm langen, vielblütigen Trauben angeordnet. Tragblatt und Blütenstiel zottig behaart, beide etwa gleich lang. Kelch kahl, glokkig, mit nach vorne gerichteten, mehrnervigen, spateligen und feinbewimperten Kelchzipfeln. Kronblätter klein, abgerundet, grün und meist bräunlichrot überlaufen. Beeren kugelig, etwa erbsengroß, rot, durchscheinend, eßbar und von säuerlichem Geschmack.

Standort: In lichten Bergwäldern, an steinigen Hängen, in Gebüschen und teilweise in Bergschluchten, sowie zwischen Felsen und an Bachläufen. In den Alpen zwischen 800 und 2000 m anzutreffen. Mit Vorliebe auf Kalk. Meist in schattigen Lagen.

Verbreitung: Zerstreut in den Gebirgsgegenden West-, Süd- und Mitteleuropas vorkommend. Von den Pyrenäen über den Alpenraum bis in die Karpaten verbreitet. Ebenso auf der Balkanhalbinsel zu finden.

Allgemeines: Diesen Strauch sieht man nur noch selten an seinem natürlichen Standort. Man vermutet, daß er an der Entstehung verschiedener **Garten-Johannisbeeren** beteiligt ist. Von der **Alpen-Johannisbeere,** die ähnliche ökologische Ansprüche hat, unterscheidet sie sich durch ihre stets zwittrigen Blüten, die größeren Blätter, die längeren Blütentrauben und die sehr sauer schmeckenden Früchte.

Blut-Johannisbeere *(Ribes sanguineum* PURSH.*)* Steinbrechgewächse

Merkmale: Prächtiger, frühblühender, 1–2,5 m hoher Strauch mit aufrechten, rotbraunen, drüsig behaarten Zweigen, die sehr aromatisch duften. Knospen eiförmig oder kugelrund, etwa 6 mm lang mit rotbraunen Knospenschuppen. Laubblätter rundlich, 5–10 cm breit, 3–5lappig, am Grund herzförmig, mit kerbig-gezähntem Blattrand, auf der Unterseite graufilzig behaart und mit zahlreichen klebrigen Drüsen ausgestattet. Blüten zwittrig, hellrot bis dunkelblutrot, seltener weiß, in aufrechten oder überhängenden vielblütigen Trauben angeordnet. Blütenstand bis 8 cm lang, pyramidenförmig, mit drüsig behaarten Blütenstielen und spatelförmigen Tragblättern. Kelchbecher röhrenförmig bis glockig, rötlich und nur halb so lang wie die Kronblätter. Beeren blauschwarz, bereift, bis 1 cm im Durchmesser, schwach drüsig und borstig behaart. Die Beeren sind ungenießbar.

Standort: Lichte Bergwälder, Gebüsche, steinige Abhänge. Gerne auf tiefgründigen, nährstoffreichen und lockeren Böden.

Verbreitung: Einheimisch in den Bergwäldern des westlichen Nordamerika, bis Kalifornien im Süden verbreitet.

Blütezeit: April und Mai.

Allgemeines: Die Blut-Johannisbeere wurde in Amerika erst 1787 entdeckt und kam im Jahre 1826 nach Europa, wo sie heute als Zierpflanze in Gärten und Parks angepflanzt wird. Man findet diesen frostresistenten Strauch in den Alpentälern bis in Höhen von 1800 m, so etwa im Engadin, wo er mitunter in den Gärten der Bergbauern zu finden ist. Von der Blut-Johannisbeere existieren zahlreiche Ziersorten, die sich meist durch besonderen Blütenreichtum auszeichnen. Besonders schön ist die Sorte *Pulborough Scarlet,* die langtraubige Blütenstände und rötlich-weiß gefärbte, dichtstehende Blüten besitzt.

Garten-Johannisbeere *(Ribes rubrum* L.*)* Steinbrechgewächse

Merkmale: Aufrechter, buschiger, 1 bis 2 m hoher, wehrloser Strauch. Junge Triebe leicht behaart und mit Drüsen besetzt, ältere Zweige mit rötlich-brauner bis schwarz-grauer Rinde, Knospen eiförmig, mit lockeren Knospenschuppen. Laubblätter im Umriß rundlich, 4–10 cm lang und bis 7 cm breit, 3–5lappig, am Grund herzförmig; Blattlappen stumpf und am Rand grob gesägt. Auf der Unterseite in der Jugend kurzflaumig behaart, später kahl, Blattstiel etwa so lang wie das Blatt. Blüten zwittrig, grünlichgelb oder auch rötlich, meist zu 4–8 in Trauben angeordnet. Kelchbecher radförmig ausgebreitet, innen mit einem fünfeckigen, erhabenen Ring. Kelchblätter kahl, grünlich oder bräunlichrot, teilweise rot punktiert, spatelig, etwa doppelt so lang wie die gelblichen Kronblätter. Staubbeutelhälften durch den verlängerten Staubfaden getrennt und leicht abgespreizt. Beeren rund, etwa 6–7 mm im Durchmesser, rot oder auch weiß, seltener rosa, durchscheinend, mit zahlreichen Samen. Frucht eßbar, saftig, von säuerlichem Geschmack.

Standort: Sehr selten wild in Auwäldern, in Schluchten, Gebüschen sowie an Bachläufen. Bevorzugt nassen, tonigen Boden. Häufig auch auf humosen, stickstoffreichen Unterlagen.

Verbreitung: Fast ganz Europa. Wild nur in Belgien, Frankreich, Holland, Deutschland und Italien. Im übrigen Gebiet häufig kultiviert und verwildert. – **Blütezeit:** April und Mai.

Allgemeines: Den Römern war die Garten-Johannisbeere noch nicht bekannt. In Deutschland wird sie erstmals 1418 erwähnt; in Italien ist sie erst für das Jahr 1550 belegt. Seit dieser Zeit wurden zahlreiche Sorten gezüchtet, die sich in der Fruchtgröße, der Reifezeit und in der Samenzahl unterscheiden. Die wichtigste Stammart ist wohl die **Wald-Johannisbeere** *(Ribes sylvestris)*, eine Pflanze der Auwälder des atlantischen Europas.

Rote Johannisbeere *(Ribes spicatum* ROBSON*)* Steinbrechgewächse

Merkmale: Aufrechter, bis 2,5 m hoher Strauch mit graubraunen oder rötlichen, kahlen Zweigen. Knospen klein, braun, mit leicht abstehenden Schuppen. Laubblätter im Umriß rundlich, bis 10 cm breit, 3–5lappig, an der Basis gestutzt oder leicht herzförmig, mit weiter Einbuchtung am Blattstiel, oberseits immer kahl, auf der Unterseite leicht behaart. Blüten hellgrün, mitunter braunrot überlaufen, in reichblütigen, anfangs aufrechten, später etwas überhängenden Blütentrauben angeordnet. Blütenstiel fein drüsig behaart. Kelchbecher schalenförmig, ohne Ringwulst um die Griffelbasis. Staubblätter kürzer als die radförmig ausgebreiteten Kelchblätter, mit dicht aneinanderstoßenden Staubbeutelhälften. Beeren anfangs aufrecht stehend, später abstehend, aber nicht hängend, rot, durchscheinend, sehr säuerlich.

Standort: Der Strauch bevorzugt nährstoffreichen, sickerfeuchten Boden; gegen Staunässe und längere Trockenheit sehr empfindlich. Meist findet man ihn im Unterholz von Mischwäldern, auf Kahlschlägen oder an Waldrändern.

Verbreitung: Von Skandinavien über Nordasien bis in die Mandschurei beheimatet. Die Südgrenze verläuft über Norddeutschland und Polen in Richtung Osten.

Blütezeit: April bis Mai.

Allgemeines: Die Rote Johannisbeere ist zwar schon seit alters her in Kultur, aber als nutzbare Frucht weit weniger geschätzt als die **Garten-Johannisbeere** *(Ribes rubrum)*. Teilweise werden die Früchte der Roten Johannisbeere oder **Nordischen Johannisbeere,** wie sie mitunter auch genannt wird, aufgrund des hohen Gehaltes an Vitamin C und an verschiedenen Fruchtzuckern und Fruchtsäuren zu Säften oder zu Marmelade verarbeitet. Der stachellose Strauch wird meist in Busch- oder Hochstammform gezogen.

Gewöhnliche Stachelbeere *(Ribes uva-crispa* L.*)* — Steinbrechgewächse

Merkmale: Mittelgroßer, 0,5–1,5 m hoher, buschiger Strauch mit langen, dünnen, graubraunen Zweigen. Die Laubblätter stehen in den Achseln von 2- oder 3teiligen, seltener 5teiligen, spitzen Stacheln; diese erreichen eine Länge von etwa 1 cm. Blätter behaart, im Umriß rundlich oder herzförmig, 2–6 cm breit, oft gebüschelt, 3–5lappig, mit tief gekerbten bis gezähnten Lappen. Blüten zwittrig, unscheinbar, grünlichgelb, bisweilen rötlich überlaufen, 1–3büschelig angeordnet. Blütenstiel kurz, am Grunde etwas gegliedert, mit 1–2 schmalen Vorblättern und einem breiten, scheideartigen, behaarten Tragblatt. Kelch glockig, die Kelchzipfel verkehrt-eiförmig, stumpf, meist zurückgeschlagen, mit mehreren deutlichen Nerven, etwa 2–3mal so lang wie die eiförmigen, nach außen gerichteten, weißlichen Kronblätter. Griffel und Fruchtknoten zottig behaart. Griffel zweispaltig, nicht spreizend, kürzer als die Staubblätter. Frucht groß, rundlich oder eiförmig, hängend, meist grün oder gelb, mitunter auch rötlich überlaufen, leicht behaart bis borstig.

Standort: In Auwäldern, Gebüschen, Hecken, in lichten Wäldern, an Hängen. In den Alpen bis 1400 m aufsteigend. Mit Vorliebe auf stickstoffreichen Böden.

Verbreitung: Fast ganz Europa, mit Ausnahme des nördlichen Teils von Skandinavien. Im Osten bis zum Kaukasus und Zentralasien anzutreffen.

Blütezeit: April und Mai.

Allgemeines: Erstmals erwähnt im 12. Jahrhundert in einem französischen Psalmbuch als »groiselier«. Davon leitet sich wohl auch die früher gebräuchliche Benennung als *Ribes grossularia L.* ab. In Deutschland wird die Stachelbeere seit dem 16. Jahrhundert kultiviert, wobei im Laufe der Zeit durch Einkreuzung amerikanischer Arten zahlreiche Kultursorten entstanden.

Blauspiere *(Sibiraea laevigata* [L.] MAXIM.*)* — Rosengewächse

Merkmale: Steif aufrechter, bis 1,5 m hoher, buschiger Kleinstrauch mit dikken, rotbraunen Zweigen, die in der Jugend leicht behaart sind, später aber verkahlen. Rinde graubraun, schwach rissig. Blätter an den Zweigen gedrängt stehend, teilweise büschelig angeordnet, schmal, länglich-eiförmig bis elliptisch, 4–10 cm lang und etwa 2 cm breit, keilförmig in den Grund verschmälert, vorne mit aufgesetztem Stachelspitzchen, ganzrandig, mit sehr kurzem Blattstiel, der den Stengel etwas kurzscheidig umfaßt; oder Blätter sitzend, auf der Oberseite auffallend bläulichgrün, lorbeerartig glänzend, kahl, unterseits etwas heller mit undeutlichen Seitennerven. Blüten klein, grünlich-weiß oder leicht gelblich, mitunter eingeschlechtig, in endständigen, aufrechten, bis zu 12 cm langen, rispig angeordneten Trauben. Früchte etwa 5 mm lang, balgartig, mit 2 Samen in den einzelnen Fruchtfächern. Griffelrest an der Frucht waagrecht abstehend.

Standort: An steinigen, felsigen Hängen, an Waldrändern, in Gebüschen und Hecken. Mit Vorliebe auf Kalk. Meist nur in der Ebene. Mitunter in Gärten und Parks angepflanzt.

Verbreitung: Wie der lateinische Name sagt, ist die Art im südlichen Sibirien zu Hause. Ihr Verbreitungsgebiet reicht bis ins westliche China. In Europa ist die Blauspiere nur in einem eng begrenzten Gebiet in Kroatien anzutreffen.

Blütezeit: Mai, mitunter nochmals im Herbst.

Allgemeines: Dieser dicht-buschige und sehr blühfreudige Strauch wird in Europa seit etwa 1750 in Gärten und Parkanlagen kultiviert. Nur selten findet man in der Natur verwilderte Pflanzen. Der Strauch ist gegen Frost und längere Trockenheit sehr widerstandsfähig; länger andauernde Staunässe wird allerdings kaum ertragen. In der Literatur wird häufig auch der Name *Sibiraea altaiensis* verwendet.

Steinbrech-
gewächse

Rosen-
gewächse

Kärntener Spierstrauch *(Spiraea decumbens* KOCH*)* Rosengewächse

Merkmale: Zwergstrauch von kaum 50 cm Wuchshöhe mit niederliegenden Ästen und aufsteigenden, rundlichen, fast drahtartigen, kahlen, gelbbraunen Zweigen. Laubblätter eiförmig bis lanzettlich, höchstens 4 cm lang, am Grund keilförmig verschmälert, vorne abgerundet, selten zugespitzt, kurz gestielt, am Rand etwa von der Mitte an einfach oder doppelt gesägt, oberseits graugrün, auf der Unterseite bläulichgrün und kahl. Blüten klein, weiß, sehr zahlreich an den Enden der beblätterten Zweige, in 3–5 cm breiten Doldentrauben angeordnet. Blüten auf ca. 1,5 cm langen und dünnen Stielen. Kelchblätter bis 2 mm lang, innen behaart, zuletzt zurückgeschlagen. Kronblätter kreisrund, etwas länger als die Kelchblätter, weiß. Staubblätter oder Fruchtblätter mitunter zurückgebildet, die Pflanzen sind dann teilweise zweihäusig (d. h. männliche und weibliche Blüten auf verschiedenen Pflanzen). Balgfrüchte glänzend, kahl, zu 2–5 auf dem trichterförmigen Blütenboden.

Standort: Zerstreut an sonnigen Hängen, auf Felsen und Felsschutt. Fast nur in der Bergstufe anzutreffen, mit Vorliebe auf Kalk.

Verbreitung: Südostalpen. Nur in einem sehr begrenzten Gebiet heimisch, das von Südtirol bis Kärnten und Nordjugoslawien reicht.

Blütezeit: Mai und Juni, vereinzelt mit einer Nachblüte im Oktober.

Allgemeines: Manche Autoren trennen den **Tiroler Spierstrauch** als eigene Sippe vom Kärntener Spierstrauch ab. Diese als *Spiraea decumbens ssp. tomentosa* bezeichnete Unterart besitzt immer behaarte Zweige, lanzettliche Blätter, die nur zur Spitze hin kurz gezähnt sind, sowie mit feinen Härchen besetzte Blütenstände. Dieser Zwergstrauch wird von Gartenliebhabern gerne bei der Gestaltung von Steingärten verwendet, da er durch seinen Blütenreichtum und den späten Laubfall immer ein kleines Schmuckstück ist.

Hartheublättriger Spierstrauch *(Spiraea hypericifolia* L.*)* Rosengewächse

Merkmale: Etwa 0,5–2 m hoher, zierlicher, sehr dicht buschiger Strauch mit fein behaarten, bräunlich-roten, fein längsgestreiften, stielrunden und mitunter überhängenden Zweigen. Laubblätter eiförmig-lanzettlich bis spatelförmig, 2–4 cm lang und etwa 1 cm breit, ganzrandig oder nur an der Spitze fein gesägt, fast sitzend, auf der Oberseite graugrün, auf der Unterseite hell bläulichgrün und filzig behaart, an der Basis dreinervig. Der Laubaustrieb erfolgt schon sehr früh. Blüten klein, weiß, im Durchmesser etwa 5 mm, häufig zu 5 in fast sitzenden Dolden längs der Zweige angeordnet. Kronblätter fast kreisrund, bis 3 mm lang und etwas länger als die Staubblätter. Griffel zurückgebogen. Die Balgfrüchte sind klein, länglich-eiförmig und leicht behaart, sie tragen vertrocknete Griffelreste.

Standort: In Gebüschen, an steinigen Hängen sowie an Waldrändern. Ohne besondere Ansprüche an die Bodenbeschaffenheit. Der Strauch ist nicht ganz winterhart und wegen des frühen Laubausschlags durch Spätfröste gefährdet. Mit Vorliebe an sonnigen, sonnenwarmen Standorten.

Verbreitung: Von Südost-Europa über die Balkanhalbinsel bis Sibirien und Mittelasien vorkommend.

Blütezeit: Ende April bis Mitte Mai.

Allgemeines: Gewöhnlich trennt man vom Hartheublättrigen Spierstrauch den **Ungarischen Spierstrauch** als Unterart ab *(ssp. obovata)*. Diese Sippe hat ihren Verbreitungsschwerpunkt im südwesteuropäischen Raum und findet sich häufig in Italien, Ungarn und Rumänien. Der **Johanniskrautblättrige Spierstrauch,** wie er auch noch genannt wird, bildet zahlreiche Bastarde mit anderen Arten, die meist wesentlich blühfreudiger sind. Solche Hybriden sind beispielsweise der **Graue Spierstrauch** und die **Vielblütige Spiraee.**

Weidenblättriger Spierstrauch *(Spiraea salicifolia* L.*)* Rosengewächse

Merkmale: Bis 2 m hoher Strauch mit kahlen, gelbbraunen oder graubraunen, undeutlich kantigen, aufrechten Zweigen. Rinde faserig abschälend. Laubblätter sehr kurz gestielt, länglich-lanzettlich, bis 7 cm lang, am Grund keilförmig verschmälert, vorne zugespitzt, fast vom Grund an einfach oder doppelt gesägt, auf der Unterseite kahl oder nur auf dem Mittelnerv spärlich behaart, mit deutlich hervortretenden gelblichen Nerven. Blüten weiß oder hellrosa, sehr zahlreich, an den Zweigenden in schmalen, 10–12 cm langen, pyramidalen Rispen angeordnet. Blütenstiel etwa 5 mm lang, dicht kurzhaarig. Kelchblätter breit dreieckig, auf der Innenseite behaart und zur Blüte- und Fruchtzeit aufrecht abstehend. Kronblätter fast kreisrund, 2,5 bis 4 mm lang. Balgfrüchte klein, gelblich, an der Bauchnaht etwas bewimpert. Die Samen sind spindelförmig und werden etwa 2 mm lang.

Standort: Stellenweise auf feuchten Wiesen, in Torfmooren, Erlenbrüchen, an Fluß- und Bachufern, an Waldrändern sowie an Wegen und Zäunen teilweise verwildert. Von der Ebene bis in die Bergstufe. Gern auf Silikatgestein.

Verbreitung: Von Böhmen über den Ostalpenraum südlich bis Ungarn und Südrußland heimisch, östlich bis Sibirien und Ostasien.

Blütezeit: Juni und Juli, teilweise auch noch im September und Oktober.

Allgemeines: Dieser blühfreudige Strauch verbreitet einen zarten Duft, der etwas an Weißdorn erinnert. Zur Anlockung der Insekten dient aber auch die Absonderung von Nektar an einem ringförmigen Wulst, der an der Innenseite des Kelches liegt. Diese Art ist an der Bildung zahlreicher Bastardformen beteiligt, so etwa an der Entstehung des **Fliederblütigen** und des **Immerblühenden Spierstrauches** *(Spiraea x syringiflora* und *Spiraea x semperflorens).*

Europäischer Feuerdorn *(Pyracantha coccinea* [L.] ROEM.*)* Rosengewächse

Merkmale: Immergrüner, bis über 2 m hoher, sehr dichter und sparrig verästelter Strauch mit verdornten Kurztrieben. Zweige in der Jugend locker grau behaart, später verkahlend und dann mit rotbrauner, glänzender Rinde. Laubblätter länglich-lanzettlich bis eiförmig-elliptisch, 2–4 cm lang und etwa 1,5 cm breit, ledrig, kurz gestielt, vorne stumpf, mit kurzem, aufgesetzten Stachelspitzchen, Blattrand fein gezähnt, die Blattnerven deutlich hervortretend, auf der Oberseite dunkelgrün, unterseits anfangs leicht behaart und blaßgrün. Blüten in gestielten, aufrechten und dichten Doldentrauben, diese 3–4 cm im Durchmesser, abgeflacht. Kronblätter weiß oder rötlich-gelb, wenig länger als der behaarte Kelch, Fruchtblätter 5, die bis zur Mitte mit dem Kelchbecher verwachsen sind. Scheinfrucht erbsengroß, meist kugelrund, 5–6 mm im Durchmesser, hellrot bis orange, meist mit 5 Samen. Die Früchte verbleiben bis in den Winter am Strauch.

Standort: An Waldrändern, im Gebüsch, in Hecken, an felsigen Hängen. Kalkliebend.

Verbreitung: Südeuropa. Von Italien über die ganze Balkanhalbinsel östlich bis zur Krim, dem Kaukasus und bis Westasien heimisch.

Blütezeit: Von Anfang Mai bis Mitte Juni.

Allgemeines: Die Fülle seiner feuerroten Früchte hat den Feuerdorn zu einer beliebten Zierpflanze gemacht, die häufig als Hecke angepflanzt wird. Früher wurden die Früchte auch zu Marmelade verarbeitet. Die Kerne dienten mitunter als Kaffeebohnenersatz. Sehr selten findet man in Europa einen nahen Verwandten des Feuerdorns, der aus China stammt und als *Pyracantha rogersiana* bezeichnet wird. Seine Zweige sind rostrot behaart, die Blütenstände unbehaart und die Früchte glänzend orangerot.

Merkmale: Mittelgroßer, dicht verzweigter, dorniger Strauch oder kleiner, bis 8 m hoher Baum mit formloser, ausgebreiteter Krone. Rinde dunkelbraun, in schmale Rauten oder Rechtecke zerrissen. Junge Zweige braungrün bis rotbraun, später grau, spärlich behaart mit geraden 10–20 mm langen Dornen. Laubblätter breit-eiförmig oder rautenförmig im Umriß, bis 8 cm lang, 3–7(9)lappig tief eingeschnitten, Einbuchtungen bis zur Hälfte oder noch weiter an die Mittelrippe heranreichend. Blattrand ganzrandig, gegen die Spitze zu einfach oder doppelt gesägt, Sägezähne an Größe zunehmend. Blattgrund keilförmig, fast gestutzt, mit etwa 3 cm langem, rinnigem Blattstiel. Nebenblätter ganzrandig. Blattoberseite glänzend, dunkelgrün, unterseits bläulichgrün, mit stets behaarten Nervenwinkeln. Blüten weiß, 8 bis 15 mm breit, in reichblütigen Doldenrispen. Kelchblätter dreieckig, außen behaart. 1 Griffel, dieser von den zahlreichen roten Staubbeuteln der meist 20 Staubblätter umgeben. Frucht bis 10 mm lang, erbsengroß, hell bis purpurrosa, kugel- oder becherförmig, mit zurückgeschlagenen Kelchblattresten, nur 1 Steinkern (Frucht zerdrücken!).

Standort: Verbreitet in Laubwäldern (seltener in Nadelwäldern), in Hecken, an Zäunen, an Waldrändern, Böschungen und in sonnigen Gebüschen. Von der Ebene bis in die obere Bergstufe (ca. 1500 m). Bevorzugt meist niederschlagsreiche, tiefere Lagen sowie lehmige und kalkhaltige Böden.

Verbreitung: In Mittel- und Südeuropa verbreitet. Im Norden bis Skandinavien, östlich bis Mittelrußland sowie vom Kaukasus bis Kleinasien und Nordafrika beheimatet.

Allgemeines: Der Eingriffelige Weißdorn ist sehr anpassungsfähig in bezug auf Temperaturgegensätze, Luftfeuchtigkeit und Bodenbeschaffenheit. Er eignet sich bestens als Vogelschutzgehölz und Heckenpflanze, erträgt regelmäßigen Schnitt sehr gut und wird deshalb häufig als Feld- oder Wegbegrenzung angepflanzt. Der Name *Crataegus* stammt aus dem Griechischen und bedeutet kratos = Kraft und agein = führen oder auch genein = erzeugen. Damit soll entweder auf die Verwendung als besonders nahrhaftes Futter für Ziegen oder die Heilkraft der Pflanze verwiesen werden. Die arzneiliche Bedeutung der Weißdornarten wurde zu Beginn dieses Jahrhunderts entdeckt. Extrakte aus Weißdornblüten, Blättern und Früchten werden als Herztonika seit alten Zeiten in der Medizin mit großem Erfolg bei nervösen und altersbedingten Störungen der Herzfunktionen, bei Bluthochdruck, bei Schlafstörungen, Angst und Depressionen zur Therapie verordnet. Während man in der Volksheilkunde gewöhnlich Weißdorntee und Kompressen bevorzugt, wird von medizinischer Seite meist ein Kombinationspräparat aus Weißdorn, Vitamin E und Magnesium zur Behandlung eingesetzt. Die Wirkstoffe sind von ihrer Bedeutung her ähnlich wie die Digitalisglykoside des Fingerhuts zu bewerten. Sie sind aber ungiftig und bei normaler Dosierung frei von schädlichen Nebenwirkungen. Die Früchte des Weißdorns werden gerne von Vögeln gefressen; sie tragen damit wesentlich zur Artverbreitung bei. Eine Abart des Eingriffeligen Weißdorn, bei uns als **Rotdorn** bekannt, wird wegen seiner überreichen Blütenfülle in verschiedenen Gegenden als Alleebaum angepflanzt. Seine roten Blüten sind meist gefüllt. Seltener begegnet man dem aus Nordamerika stammenden **Hahnensporn-Weißdorn** *(C. crus-galli)*, der bis zu 8 cm lange Dornen besitzt. Eine wunderschöne Herbstfärbung findet man beim **Pflaumenblättrigen** *(C. prunifolia)* und beim **Scharlach-Weißdorn** *(C. intricata)*. Durch Pfropfung der **Echten Mispel** *(Mespilus germanica)* auf den Stamm des Eingriffeligen Weißdorns wurde ein Pfropfbastard erzeugt, der bei einheitlichem Gesamtwachstum die Merkmale beider Pfropfpartner zeigt, und den kombinierten Namen *Crataegomespilus* erhielt. Den Fabelwesen antiker Mythologie entsprechend bezeichnet man solche botanischen Raritäten als Chimären.

Zweigriffeliger Weißdorn *(Crataegus laevigata [oxyacantha] L.)* Rosengewächse

Merkmale: Strauch oder kleiner, bis 10 m hoher Baum, mit 5–20 mm langen Dornen. Junge Zweige rotbraun, anfangs behaart, später verkahlend. Knospen klein, eiförmig-kugelig. Blätter breit-eiförmig bis rautenförmig, in der vorderen Hälfte 3– (bis 5)lappig, 2–5 cm lang, mit rinnigem Blattstiel. Blattlappen kurz, stumpf, kaum bis zur Hälfte der Blattspreite eingeschnitten, Blattgrund abgerundet bis keilförmig; Lappenrand ungleichmäßig gesägt. Blätter oberseits dunkelgrün, unterseits bläulichgrün, anfangs auf den Nerven behaart. Nebenblätter teilweise eingeschnitten. Blüten weiß oder rosa, 15–20 mm breit, sehr zahlreich in aufrechten Doldenrispen. Staubblätter zahlreich. Stets 2–3 Griffel. Frucht eiförmig bis kugelig, etwa 12 mm lang, scharlachrot, undeutlich kantig, mit 2–3 Steinkernen.

Standort: Häufig in Laub- und Kiefernwäldern, in Gebüschen, in Hecken, an Waldrändern, an Zäunen und in Gärten. Meist auf humosen, frischen Böden, besonders üppig auf Lehmboden. Von der Ebene bis in die Bergstufe (ca. 1500 m).

Verbreitung: In fast ganz Europa verbreitet. Von England und Schweden bis zu den Pyrenäen und Norditalien sowie im Osten bis Polen anzutreffen.

Blütezeit: Von Anfang Mai bis Ende Juni.

Allgemeines: Der Zweigriffelige Weißdorn ist seit alters in Kultur. Sein fleischrotes, sehr hartes Holz wurde früher von Drechslern zu Schaufel- und Hackenstielen verarbeitet. Die Früchte wurden in Hungerszeiten als Mehlersatz genutzt und teilweise auch zur Schnapsherstellung verwendet. Blätter, Blüten und Früchte werden ebenso wie vom **Eingriffeligen Weißdorn** für die Arzneimittelindustrie gesammelt; man bereitet aus ihnen herzstärkende Mittel. Beide Weißdornarten bilden häufig Bastarde = *Crataegus media.*

Fünfsteiniger Weißdorn *(Crataegus pentagyna WALDST. ET KIT.)* Rosengewächse

Merkmale: Reichverzweigter, bis 5 m hoher Strauch. Junge Zweige behaart, mit relativ wenigen, nur 7–10 mm langen Dornen. Laubblätter breit-eiförmig bis oval, 2,5–6 cm lang, fast ebenso breit, mit 3–7 ungleichmäßig gesägten Blattlappen, auf der Oberseite dunkelgrün, unterseits hellgrün mit spinnwebenartiger Behaarung. Blattstiele 1–3 cm lang. Blätter im Herbst goldgelb verfärbt. Blüten weiß, etwa 15 mm im Durchmesser, in lockeren, zottig behaarten und reichblütigen Doldenrispen angeordnet. Anzahl der Griffel meist 4, seltener 5, an der Spitze behaart. Früchte länglich-elliptisch, etwa 12 mm lang, tief purpurrot bis mattschwarz, mit 4–5 Steinkernen, Fruchtfleisch sehr fest.

Standort: An Waldrändern, in Laub- und Auwäldern, an Flußufern und in Gebüschen wachsend. Bevorzugt kalkhaltige Böden.

Verbreitung: Fast nur in Südosteuropa zu finden. Von den nördlichen Gebieten der Balkanhalbinsel östlich bis zur Ukraine, zum Kaukasus und Persien beheimatet.

Blütezeit: Mai und Juni.

Allgemeines: Ebenso wie die anderen Weißdornarten eignet sich dieser Strauch als Vogelschutzgehölz und Heckenpflanze. Mitunter begegnet man in Südeuropa dem sehr ähnlichen **Azaroldorn** *(Crataegus azarolus),* der aber sehr kurze Blattstiele, ganzrandige Blattlappen und orangerote bis gelbliche Früchte mit nur 1–3 Steinkernen besitzt. In diesem Gebiet ist auch der **Orientalische Weißdorn** *(Crataegus laciniata)* zu Hause, der meist felsige Berghänge als Standort bevorzugt. Seine Blätter sind graugrün, mit 5–9 schmalen, an den Enden scharf gezähnten Lappen. Die Früchte sind birnenförmig, 1,5–2 cm im Durchmesser, ziegel- oder orangerot und haben 4–5 Steinkerne. Daneben findet man immer wieder Bastardformen, die nur schwierig zu bestimmen sind.

Gemeine Zwergmispel *(Cotoneaster integerrima* MED.*)* Rosengewächse

Merkmale: Buschiger, reichästiger, 1,5–2 m hoher, aufrechter, seltener niederliegender, ausgebreiteter Zwergstrauch mit braunroten, anfangs gelbgrün filzigen Zweigen. Laubblätter breit-elliptisch bis rundlich-eiförmig, 1,5–4 cm lang und 1–2,5 cm breit, vorne stumpf, mit aufgesetztem Stachelspitzchen, kurzgestielt, ganzrandig, oberseits dunkelgrün, kahl, unterseits und am Rand dicht hellgrün bis graufilzig, mit deutlich hervortretendem Adernetz. Blüten weiß oder rötlich, 5zählig, in 2–4blütigen, überhängenden Trugdolden angeordnet. Blütenstiel 3 bis 8 mm lang, locker filzig behaart, am Grund mit 2 lanzettlichen, am Rand bewimperten Vorblättern. Blütenbecher kahl, die Kelchblätter von dreieckiger Form, etwa 3 mm lang, stumpf, im vorderen Teil und am Rand behaart, rotbraun. Kronblätter kreisrund, so lang wie die Kelchblätter. Staubblätter 2,5 mm lang mit rötlichen Staubfäden. Meist 2 Griffel. Scheinfrucht rundlich, 6–7 mm lang und bis 8 mm im Durchmesser, kahl, scharlach- oder purpurrot, mit 2–3 Kernen.

Standort: Auf Felsschutt, an Felsbändern, in Felsspalten, in lichten Gebüschen sowie in Hochstaudenfluren. In den Alpen bis 2400 m. Häufig an sonnigen, trockenen Standorten; gerne auf Kalk, aber auch auf Urgestein.

Verbreitung: Fast ganz Europa. Von der Iberischen Halbinsel bis England und Südskandinavien im Norden sowie von Italien über die Balkanländer bis zur Krim und zum Kaukasus beheimatet.

Blütezeit: April und Mai.

Allgemeines: Während die Blüten der Gemeinen Zwergmispel oder **Steinmispel,** wie sie in manchen Gegenden auch genannt wird, sehr häufig von Wespen aufgesucht werden, sind an der Verbreitung der beerenartigen Früchte hauptsächlich Elstern und Krähen beteiligt. Der Bastard beider Zwergmispeln = *C. intermedia.*

Filzige Zwergmispel *(Cotoneaster tomentosa* [AIT.] LINDL.*)* Rosengewächse

Merkmale: Etwa 0,5–2 m hoher, ästiger, aufrechter Strauch. Zweige anfangs gelblich-grün, filzig behaart, später dunkelbraun, mit glatter Rinde. Laubblätter oval oder breit-elliptisch, 2–6 cm lang und 1,5–4,5 cm breit, an der Spitze abgerundet, mit aufgesetztem Stachelspitzchen, am Grunde meist gestutzt, kurzgestielt, ganzrandig, auf der Oberseite anfangs weißfilzig, später zerstreut behaart, dunkelgrün, unterseits und am Rand gelbgrau oder grünfilzig. Blüten hellrosa oder fast weiß, zu 2–10 in schief aufrechten oder hängenden Doldentrauben angeordnet. Blüten auf 8–10 mm langen, filzig behaarten Stielen. Blütenbecher und Kelchblätter graufilzig. Kelchblätter dreieckig, etwa 3 mm lang, kürzer als die Kronblätter. Staubblätter meist 20, von 2,5 mm Länge. Griffel fast immer 3, seltener 4 oder 5. Scheinfrucht rundlich, erbsengroß, 6–8 mm lang, blutrot, aufrecht und dicht weißfilzig behaart.

Standort: An steinigen, sonnigen Abhängen, an Felsen, auf Felsschutt, in Schluchten. Im Hochgebirge noch bis 2400 m zu finden. Meist auf kalkreichen Unterlagen, aber auch auf Sandstein, Porphyr und Granit.

Verbreitung: In den Gebirgen Süd- und Südost-Europas. Von Nordspanien über Südfrankreich, den Alpenbereich, bis Süddeutschland vorkommend, ebenso in Mittelitalien und auf der Balkanhalbinsel.

Blütezeit: April und Mai.

Allgemeines: Wegen der schönen Früchte und dem teppichartigen Wuchs werden neben der Filzigen Zwergmispel auch viele asiatische Arten in Gärten und Anlagen zur Begrünung trokkener Stellen angepflanzt. Zu diesen aus China und dem Himalaya stammenden Pflanzen gehören die **Fächer-Zwergmispel** *(C. horizontalis),* die **Teppich-Zwergmispel** *(C. dammeri)* und die **Kleinblättrige Zwergmispel** *(C. microphylla).*

Zwerg-Mehlbeere *(Sorbus chamaemespilus* [L.] CRANTZ*)* Rosengewächse

Merkmale: Etwa 0,5–3 m hoher Strauch mit grau- oder rotbraunen Ästen. Junge Zweige weißlich behaart, später verkahlend. Laubblätter elliptisch bis länglich, verkehrt-eiförmig, bis 9 cm lang, derb, fast lederartig. Blattrand gesägt, oberseits auf den Nerven feindrüsig punktiert, dunkelgrün, unterseits bläulichgrün, beidseitig mit 4–8 Seitenaderpaaren. Blüten in dichten, aufrechten, meist weißfilzigen Trugdolden. Kronblätter verkehrt-eilänglich, in den Grund keilförmig verschmälert, 4–5 mm lang, rosenrot. Scheinfrucht kugelig-eiförmig, 10–15 mm lang, 4samig, scharlachrot bis braunrot, eßbar. Samen birnenförmig, bis 5 mm lang.
Standort: Häufig in Kiefern- und Lärchenwäldern, im Legföhren-, Grünerlen- und Alpenrosengebüsch, an Felsen, in Schluchten sowie auf Geröllhalden. Von der Ebene bis 2200 m in den Alpen zu finden. Bevorzugt trockene, sonnige Lagen. Vorwiegend auf kalkreichen Unterlagen.
Verbreitung: Gebirge Mittel- und Südeuropas. Von den Pyrenäen nach Osten bis zu den Karpaten, im Norden im Schweizer Jura, den Vogesen und im Schwarzwald; im Süden ist die Art bis einschließlich der Balkanhalbinsel und in Italien zu finden.
Blütezeit: Juni und Juli.
Allgemeines: Die Früchte des Strauches wurden in Hungerszeiten gesammelt, getrocknet, gemahlen und als Mehlzusatz zur Herstellung von Backwaren verwendet. Die Zwerg-Mehlbeere bildet mit der **Berg-Mehlbeere** vereinzelt in den Alpen und im Jura am Wildstandort Bastarde. Dieses Kreuzungsprodukt wird als *Sorbus hostii* oder **Hosts-Mehlbeere** bezeichnet. Die Blätter dieser Art sind unterseits lokker wollig-filzig behaart, die Blüten sind weißlich-rosa und in etwa 6 cm breiten Doldentrauben angeordnet, die Früchte sind oval und korallenrot.

Berg-Mehlbeere *(Sorbus mougeotii* SOY-WILL. & GODR.*)* Rosengewächse

Merkmale: Aufrechter Strauch oder bis 20 m hoher Baum mit graubrauner Rinde, die mit zahlreichen kleinen Rindenporen besetzt ist. Laubblätter länglich-eiförmig bis fast kreisrund, etwa doppelt so lang wie breit, vorne spitz zulaufend, an der Basis keilförmig, beidseitig mit etwa 10 gesägten Blattlappen, die sich nicht überdecken und gegen die Spitze zu kleiner werden; mit 8–12 Seitennervenpaaren; oberseits dunkelgrün, kahl, auf der Unterseite grau und wollig-filzig behaart. Blüten weiß, 10–15 mm im Durchmesser, in reichblütigen, lockeren, aber dicht-filzigen Doldenrispen angeordnet. Kronblätter eiförmig bis rundlich, 5–6 mm lang. Griffel meist 2–3. Scheinfrucht rundlich, 10–14 mm lang, rot, eßbar.
Standort: An sonnigen, trockenen Hängen, auf Felsschutt, in lichten Laubwäldern, in Gebüschen. Vom Tiefland bis 1800 m im Gebirge aufsteigend.
Verbreitung: Gebirgswälder des südwestlichen Europas. Sehr selten an Berghängen der Vogesen, des Schweizer Jura, der Westalpen. Nach Osten über die ganze Alpenkette bis in die südlichen Karpaten verbreitet. Ebenso im Apennin vorkommend.
Blütezeit: Mai und Juni.
Allgemeines: Diese westeuropäische Art bildet mit der **Zwerg-Mehlbeere** *(Sorbus chamaemespilus)* Bastarde, die an gemeinsamen Standorten in den Alpen, im Jura und in den Vogesen zusammen mit den Elternarten vorkommen. Die Berg-Mehlbeere oder **Alpen-Oxel,** wie sie in manchen Gegenden auch genannt wird, besiedelt meist ähnliche Standorte wie die **Gemeine Mehlbeere** *(S. aria),* stellt jedoch größere Ansprüche an Bodenbeschaffenheit, Feuchtigkeit und Wärme. Sie steht aber andererseits auch einigen nordeuropäischen Arten sehr nahe, wie etwa der **Schwedischen Vogelbeere** *(S. intermedia).*

Rosen-
gewächse

Echte Felsenbirne *(Amelanchier ovalis* MED.*)* — Rosengewächse

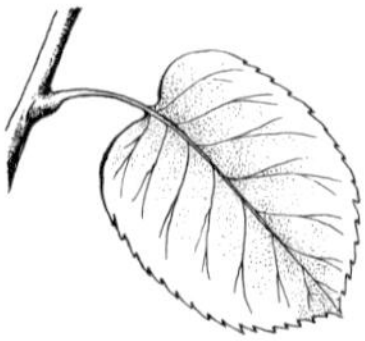

Merkmale: Etwa 1,5–2 m hoher, dornenloser Strauch. Zweige schlank, straff aufrecht, mit rotbrauner Rinde. Laubblätter eiförmig bis oval, 2,5–4,5 cm lang und etwa 3 cm breit, derb, mit 1,5 cm langem Blattstiel. Blattrand scharf gezähnt, an der Spitze mit aufgesetztem Stachelspitzchen. Blattgrund herzförmig bis gestutzt. Blätter in der Jugend oberseits dunkelgrün, unterseits hellgelb und dicht filzig behaart, später verkahlend. Blüten bereits vor dem Laubaustrieb vorhanden, schneeweiß, zu 3–8 in filzigen aufrechten Trauben. 5 Kelchblätter, diese schmal länglich-eiförmig, bis 15 mm lang und an der Spitze rötlich überlaufen. Etwa 20 Staubblätter und 5 Griffel, die nicht miteinander verwachsen sind. Früchte schwarz, bläulich bereift, kugelig, bis 10 mm lang, süß und eßbar, Kelchblätter lange Zeit an der Frucht verbleibend. Samen sichelförmig.

Standort: Häufig an steinigen Hängen, auf Felsschutt, in Felsspalten, in lichten Eichen- und Kiefernwäldern sowie in Gebüschen. Vorwiegend in Südlagen, auf mageren und kalkreichen Böden. Von der Ebene bis in Höhen von 2000 m (Seealpen, Wallis) zu finden.

Verbreitung: In den Gebirgen Mittel- und Südeuropas, Vorderasiens und Nordafrikas verbreitet. Nordwärts bis Belgien und Mitteldeutschland, ostwärts bis Polen und Rumänien.

Blütezeit: Von April bis Juni. Fruchtreife im August.

Allgemeines: Die Art wird seit dem 16. Jahrhundert wegen ihres Blütenreichtums häufig als Zierstrauch angepflanzt. Weitere gebräuchliche Namen sind **Felsenmispel** oder **Edelweißstrauch.** Einige nahe verwandte Arten aus Nordamerika sind in Europa eingebürgert. So findet man in Gärten und Parks gelegentlich die **Besen-Felsenbirne** oder die **Kupfer-Felsenbirne** mit rötlich überlaufenen, seidenhaarigen Blättern.

Quitte *(Cydonia oblonga* MILL.*)* — Rosengewächse

Merkmale: Baum oder Strauch von 1–8 m Wuchshöhe mit sparrig abstehenden Ästen. Junge Zweige dicht filzig behaart, gelbgrün, später braungrün mit kleinen, dunklen Rindenporen. Laubblätter eiförmig bis breitelliptisch, am Grund abgerundet, ganzrandig, oberseits dunkelgrün, unterseits hellgrün, am Rand locker graufilzig. Blätter bis 10 cm lang und 7,5 cm breit. Blattstiel 1–2 cm lang, filzig behaart. Nebenblätter bis 12 mm lang, frühzeitig verwelkend und abfallend. Blüten meist einzeln, endständig an den Seitensprossen. 5 Kelchblätter, die weißlich filzig, 8–15 mm lang und zurückgeschlagen sind und sich bis zur Fruchtreife vergrößern. 5 Kronblätter, eiförmig, 15–30 mm lang, weiß oder rosa mit dunkleren Adern; Staubblätter meist 20, in 3 Reihen angeordnet, Staubbeutel gelb, 5 Griffel. Scheinfrucht groß, filzig behaart, grünlichgelb, punktiert, wohlriechend. Samen keilförmig, abgeplattet, rotbraun, in jedem Fruchtfach sind etwa 8–16 Samen (Kerne) zu finden.

Standort: Ziemlich selten, teilweise verwildert an sonnigen Hängen, an Waldrändern und in Gebüschen. Häufig in Gärten, Parkanlagen und Weinbergen kultiviert. Die Quitte verlangt kalkhaltigen, trockenen und tiefgründigen Boden.

Verbreitung: Einheimisch in Persien, Transkaukasien und Südostarabien. Eingebürgert in Kleinasien, Syrien, Nordafrika und in Südosteuropa.

Blütezeit: Von Mai bis Ende Juni.

Allgemeines: Die verholzten, aber würzig duftenden Früchte der Quitte sind roh ungenießbar und bleiben in ihrer Qualität und wirtschaftlichen Bedeutung weit hinter Apfel und Birne zurück. Bei den Griechen und Römern wurde die Frucht mit Honig zu Marmelade sowie zu Quittenwein verarbeitet. Der »Apfel der Venus« war eine Quitte; sie galt als Symbol der Liebe und Fruchtbarkeit.

Gemeine Brombeere *(Rubus fruticosus* L.*)* — Rosengewächse

Merkmale: Diese Gruppe, zu der auch die Mittelmeer-Brombeere zu rechnen ist, umfaßt über 300 sehr verschiedene Arten, für die hier nur einige allgemeine Merkmale angegeben werden können: Schößlinge himbeerartig aufrecht, bogig oder kriechend, kahl oder behaart, oft stieldrüsig, mit gleichen bis ungleichen Stacheln. Laubblätter meist gefingert 3–5(–7)zählig, oberseits (dunkel-)grün, unterseits filzlos grün bis grauweiß filzig. Blüten meist in Rispen, Blütenblätter weiß bis rosarot, schmal spatelig bis fast kreisrund, Staubblätter länger oder kürzer als die Griffel. Früchte schwarzrot bis schwarz, meist glänzend und wohlschmeckend, sich bei der Reife mit dem Fruchboden ablösend. – Die Abbildung zeigt die im atlantischen Europa weit verbreitete Samt-Brombeere *Rubus vestitus* Weihe, die durch dichte Behaarung, rundliche Blättchen und rosa oder weiße Blüten ausgezeichnet ist.

Standort: In Hecken und Gebüschen, an Wald- und Wegrändern, in lichten Wäldern oder auf Lichtungen mit unterschiedlichem Verhalten der einzelnen Arten auch bezüglich der Bodenansprüche. Die meisten Sippen bevorzugen nicht zu trockene, humusreiche und kalkfreie Standorte in wintermilder Klimalage. Ebene bis Gebirge (Alpen bis 1700 m).

Verbreitung: In ganz Europa bis auf den äußersten Norden.

Allgemeines: Die große Formenfülle der europäischen Brombeeren ist vor allem dadurch entstanden, daß sich durch Kreuzungen und Aufspaltungen neue Merkmalskombinationen ergeben können, die durch nachfolgende Samenbildung ohne Befruchtung konstant erhalten bleiben. Solche hybridogene Sippen gehen vor allem auch auf die Kratzbeere zurück oder auch auf diploide »Primärarten« wie die Mittelmeer-Brombeere, ohne daß über die sonstigen Stammeltern Genaueres bekannt ist.

Kratzbeere *(Rubus caesius* L.*)* — Rosengewächse

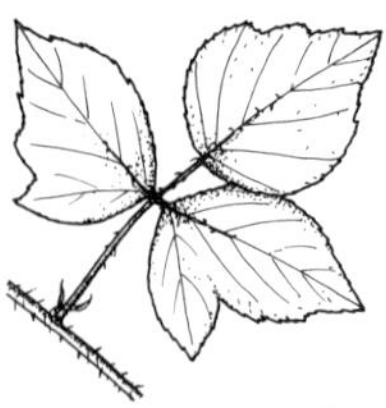

Merkmale: Niederliegender oder kletternder, bis 1 m hoher Strauch; Schößlinge anfangs aufrecht, bald aber bogig überhängend, sich reichlich verzweigend, mit den Spitzen im Boden einwurzelnd, stielrund, stark bereift, meist kahl, mit kurzen, fast geraden Stacheln und Stieldrüsen. Laubblätter dünn, meist 3zählig, bis 9 cm lang und 6 cm breit, grob und ungleich gezähnt, das Endblättchen breit herz-eiförmig bis rautenförmig, Seitenblättchen fast sitzend. Nebenblätter lanzettlich. Blüten weiß, etwa 3 cm im Durchmesser, in Doldentrauben angeordnet. Blütenstiele lang und dünn, mit feinen Stacheln besetzt. Kelchblätter graufilzig, aufrecht. Kronblätter groß, breiteiförmig bis fast kreisrund. Sammelfrucht nur aus wenigen Teilfrüchten bestehend, bläulich, bereift, saftreich und säuerlich schmeckend.

Standort: An Waldrändern, in Hecken, Gebüschen, auf Äckern, an Fluß- und Bachufern. Meist auf Kalk. Von der Ebene bis 1400 m in den Alpen aufsteigend.

Verbreitung: Fast in ganz Europa. Nördlich bis Irland, Schottland und Skandinavien. Fehlt aber in Island und in der Türkei.

Blütezeit: Mai und Juni.

Allgemeines: Die Kratzbeere oder **Ackerbeere,** wie sie in manchen Gegenden auch genannt wird, erträgt Staunässe und länger andauernde Überschwemmungsperioden ausgezeichnet; man findet sie deshalb häufig in Auwäldern, wo sie als einziger Unterwuchs mitunter unpassierbare Dickichte bildet. Ihre schwarzblauen Früchte scheinen auf Krähenvögel eine besonders anziehende Wirkung auszuüben. Die vielerorts mit anderen Brombeeren gebildeten Bastarde sind außerordentlich anpassungsfähig und bilden auf Brachäckern, in Weinbergen und an Straßenrändern oft flächendeckende Gestrüppe. Nur selten werden die wenig schmackhaften Früchte verwendet.

Mittelmeer-Brombeere *(Rubus ulmifolius* SCHOTT.*)* Rosengewächse

Merkmale: Kräftiger, wintergrüner, meist 1–2 m hoher Strauch. Schößlinge bis über 4 m lang, bogig, kantig und gefurcht, violettrot bis bläulich, zuletzt auch etwas silbrig, fein sternhaarig, später verkahlend. Stacheln breit, bis 7–11 mm lang, gerade oder gekrümmt, manchmal auch ganz fehlend. Laubblätter fingerförmig (3-)5zählig. Blättchen oberseits dunkelgrün, fast kahl, unterseits angedrückt grauweiß-filzig. Endblättchen am Grunde abgerundet, mit kurzer Spitze, sonst in der Form variabel. Nebenblätter fädig. Blütenstand verlängert, ziemlich schmal, oben blattlos, sonst mit unterseits weißfilzigen Blättern. Achse meist mit kräftigen gekrümmten Stacheln, selten unbewehrt. Kelch grauweiß filzig, Blütenblätter (violett-)rosenrot. Sammelfrucht schwarz, glänzend.

Standort: In Hecken, Gebüschen und an Waldrändern, im Mittelmeergebiet auch in lichten Wäldern und auf Geröllhalden. In den Südalpen bis 1200 m.

Verbreitung: Mittelmeergebiet bis Nordafrika, in Westeuropa bis Belgien, Rheinland, Südholland und Großbritanien. Durch Pflanzgut gelegentlich auch darüber hinaus verschleppt oder aus Gärten verwildert.

Blütezeit: Mai (Mittelmeergebiet) bis August (gemäßigtes Westeuropa).

Allgemeines: Die übermannshoch werdenden und undurchdringlichen Gestrüppe dieser Brombeere findet man im Mittelmeergebiet oft auch als Unterwuchs von Eichen- und Kiefernwäldern, im atlantischen Westeuropa bildet die Art streckenweise dichte Hecken. Mit gefüllten Blüten wird sie gelegentlich auch als Zierpflanze gezogen. Sie wird schon bei Homer erwähnt und ist vermutlich auch der in der Bibel bei Moses erwähnte Dornstrauch auf dem Berge Sinai.

Gemeine Himbeere *(Rubus idaeus* L.*)* Rosengewächse

Merkmale: Unterirdische Ausläufer treibender, bis 2 m hoher Strauch. Einjährige Triebe sind meist aufrecht, verzweigt und verlängern sich im darauffolgenden Jahr rutenförmig und bogig überhängend. Schößlinge rund, bereift, im unteren Teil mit zahlreichen kurzen, kegelförmigen, schwarzroten Stacheln besetzt. Laubblätter 3–5zählig, seltener 7zählig, oberseits kahl, unterseits weißfilzig behaart; Blattrand scharf gesägt. Endblättchen eiförmig bis lanzettlich, vorne spitz zulaufend und lang gestielt; die seitlichen Teilblättchen sitzend. Nebenblätter schmal, fast fadenförmig, am Grund mit dem Blattstiel verwachsen. Blüten weiß, meist nickend, in lockeren Trauben oder Rispen angeordnet. Kelchblätter kürzer als die Kronblätter, nach der Blüte zurückgeschlagen. Kronblätter spatelig oder verkehrt-eiförmig. Staubblätter kürzer als der Griffel. Sammelfrucht aus zahlreichen roten, seltener gelben, flaumig behaarten Steinfrüchtchen zusammengesetzt; sich zur Reifezeit leicht vom kegelförmigen Blütenboden ablösend, aromatisch und eßbar. Steinkerne stark netzig strukturiert, runzelig.

Standort: In Wäldern, Gebüschen, Hochstaudenfluren, auf Kahlschlägen, Uferböschungen und Lesesteinhaufen. Vom Tiefland bis ins Gebirge (ca. 2000 m). Bevorzugt lockere, nicht zu trockene, nährstoffreiche Böden.

Verbreitung: Fast ganz Europa. Zieht sich im Süden meist in die Gebirge zurück. Fehlt nur in Portugal, auf Island sowie im äußersten Norden.

Blütezeit: Mai bis August.

Allgemeines: Die Sammelfrucht der Himbeere löst sich im Gegensatz zur Brombeere vom Blütenboden ab. Sie wird seit dem Mittelalter kultiviert. Viele ertragreiche, großfrüchtige Sorten von violetter Farbe sind Kreuzungsprodukte der amerikanischen **Schwarzen Himbeere** mit der Gemeinen Himbeere.

Fingerstrauch *(Potentilla fruticosa* L.*)*

Rosengewächse

Merkmale: Etwa 20–100 cm hoher, aufrechter, reichästiger Zierstrauch. Rinde braunrot, löst sich in länglichen Fetzen ab. Laubblätter kurz gestielt, 3–5zählig gefiedert, derb, Fiederblättchen sitzend, länglich-lanzettlich, am Grund keilförmig verschmälert, an der Spitze stumpf, ganzrandig, oberseits dunkelgrün, unten etwas heller, reichlich behaart. Blüten endständig einzeln oder zu wenigen an den beblätterten Zweigen. Blütenstiel behaart. Kelchblätter etwa 8 mm lang, breit-eiförmig, mit zusätzlichem Außenkelch, der schmal-lanzettlich geformt ist. Kronblätter länger als die Kelchblätter, bis 12 mm lang, rundlich, breiter als lang, am Grund plötzlich zusammengezogen, von goldgelber Farbe auf der Oberseite, unterseits mattgelb. Etwa 25 Staubblätter. Blütenboden kegelförmig ausgebildet. Nüßchen zahlreich, meist behaart.

Standort: An Felshängen, in lichten Wäldern sowie an Flußufern.Meist auf kalkreichen Böden. Im Norden auch an nassen, zeitweise überschwemmten Standorten. Vom Tiefland bis über 2000 m aufsteigend. Wird meist als Zierstrauch in Gärten und Parkanlagen kultiviert. Stellenweise verwildert und eingebürgert.

Verbreitung: Von den Pyrenäen über Frankreich bis Großbritannien, Irland und Südschweden verbreitet, im Osten bis Rußland und Bulgarien reichend.

Blütezeit: Von Juni bis Ende August.

Allgemeines: Der Fingerstrauch läßt sich durch Stecklinge leicht vermehren. Er stellt keine besonderen Ansprüche an die Bodenbeschaffenheit und gedeiht auch noch in sehr rauhem Klima. Neben zahlreichen gärtnerischen Kulturformen sind eine Anzahl Wildformen in Kultur, die meist aus den Gebirgen Südostasiens stammen und im Himalaya bis in Höhen von 5000 m aufsteigen.

Silberwurz *(Dryas octopetala* L.*)*

Rosengewächse

Merkmale: Immergrüner, kriechender Spalierstrauch mit rasig-mattenförmigem Wuchs und reich verzweigtem Stämmchen; Zweige erheben sich nur 5 bis 10 cm über den Boden, niederliegende Teile meist zweizeilig, aufrechte Triebe allseitig beblättert. Laubblätter mit kurzem Stiel, von länglich-elliptischer Form, 0,5–2,5 cm lang und 0,3–1,0 cm breit, am Grund herzförmig, an beiden Enden stumpf, oberseits sattgrün, unterseits silberweiß filzig behaart, ledrig-runzelig, Blattrand regelmäßig gekerbt und häufig leicht eingerollt. Nebenblätter lanzettlich, spitz, bis über die Hälfte der Länge mit dem Blattstiel verwachsen. Blüten weiß, 20–40 mm breit, mit 7–9 (meist aber 8 = octopetala!) Kronblättern, diese außen braunfilzig, innen kahl. Kelchblätter in gleicher Anzahl vorhanden. Blütenstiele in den Blattachseln entspringend, 5–15 cm lang, drüsig behaart. Griffel zur Fruchtzeit zu 2–3 cm langen, fedrig behaarten Schwänzen auswachsend (Windverbreitung der Früchte!)

Standort: Meist auf trockenen bis frischen Kalk-Schutthalden, auf Fels, Moränen, steinigen Matten, in lichten Kiefernwäldern und oft herabgeschwemmt im Flußkies. Am häufigsten in Höhen zwischen 1200 und 2500 m anzutreffen.

Verbreitung: In den Alpen, Pyrenäen, Karpaten, im Apennin sowie in den Gebirgen der Balkanhalbinsel verbreitet, ebenso in den Hochgebirgslagen der nördlichen Halbkugel.

Blütezeit: Von Mai bis August.

Allgemeines: Die Silberwurz ist eine der wenigen Arten, die sowohl in den Alpen als auch im arktischen Bereich der Nordhalbkugel vorkommt. Sie gilt als Leitart der Pionierfloren, die nach dem Rückzug der eiszeitlichen Gletscher das frei gewordene Gebiet besiedelt hat. Die äußerst genügsame Pflanze kann bis zu 100 Jahre alt werden!

oben: Früchte

Mai-Rose *(Rosa majalis* HERRM.*)* Rosengewächse

Merkmale: Ausläufer treibender, niedriger, bis 1,5 m hoher Strauch mit rutenförmigen, dünnen, glänzend rotbraunen Zweigen. Stacheln schwach, kurz, hakig gekrümmt, am Grund des Blattstiels häufig paarig angeordnet, an den Blütenzweigen oft auch ganz fehlend, im unteren Teil der Äste aber kräftig und zahlreich, meist mit sehr dicht stehenden Borsten untermischt. Laubblätter überwiegend 5–7zählig gefiedert, dünn, Blättchen länglich-elliptisch bis eiförmig, 2–3 cm lang und 1–1,5 cm breit, einander genähert, am Rand einfach gesägt, oberseits bläulichgrün, anliegend kurzhaarig, unterseits blaß graugrün, dicht anliegend behaart. Blattstiel ebenfalls flaumig behaart. Nebenblätter meist ziemlich breit, am Rand teilweise eingerollt, mit auseinanderspreizenden Öhrchen. Blüten meist einzeln, seltener zu 2–5 in Doldentrauben stehend, karminrot bis rosa, 4–6 cm im Durchmesser. Blütenstiel etwa 1 cm lang, von großen Hochblättern umgeben. Kelchblätter schmal, meist alle ungeteilt, nach der Blüte aufgerichtet, bis zur Fruchtreife bleibend. Kronblätter 2,5–3 cm lang. Hagebutte kugelig, oft auch scheibenförmig zusammengedrückt, bis 1,5 cm im Durchmesser, dunkelrot, wenig fleischig, kahl.

Standort: In den Auengehölzen der Alpenflüsse, teilweise verwildert an Burghügeln und Ruinen.

Verbreitung: Nord- und Mitteleuropa. Vom Wallis, dem Oberrheingebiet bis Südskandinavien im Norden, östlich bis Südpolen, ebenso am oberen Donaulauf und den nördlichen Gebieten des Balkan.

Blütezeit: Mai und Juni.

Allgemeines: Die Mai-Rose oder **Zimt-Rose** ist seit etwa 1600 in Kultur. Teilweise findet man Bastarde mit der **Essig-Rose.** Die isolierten Vorkommen im Wallis und im Harz werden oft als eiszeitliche Relikte gedeutet.

Acker-Rose *(Rosa agrestis* SAVI.*)* Rosengewächse

Merkmale: Etwa 1–2 m hoher Strauch mit rutenförmig verlängerten Zweigen. Stacheln meist alle kräftig, hakig gekrümmt, mit 5–15 mm langer und etwa 3–5 mm breiter Ansatzfläche. Laubblätter 5- oder 7zählig gefiedert; Blättchen länglich-elliptisch bis keilig verkehrt-eiförmig, 1,5–5 cm lang und 1–2 cm breit, an beiden Enden gleichmäßig verschmälert, mit feingezähntem Rand, oberseits meist kahl, glänzend, frischgrün, auf der Unterseite mit zahlreichen, hellbraunen Drüsen, die einen apfelähnlichen Duft verbreiten. Nebenblätter schmal. Blattstiel schwach behaart, mit zahlreichen Stieldrüsen und feinen Stacheln besetzt. Blüten einzeln oder zu 2–10 trugdoldig gehäuft, blaßrosa oder weiß, etwa 3–4 cm im Durchmesser, Blütenstiel 1–2 cm lang, ohne Stieldrüsen. Kelchblätter nach der Blüte zurückgeschlagen, die äußeren schmal, mit linealen bis fädlichen Fiedern. Kronblätter 1,5 cm lang, kürzer als die Kelchblätter. Hagebutte länglich-eiförmig oder kugelig, 1–1,5 cm lang, ledrig, orangerot.

Standort: In Eichenwäldern, Weidengebüschen, Weinberghecken und an Ackerrainen. Bevorzugt warme halbschattige Lagen. Meist auf tiefgründigen, kalkreichen und gut durchfeuchteten Böden. Vereinzelt bis 1000 m zu finden.

Verbreitung: Mittelmeergebiet. Von Spanien und dem Atlasgebirge nordwärts bis Irland, Südschweden und Mitteldeutschland, im Süden in Italien und den nördlichen Balkanländern verbreitet.

Allgemeines: Die Acker-Rose hat große Ähnlichkeit mit der **Kleinblütigen Rose** *(R. micrantha),* von der sie sich aber durch die nicht mit Stieldrüsen besetzten Blütenstiele unterscheidet. Außerdem kann man diese Art an ihrer zerzausten Wuchsform und dem charakteristischen Duft nach Apfelwein leicht von anderen Arten unterscheiden.

Merkmale: Meist kräftiger, 1–3 m hoher Strauch mit aufrechten oder bogig überhängenden und teilweise stark verzweigten Ästen. Stacheln reichlich vorhanden, alle gleich, schlank, schwach bis stark gekrümmt, selten gerade, mit 3–10 mm langer und 2–3 mm breiter Ansatzfläche. Laubblätter wechselständig, unpaarig, 5–7zählig gefiedert, ziemlich dünn, oberseits mattgrün bis dunkelgrün, auf der Unterseite heller bläulichgrün, meist kahl oder fein seidig behaart. Fiederblättchen alle fast gleich groß, eiförmig bis elliptisch, 2–4 cm lang und 1–2,5 cm breit, leicht zugespitzt, seltener stumpf, einfach oder doppelt scharf gesägt. Blattstiel an der Basis verbreitert, mit schmalen Nebenblattzipfeln. Blüten blaßrosa bis hellrosa, seltener weiß, einzeln oder zu dritt auf kurzen Stielen in den Blattachseln stehend, etwa 5–6 cm im Durchmesser; Duft schwach und kaum wahrnehmbar. Blütenstiel 0,5–2 cm lang, ebenso lang bis 3mal so lang wie der drüsenlose kugelige bis länglich-ovale Kelchbecher. Kelchblätter am Rande drüsig gewimpert, nach dem Verblühen zurückgeschlagen, vor der Fruchtreife abfallend; die äußeren Kelchblätter wenig fiederspaltig. Kronblätter 2–2,5 cm lang, meist hellrosa gefärbt. Griffel kahl mit kegelförmigem Narbenkopf. Aus der becherförmigen Blütenachse entwickelt sich die Scheinfrucht Hagebutte; diese ist eiförmig bis kugelig, 2–3 cm lang, glatt, fleischig, zuerst orangerot, später kräftig scharlachrot.

Standort: In Laubwäldern, an Waldrändern, in Hecken und Gebüschen, an Wegrainen, auf Lesesteinhaufen und mageren Weiden. Vom Flachland bis 1200 m im Gebirge aufsteigend. Meist auf kalkhaltigen, nährstoffreichen und tiefgründigen Böden. (Bis 1 m tief wurzelnd.)

Verbreitung: Fast ganz Europa mit Ausnahme des hohen Nordens. Außerdem in Nordafrika und im westlichen Asien beheimatet.

Blütezeit: Juni bis Mitte Juli. Fruchtreife ab September.

Allgemeines: Die Hunds-Rose oder **Hecken-**

Rose, wie sie auch genannt wird, ist die in Mitteleuropa häufigste Wildrose. Ihre Hagebutten, auch als »Orangen des Nordens« bezeichnet, enthalten große Mengen an Vitamin C und wertvolle Zucker. Traditionellerweise nutzt man diesen hohen Vitamingehalt durch Bereitung sehr wohlschmeckender Marmeladen oder eines Hagebuttenweines. An den Ästen des Strauches findet man häufig schwammige apfelähnliche Auswüchse, die von der Rosengallwespe verursacht werden. Man unterscheidet in der sehr formenreichen Sammelart Hunds-Rose nicht weniger als 60 Varietäten, wobei man zur *Rosa canina*-Gruppe eine ganze Reihe weiterer Wildarten zählt. Die Gattung *Rosa* selbst umfaßt mehrere hundert Wildarten und etwa 12 000 Sorten von Kulturformen, die aus Kreuzungen verschiedener Arten hervorgegangen sind und heute ihre Abstammung von bestimmten Wildarten meistens nicht mehr erkennen lassen. Wohl kaum eine Pflanze hat bei den verschiedenen Kulturvölkern eine so hohe Wertschätzung und mystische Verehrung erfahren wie die Rose. Bereits im alten Persien legte man zur Rosenzucht sogenannte Rosarien an. In diesen ersten Rosengärten (ca. 2000 v. Chr.) kultivierte man die auch heute noch sehr beliebte **Damaszener Rose.** Vom Orient kam die Rose dann nach Griechenland, wo sie der Venus geweiht war. Im kaiserlichen Rom entfaltete sich ein ungeheurer Rosenluxus; man legte eigens Rosengärten an, um bei festlichen Anlässen ausreichend Rosenschmuck zur Verfügung zu haben. Um das Jahr 1800 wurden dann Tee-Rosen aus China eingeführt, die später in der Zucht von großer Bedeutung waren. Erst zu Beginn des 19. Jahrhunderts nahm die Rosenzüchtung einen sehr großen Aufschwung. Man war durch vielfache Kreuzungen in der Lage, alle nur erdenklichen Formen zu schaffen.

Feld-Rose *(Rosa arvensis* HUDS.*)* Rosengewächse

Merkmale: Niederliegender, bisweilen auch kletternder, 0,5–2 m hoher Strauch, mit grünen, glatten Zweigen. Stacheln sehr zahlreich vorhanden, 3–6 mm lang, mit 2–4 mm langer Ansatzfläche. Laubblätter 5–7zählig gefiedert; Blättchen länglich-elliptisch bis rundlich, 1–3 cm lang und 1–2 cm breit, vorne leicht zugespitzt, am Blattrand mit wenigen, einfachen, breiten Zähnen, auf der Blattoberseite mattgrün, unterseits bleichgrün, weich behaart, mit 5–7 Paar deutlichen Seitennerven. Blüten einzeln, nur sehr selten zu mehreren in Doldentrauben angeordnet, weiß, 3–5 cm im Durchmesser, ohne besonderen Duft. Blütenstiel 2–4 cm lang, reichlich mit kurzgestielten Drüsen besetzt. Kelchbecher kugelig bis länglich-oval, kahl. Kelchblätter breit-oval oder eiförmig-lanzettlich, ungeteilt, oder nur die 2 äußeren mit einigen kurzen Fiedern. Kronblätter 2–2,5 cm lang. Griffel zu einer Säule verwachsen, kahl, weit aus dem Blütenbecher hervorragend und deutlich länger als die inneren Staubblätter. Hagebutte kugelig-eiförmig, fast 2 cm lang, hellrot und saftlos.

Standort: Meist in geschlossenen Gebüschen, im Unterwuchs von Buchen- und Eichenwäldern, an Waldsäumen und an Wegrändern. In den Südalpen noch in Höhen von 1500 m zu finden. Meist auf tiefgründigen, kalkreichen Lehmböden.

Verbreitung: In West- und Mitteleuropa häufig, nach Osten zu seltener werdend. Von Spanien bis England und Irland im Norden, ostwärts bis Polen und im Süden von Italien bis über die Balkanhalbinsel verbreitet.

Blütezeit: Juni und Juli.

Allgemeines: Die Feld-Rose bevorzugt ein warmes und ausgeglichenes Klima und meidet Gebiete mit sehr rauhen Wintern. Durch forstwirtschaftliche Eingriffe kann es mitunter zu massenhaftem Auftreten der Art kommen.

Essig-Rose *(Rosa gallica* L.*)* Rosengewächse

Merkmale: Aufrechter, 0,5–1,5 m hoher Strauch mit weit kriechenden, unterirdischen Ausläufern. Junge Triebe grün bis trübrot, rutenförmig, verzweigt. Stacheln sehr ungleich, 4–6 mm lang mit 1–3 mm breiter Ansatzfläche, meist gekrümmt, seltener gerade, mit zahlreichen, dicht stehenden, nadelförmigen Borsten untermischt. Laubblätter zum Teil wintergrün, 3–5zählig gefiedert, Blättchen derb, breit-elliptisch bis fast kreisrund, 2–6 cm lang und 1,5–3,5 cm breit, am Grund herzförmig ausgerandet, vorne stumpf oder kurz zugespitzt, am Rand einfach oder doppelt gesägt, ledrig-derb, oberseits glänzend dunkelgrün, unterseits fast weißlich, oft leicht anliegend behaart, mit deutlich hervortretendem Adernetz. Nebenblätter weit mit dem Blattstiel verwachsen, am Rand drüsig gesägt. Blüten meist einzeln, seltener zu 2–3, rosa bis rot, 5–6 cm im Durchmesser. Blütenstiel 2 bis 3 cm lang, dicht mit Stieldrüsen und vereinzelt auch mit nadelförmigen Stacheln besetzt. Äußere Kelchblätter mit zahlreichen lanzettlichen Fiedern, nach der Blüte zurückgeschlagen. Kelchbecher kugelig oder birnenförmig, dicht drüsig und borstig behaart. Kronblätter 2 bis 3 cm lang, fast so breit wie lang, stark ausgerandet, hellrot bis dunkelpurpurn. Hagebutte kugelig bis birnenförmig, ziegelrot bis braunrot, 1–1,5 cm lang, ledrig, wenig fleischig, meist ohne Borsten.

Standort: In lichten Laubgehölzen, an Waldrändern, an Wegrainen, in sonnigen Magerwiesen. Am Alpensüdrand bis 1500 m, am Nordrand nur bis 800 m aufsteigend.

Verbreitung: In Mittel- und Südeuropa. Von Südfrankreich bis Polen und Mittelrußland sowie von Italien bis Kleinasien heimisch.

Blütezeit: Juni und Juli.

Allgemeines: Die Essig-Rose oder **Zucker-Rose** ist die Stammpflanze der meisten aus dem Orient stammenden Gartenrosen.

Rotblättrige Rose, Hecht-Rose *(Rosa glauca* POURR.*)*

Rosengewächse

Merkmale: Aufrechter, 1–3 m hoher Strauch mit glänzend kastanienbraunen Ästen und hechtblau bereiften oder rötlich überlaufenen, schlanken Zweigen. Die wenigen Stacheln sind gerade oder leicht gebogen, seltener stärker gekrümmt, mit 2 bis 6 mm langer Ansatzfläche, an den blütentragenden Zweigen oft sehr klein und spärlich vorhanden. Laubblätter überwiegend 7–9zählig gefiedert, teilweise an den Blütenzweigen auch nur 5zählig; Blättchen elliptisch oder länglich-oval, 1,5–4,5 cm lang und 1–2,5 cm breit, einfach scharf gezähnt, im unteren Teil meist ganzrandig, unterseits bleichgrün, mit 5–10 Paar ziemlich stark hervortretenden Nerven, fast stets kahl. Blüten 2 bis viele, rot, 3–4 cm im Durchmesser, nur schwach duftend. Blütenstiel 0,5–1,5 cm lang, so lang wie oder deutlich länger als der Kelchbecher, von breiten, rötlich überlaufenen Hochblättern umhüllt, mit Stieldrüsen und wenigen Stacheln besetzt. Kelchblätter schmal, 1,5–2,5 cm lang, meist ungeteilt, seltener mit kleinen Zähnen oder fädlichen Fiedern. Kronblätter nur 1,5 cm lang, kürzer als die Kelchblätter. Griffel kaum aus dem Blütenbecher herausragend, die Staubblätter nicht überragend. Hagebutte kugelig, orange bis kirschrot, ledrig.

Standort: In den Gebüschen der Gebirge, auf Lesesteinhaufen, auf Schlagflächen sowie in Felsspalten. Meist auf kalkreichen Unterlagen. In den Kalkalpen bis 2000 m zu finden.

Verbreitung: Gebirge Mittel- und Südeuropas. Von den Pyrenäen bis in den Jura und die Vogesen vorkommend, im Süden vom Apennin über die Alpen bis zu den Karpaten und den Illyrischen Gebirgen verbreitet.

Blütezeit: Juni und Juli.

Allgemeines: Diese Art läßt sich im Gebirge anhand ihrer bläulich überlaufenen Zweige leicht von der **Alpen-Rose** *(R. pendulina)* unterscheiden.

Rauhblättrige Rose *(Rosa jundzillii* BESSER.*)*

Rosengewächse

Merkmale: Aufrechter, 0,5–3,5 m hoher Strauch mit bogig überhängenden und oft bereiften Zweigen. Stacheln gleichartig, kräftig, nur leicht gebogen oder gerade, schlank, mit 4–8 mm breiter Ansatzfläche, dazwischen bisweilen auch nadelförmige Borsten. Laubblätter 5–7zählig gefiedert; Blättchen groß, starr, 2–4,5 cm lang und 1,3–3 cm breit, meist von elliptischer Form, am Rand einfach scharf gesägt, oberseits dunkelgrün, matt oder leicht glänzend, kahl, auf der Unterseite etwas behaart, mit stark ausgeprägtem Adernetz. Blattstiel mit Stieldrüsen, kurz behaart. Blüten einzeln oder zu 2–4 in doldenartigen Blütenständen angeordnet, rosarot bis dunkelrot, etwa 5 cm im Durchmesser. Blütenstiel fast 2 cm lang, mit Stieldrüsen und Borsten besetzt. Kelchblätter nach der Blüte zurückgeschlagen (rechts im Bild nicht ganz typisch!), frühzeitig abfallend, auf dem Rücken drüsenreich, die äußeren mit lineallanzettlichen, gezähnten oder gewimperten Fiedern. Griffel mit großem Narbenköpfchen. Hagebutte fast kugelig, etwa 1,5 cm lang, ledrig, scharlachrot.

Standort: An Waldrändern, in Gebüschen, Hecken, an steinigen Hängen. Im Gebirge bis 1100 m. Meist auf Kalk.

Verbreitung: Mittel- und Südeuropa. Von Südfrankreich über den Jura und die Alpen bis in die deutschen Mittelgebirge vorkommend, ebenso auf der Balkanhalbinsel und den Karpaten beheimatet. **Blütezeit:** Juni.

Allgemeines: Die große Ähnlichkeit der Rauhblättrigen Rose mit gewissen Kreuzungsprodukten aus der **Essig-** und **Hunds-Rose** legte die Vermutung nahe, daß es sich auch bei der Rauhblättrigen Rose um einen Bastard handeln könnte, der sich noch weiter nach Norden auszubreiten vermochte, als es der Essig-Rose möglich war. Das Bestimmen der Wildrosen ist oft nur dem Fachmann möglich.

Immergrüne Rose *(Rosa sempervirens* L.*)* Rosengewächse

Merkmale: Immergrüner, bis 5 m hoch kletternder Strauch mit dünnen, grünen und sehr biegsamen Zweigen. Die wenigen Stacheln fehlen oft an den Blütenzweigen, sind meist dünn, rötlich, selten mit nadelförmigen Borsten untermischt. Laubblätter fast stets 5zählig, am Grund des Blütenstandes mitunter auch nur 3zählig, Blättchen länglich-oval bis eiförmig-lanzettlich, 2,5 bis 6 cm lang und etwa 3 cm breit, vorne in eine lange, gebogene Spitze zusammengezogen, am Rand einfach gesägt, die Zähne schmal und spitz, oberseits dunkelgrün, kahl, unterseits blaßgrün, unbehaart, mitunter auch beidseitig glänzend. Nebenblätter drüsig gerandet. Blüten selten einzeln, meist in wenigblütigen Doldentrauben angeordnet, fast immer weiß, 2,5 bis 5 cm im Durchmesser, duftend. Kelchblätter eiförmig mit aufgesetzter Spitze, auf der Rükkenseite drüsig, meist ungeteilt. Die äußeren Kelchblätter haben manchmal einige Fiedern. Griffel behaart. Hagebutte kugelig oder eiförmig, bis 1 cm lang, glänzend rot, drüsig, saftlos.

Standort: In Hecken und Gestrüppen der immergrünen Mittelmeerregion, an Waldrändern und vereinzelt auch an Wegrainen. In Südfrankreich bis 700 m aufsteigend, häufig in den warmen Gebieten der südlichen Alpenrandseen. Teilweise in Gärten zur Bekleidung von Mauern angepflanzt.

Verbreitung: Küstengebiete Portugals und Spaniens, westliches und südliches Frankreich; Küsten des Adriatischen Meeres, Balkanhalbinsel und Kleinasien.

Blütezeit: Mai und Juni.

Allgemeines: Diese rein mediterrane Rosenart muß in Kultur besonders vor Winterfrösten geschützt werden. Im Handel sind zahlreiche Sorten erhältlich *(Spectabilis* oder *Adelaide d'Orleans).* Die Immergrüne Rose war auch an der Entstehung der *Ayrshire Rosen* beteiligt.

Kleinblütige Rose *(Rosa micrantha* BORR.*)* Rosengewächse

Merkmale: Aufrechter, dicht verzweigter, bis 1,5 m hoher Strauch mit bogig überhängenden Zweigen. Alle Stacheln gleichartig, kräftig, sehr zahlreich, mit 6–12 mm langer und 2–5 mm breiter Ansatzfläche, hakig gekrümmt. Junge Triebe und Blätter oft rötlich überlaufen. Laubblätter meist 5–7zählig gefiedert. Blättchen elliptisch bis breit-eiförmig, 1,5–3 cm lang und 1–2 cm breit, am Grund verschmälert, am Rand tief doppelt gesägt, mit zahlreichen Drüsen und zartem Apfelduft, meist ziemlich derb, auf beiden Seiten fast kahl. Blüten selten einzeln, meist zu 2–4 in doldenähnlichen Blütenständen zusammengefaßt, hellrosa oder weiß, bis 3 cm im Durchmesser. Blütenstiel 1–2 cm lang, deutlich länger als die Hochblätter, mit vielen Stieldrüsen besetzt. Kelchblätter nach der Blüte zurückgeschlagen, am Grund eiförmig, die äußeren mit lineal-lanzettlichen bis fädlichen, drüsig gewimperten oder gezähnten Fiedern. Kronblätter 1–1,5 cm lang, meist kürzer als die Kelchblätter. Griffel lang und kahl. Hagebutte eiförmig-kugelig, 1–2 cm lang, ledrig, scharlachrot.

Standort: In lichten Gebüschen, an Waldrändern, an sonnigen Hängen. Im Gebirge bis 1500 m vorkommend. Meist auf kalkhaltigen, steinigen Böden.

Verbreitung: Mittelmeergebiet, West- und Mitteleuropa. Von Marokko über die Iberische Halbinsel und den Alpenraum bis Schottland, östlich bis Polen, im Süden von Italien über den Balkan bis Kleinasien und zum Kaukasus reichend. **Blütezeit:** Mai und Juni.

Allgemeines: Bei der Verbreitung der Rosen spielen die unterirdischen Ausläufer eine wichtige Rolle, da sie dank ihrer enormen Wuchskraft schnell zu ausgedehnten Dornengestrüppen heranwachsen. Vielfach kommt es auch ohne Befruchtung zur Samenbildung, was zu einem großen Formenreichtum geführt hat.

Alpen-Rose *(Rosa pendulina* L.*)* Rosengewächse

Merkmale: Gedrungener bis schlaffer und fast stachelloser Strauch von 0,5 bis 3 m Wuchshöhe. Triebe meist rötlich oder grün, nur spärlich mit Stacheln besetzt, diese gerade, 2–6 mm lang mit schmaler Ansatzfläche. An älteren Ästen nur an den unteren Teilen vorhanden und mit Borsten untermischt. Laubblätter 7–11zählig gefiedert; Blättchen im Umriß meist länglich-elliptisch, 1–4 cm lang und 0,5–2,5 cm breit, mit scharfem, doppelt gesägtem Blattrand, dünn, auf der Oberseite matt dunkelgrün, auf der Unterseite hellgrün und nur leicht behaart. Blüten fast immer einzeln, seltener in 2–5blütigen Dolden, leuchtend rot oder rosa bis purpurrot, 4–5 cm im Durchmesser. Blütenstiel 1,5 bis 2,5 cm lang, meist mit Stieldrüsen und Stachelborsten besetzt, nach der Blüte bogig gekrümmt. Kelchbecher flaschenförmig, verlängert nur mit wenigen Stieldrüsen. Kelchblätter alle ungefiedert, mit lanzettlichem Anhängsel, richten sich nach der Blüte auf und bleiben. Kronblätter 2–2,5 cm lang. Griffel mit wolligem Narbenköpfchen. Hagebutte kugelig oder flaschenförmig, hellrot, meist nickend, kahl oder weichstachelig und nur wenig fleischig.

Standort: In den Laub- und Nadelgehölzen der Gebirge, in Hochstaudenfluren und in alpinen Grasmatten. Teilweise auch im Krummholz, in Bachschluchten und Zwergstrauchheiden. Sehr häufig im Bereich der Baumgrenze. Bis über 2000 m aufsteigend.

Verbreitung: Gebirge Süd- und Mitteleuropas. Von Mittelspanien bis zum Jura und den Vogesen im Norden, ebenso im ganzen Alpenraum, im Apennin und den Bergen der Balkanhalbinsel verbreitet. Die südliche Ausbreitungsgrenze wird in Nordgriechenland erreicht.

Blütezeit: Mai bis Juni, selten bis August.

Allgemeines: Die Alpen-Rose ist nicht zu verwechseln mit der zu den Heidekrautgewächsen gehörenden Alpenrose *(Rhododendron)*.

Bibernell-Rose *(Rosa pimpinellifolia* L.*)* Rosengewächse

Merkmale: Sich durch unterirdische Ausläufer ausbreitender, 0,5–1 m hoher Zwergstrauch mit aufrechten oder aufsteigenden, stark verzweigten dunkelbraunen Ästen. Stacheln gerade, 4–8 mm lang, nur selten gekrümmt, sehr zahlreich an den Zweigen vorhanden und mit derben nadelspitzen Borsten untermischt. Laubblätter 5–11zählig gefiedert; Blättchen breit-elliptisch bis fast kreisrund, nur 0,5–2,5 cm lang, am Rand doppelt drüsig gesägt, oberseits mattgrün, teilweise auch rötlich überlaufen, auf der Unterseite kahl, mit kaum sichtbaren Nerven. Nebenblätter mit spitzen Öhrchen, nur selten drüsig gezähnt. Blüten stets einzeln, aber zahlreich an den kurzen Seitentrieben sitzend, 3–5 cm im Durchmesser, milchig-weiß, am Grund etwas gelblich, selten rosa. Blütenstiel 1,5–2,5 cm lang, meist ohne Stieldrüsen. Kelchbecher kugelig. Kelchblätter alle ungeteilt, lanzettlich, nur 1 cm lang, nach der Blüte zurückgeschlagen und ausgebreitet. Kronblätter etwa 2 cm lang, fast doppelt so lang wie die Kelchblätter. Hagebutte kugelig bis leicht abgeflacht, im reifen Zustand kleiner als 1 cm, braunschwarz, glatt, mit fleischig verdicktem Fruchtstiel.

Standort: Im Westen auf den Dünen der Nordsee und den Kalkbergen der Mittelgebirge, im Osten meist in trockenen Gebüschen und dichten Wäldern. In den Alpen sehr selten, stellenweise aber bis 2000 m aufsteigend.

Verbreitung: Nordseeküsten. Von Island, Großbritannien, Belgien, Holland bis Dänemark und Südskandinavien, durch Mittel- und Süddeutschland bis zu den Pyrenäen und den Südalpen verbreitet, ebenso in den nördlichen Balkanländern beheimatet.

Blütezeit: Mai und Juni.

Allgemeines: Die Bibernell-Rose eignet sich aufgrund der starken Ausläuferbildung sehr gut zur Bodenfestigung.

Kartoffel-Rose, Nordische Apfel-Rose *(Rosa rugosa* THUNB.*)* Rosengewächse

Merkmale: Kräftiger, 1–1,5 m hoher, buschiger Strauch mit dicht filzig behaarten Zweigen. Stacheln sehr zahlreich, hakig gekrümmt, mit breiter Ansatzfläche, mit vielen Borsten untermischt. Laubblätter 5–9zählig gefiedert, Blättchen groß, derb, 2–5 cm lang und etwa 2,5 cm breit, elliptisch bis verkehrt-eiförmig, am Rand grob gesägt, auf der Oberseite dunkelgrün glänzend, runzelig, unterseits bläulich bis graugrün, behaart, mit hervortretenden Blattnerven. An der Basis des filzig behaarten Blattstiels sitzen breite, kleingesägte Nebenblätter mit dreieckigen, spitzen und spreizenden Öhrchen. Blüten einzeln oder zu mehreren in Doldentrauben angeordnet, tief rosa oder purpurn, seltener weiß, 6–8 cm im Durchmesser. Blütenstiel kurz, filzig behaart und teilweise auch mit Stieldrüsen besetzt, von breiten, schuppenartigen Hochblättern am Grund umgeben. Kelchbecher kahl. Kelchblätter stets ganzrandig, aufgerichtet, mit blattartigem, verbreitertem Anhängsel. Kronblätter 3–4 cm lang. Hagebutte sehr groß, 2–3 cm lang, kugelig, teilweise abgeflacht, fleischig, weich, scharlachrot, von den aufrechten Kelchblättern gekrönt.

Standort: In Mitteleuropa an vielen Stellen angepflanzt und oft verwildert in Wegrandgebüschen, auf Ödland, an Waldrändern und an Feldrainen. Ohne besondere Ansprüche an die Bodenbeschaffenheit.

Verbreitung: Heimat ist Südostasien, China und Korea. In Mitteleuropa wurde der Strauch 1850 eingeführt, wo er in mehreren Sorten als dekorativer, winterharter Zierstrauch in Gärten und Parks kultiviert wird.

Blütezeit: Mai und Juni.

Allgemeines: Die Kartoffel-Rose oder **Runzel-Rose** wird wegen der sich schon im Mai entfaltenden großen Blüten gerne als Zierstrauch angepflanzt. Die großen roten Hagebutten sind reich an Vitamin C.

Wein-Rose, Schottische Zaun-Rose *(Rosa rubiginosa* L.*)* Rosengewächse

Merkmale: Gedrungener, 1–2 m hoher Strauch mit kurzen, sparrigen Ästen und Zweigen. Stacheln kräftig, ungleichartig, die größeren hakig gekrümmt, mit 5–12 mm langer und 1–4 mm breiter Ansatzfläche, die kleineren meist gerade, oft mit Borsten untermischt. Laubblätter 5–7zählig gefiedert, Blättchen eiförmig-elliptisch bis kreisrund, 1–2,5 cm lang und 1–2 cm breit, am Grund abgerundet, am Rand mit kurzen, breiten Zähnen, auf der Oberseite dunkelgrün, kahl, unterseits mit zahlreichen dunklen Drüsen besetzt, die einen angenehmen, apfel- oder weinartigen Duft verbreiten. Nebenblätter breit, mit leicht spreizenden oder gerade vorgestreckten Öhrchen, am Rand dicht drüsig gewimpert. Blüten zu 1–3 in doldenartigen Blütenständen angeordnet, lebhaft rosa, seltener weiß, 3–4 cm im Durchmesser. Blütenstiel etwa 1 cm lang, mit zahlreichen Stieldrüsen und Stachelborsten besetzt. Kelchblätter aufgerichtet, die Frucht bis zur Reife krönend, auf der Rückenseite dicht drüsig, die äußeren mit mehreren, oft drüsig gewimperten Fiedern. Kronblätter 1,5–2 cm lang, meist länger als die Kelchblätter. Hagebutte kugelig-eiförmig, 1–2 cm lang, orangerot bis blutrot, glatt, nur an der Basis drüsig-borstig, ledrig.

Standort: Auf Heidewiesen, in Buschweiden, Gebüschen, Hecken, an felsigen Hängen. Vom Tiefland bis 1500 m in den Alpen aufsteigend. Bevorzugt trockene, sandige oder steinige, kalkreiche Unterlagen.

Verbreitung: Von Spanien über Frankreich bis Großbritannien und Südskandinavien vorkommend, außerdem von Italien über den Alpenraum und die Balkanländer bis zur Krim und Westasien verbreitet.

Blütezeit: Juni und Juli.

Allgemeines: Die Wein-Rose oder **Marien-Rose** ist bereits seit 1594 in Kultur und wurde häufig zu Kreuzungen herangezogen.

Griffel-Rose *(Rosa stylosa* DESV.*)* — Rosengewächse

Merkmale: Kräftiger, aufrechter, aber nicht kletternder, bis 3 m hoher Strauch mit bogig überhängenden Ästen. Wenige Stacheln, kurz zugespitzt, mit sehr breiter Ansatzfläche, mit leicht gebogener bis hakiger Form. Laubblätter 5–7zählig gefiedert, Blättchen oval bis länglich-elliptisch, 1,5 bis 5 cm lang, einfach gesägt, mit schmalen und scharf zugespitzten Zähnen, auf der Oberseite meist glänzend, unterseits auf den Nerven oder über die ganze Blattfläche dicht behaart, ohne Drüsen. Blattstiel meist reichlich langhaarig bis zottig behaart. Nebenblätter mit gerade vorgestreckten, schmalen und zugespitzen Öhrchen, Blüten zu 1–8 oder mehr in Doldentrauben angeordnet, weiß oder hellrosa, 3–5 cm im Durchmesser. Blütenstiel mit lanzettlichen Hochblättern an der Basis, etwa 2–4mal so lang wie der Kelchbecher. Äußere Kelchblätter mit zahlreichen, schmalen, drüsig gezähnten Fiederlappen. Kronblätter 2–2,5 cm lang. Griffel zu einer Säule verwachsen, kahl, kürzer als die Staubblätter. Hagebutte eiförmig, rot und glatt.

Standort: In lichten Wäldern, Gebüschen und Hecken. Meist auf tiefgründigen, kalkhaltigen und gut durchfeuchteten Böden. Von der Ebene bis ins Bergland.

Verbreitung: West-Europa. Von Nordspanien bis ins Rheingebiet, Irland, Mittelengland vorkommend, außerdem in den Westalpen bis Savoyen und im Schweizer Rhônetal zu finden.

Blütezeit: Juni.

Allgemeines: Einige Merkmale der Griffel-Rose deuten auf eine nahe Verwandtschaft mit der **Feld-Rose** *(R. arvensis)* hin. Beide Arten besiedeln in Westeuropa ein ähnliches Verbreitungsgebiet. Die wichtigsten Unterscheidungsmerkmale liegen im stets aufrechten Wuchs, den vielblütigen Doldentrauben und den 5- bis 7zählig gefiederten Blättern. Die Griffel-Rose gedeiht in mildem Klima üppig.

Filz-Rose *(Rosa tomentosa* SMITH*)* — Rosengewächse

Merkmale: Kräftiger, 0,5–2 m hoher Strauch mit verlängerten, ausgebreiteten und meist bogig überhängenden Ästen. Junge Triebe oft bläulich bereift. Stacheln kräftig, gebogen oder gerade, mit 6 mm langer und 1,5–3 mm breiter Ansatzfläche. Laubblätter 5–7zählig gefiedert, Blättchen breit-oval bis elliptisch, 2–4 cm lang und 1,5–2,5 cm breit, am Rand doppelt gesägt, mit meist großen und breiten Zähnen, oberseits dunkelgrün, anliegend behaart, unterseits weichhaarig filzig. Blattstiel ebenfalls filzig, mit fast sitzenden Stieldrüsen und wenigen hakigen Stacheln. Nebenblätter ziemlich breit, mit kurzen, dreieckigen abstehenden Öhrchen. Die Blüten meist einzeln oder 2–4doldig gehäuft, hellrot bis weiß, etwa 4–5 cm im Durchmesser, Blütenstiel reichlich mit Stieldrüsen besetzt, etwa 3–4mal so lang wie der Kelchbecher. Äußere Kelchblätter mit meist breit-lanzettlichen, drüsig gezähnten Fiederlappen. Kelchblätter aufrecht, lange bleibend und erst kurz vor der Fruchtreife abfallend. Kronblätter etwa so lang wie die Kelchblätter, nur schwach duftend. Griffel kurz und behaart. Hagebutte kugelig bis birnenförmig, 0,5–1,5 cm lang, fleischig, rot.

Standort: An Waldrändern, in lichten Gebüschen und an Wegrändern. Besonders auf Sand- und Kalkboden. Nur vereinzelt bis 1500 m aufsteigend.

Verbreitung: In Mitteleuropa seltener, in Südeuropa häufiger. Von Spanien bis zu den Britischen Inseln und Südskandinavien sowie im Süden von Italien bis Jugoslawien beheimatet.

Blütezeit: Juni.

Allgemeines: Die Stacheln und Nadelborsten der Rosenschößlinge werden meist als Schutzeinrichtungen gegen Tierfraß gedeutet. Vor allem die basalen Anhäufungen von Stacheln bieten einen sehr wirkungsvollen Schutz gegen Schnecken.

Apfel-Rose *(Rosa villosa* L.*)*

Rosengewächse

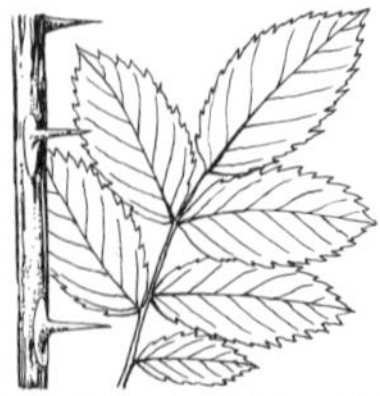

Merkmale: Dicht verzweigter, gedrungener, 1,5–2 m hoher Strauch, oft mit unterirdischen Ausläufern. Äste dunkelbraun, glatt, jüngere Zweige rötlich, etwas bereift und meist weichsamtig behaart. Stacheln gleichartig, mit rundlicher, nur 1–4 mm langer Ansatzfläche, meist ganz gerade, an den oberen Zweigen bisweilen ungleich und zum Teil nadel- bis borstenförmig. Laubblätter 5- bis 7zählig, gefiedert; Blättchen länglich-elliptisch, 1–4 cm lang und 0,5–2 cm breit, scharf und fast immer doppelt gesägt, meist beidseitig anliegend weich behaart und seidig glänzend, gewöhnlich unterseits dicht drüsig und etwas harzig. Blüten zu 1–3 doldenartig angeordnet, karminrot oder rosa, bis 5 cm im Durchmesser. Blütenstiel 0,5–1,5 cm lang, dicht mit Stieldrüsen und Stachelborsten besetzt, so lang wie der kugelige Kelchbecher. Kelchblätter 1,5–2,5 cm lang, alle ungeteilt, oder die äußeren mit 1–3 Paar fädlichen Fiedern, nach der Blüte sich aufrichtend, nicht abfallend. Kronblätter so lang wie die Kelchblätter. Hagebutte kugelig-eiförmig, bis 2,5 cm lang, lebhaft rot, weichstachelig, das etwas breiige Fruchtfleisch ist von angenehm säuerlichem Geschmack.

Standort: An felsigen Hängen, auf Lesesteinhaufen, in Hecken. Meist nur auf kalkhaltigen Böden, vorwiegend in Gebirgsgegenden wachsend.

Verbreitung: Fast ganz Europa. Von der Iberischen Halbinsel bis Kleinasien, zum Kaukasus und Persien, nördlich bis Skandinavien und südlich bis in den mittleren Apennin und bis Montenegro.

Blütezeit: Juni und Juli.

Allgemeines: Die Apfel-Rose wird in England schon seit 1750 kultiviert. Man gliedert diese Art auch in 2 Unterarten *(ssp. pomifera* und *ssp. mollis)*, die verschiedene Verbreitungsschwerpunkte haben.

Zwergkirsche *(Prunus fruticosa* [PALL.] WORONOW*)*

Rosengewächse

Merkmale: Ausläufer treibender, 0,5–1 m hoher Strauch mit wehrlosen, völlig kahlen Zweigen. Knospen ei-rundlich mit großen Knospenschuppen. Laubblätter 3–5 cm lang, eiförmig bis elliptisch, an der Spitze abgerundet oder gestutzt; Blattrand gesägt bis gekerbt, die Blattoberseite glänzend, derb. Nebenblätter ebenfalls gesägt. Blüten zu 2–5 in meist ungestielten Dolden oder Trauben an den Enden der spärlich beblätterten Kurztriebe angeordnet. Blütenstiel 1–3 cm lang. Kronblätter zart, eiförmig, 5–7 mm lang, reinweiß. Steinfrucht kugelig, meist etwas abgeflacht, erbsengroß, höchstens bis zu 10 mm im Durchmesser, korallenrot, später auch schwarzrot mit sehr saurem Fruchtfleisch. Steinkerne rundlich, etwas zugespitzt, mit 2 deutlichen Kanten.

Standort: In trockenen Gebüschen, an Wegrändern, auf Trockenwiesen sowie in Hohlwegen und lichten Wäldern. Mit Vorliebe auf Kalk- oder Lehmböden.

Verbreitung: Mittel-und Osteuropa. Von Sibirien und den Kaukasusländern über die nördlichen Teile der Balkanhalbinsel bis an den Ostalpenrand vorkommend, im Westen bis zum Rhein, ebenso in Mitteldeutschland noch stellenweise zu finden.

Blütezeit: April und Mai.

Allgemeines: Die Zwergkirsche wird häufig auf Süßkirschenstämme veredelt. Im Handel findet man mitunter die Varietät *Pendula* angeboten, die feine dünne Zweige und eine zierliche Hängekrone besitzt. In Rußland gelten die Früchte als beliebtes Obst; sie sind erfrischend und wohlschmeckend wie die Weichselkirschen. Seit alten Zeiten werden die Zweige im Winter geschnitten und im warmen Zimmer vor Weihnachten zum Blühen gebracht (Barbarazweige).

Kirschpflaume *(Prunus cerasifera* EHRH.*)* Rosengewächse

Merkmale: Ausladender Strauch oder lockerkroniger Baum von 4–8 m Wuchshöhe mit grünglänzenden, nur anfangs behaarten Zweigen. Gelegentlich auch mit Dornen besetzt und im Aussehen der Schlehe sehr ähnlich. Laubblätter elliptisch bis länglich-eiförmig, 4–7 cm lang, etwas zugespitzt, ungleich gesägt oder leicht gekerbt, auf der Oberseite kahl und glänzend dunkelgrün, unterseits heller und matt; Nerven etwas vertieft, im unteren Teil der Mittelrippe leicht filzig behaart. Blütenstiel etwa 1 cm lang, rötlichgrün und breit gefurcht. Blüten weiß, etwa 2 cm im Durchmesser, meist einzeln, seltener zu 2–3 an den Kurztrieben stehend. Blütenstiele etwa 1,5 cm lang, wenig behaart. Kelchbecher innen fein samthaarig, die Kelchblätter nur innen am Grund behaart und am Rand fein drüsig gesägt. Kronblätter eiförmig, 9–12 mm lang. Staubblätter meist 20–30. Frucht kugelig, 2–3 cm im Durchmesser, grün, später gelb oder rot, einseitig gefurcht, bis zu 5 in einem Büschel zusammenstehend. Steinkern rundlich, glatt, sich leicht vom Fruchtfleisch ablösend.

Standort: An Hängen, in Gebüschen und an Waldsäumen. Teilweise verwildert im Karstgebiet. Häufig in Gärten und Parks angepflanzt.

Verbreitung: Von Sibirien über die Kaukasusländer bis zu den nördlichen Gebieten der Balkanhalbinsel beheimatet. Vielfach in den Südalpen, in Südtirol und im Tessin verwildert.

Blütezeit: März bis April.

Allgemeines: Die orientalische Wildform, auch als **Sperrige Kirschpflaume** bezeichnet (Unterart *divaricata*), gelangte schon sehr früh über Arabien nach Griechenland. Vermutlich stammen die Mirabellen von der Kirschpflaume ab. Häufig findet man in Gärten eine aus Persien stammende Varietät mit violettbraunen Blättern, die als *Prunus cerasifera Nigra* angeboten wird.

Lorbeer-Kirsche *(Prunus laurocerasus* L.*)* Rosengewächse

Merkmale: In seiner Wuchsform vielgestaltiger, bis 6 m hoher Strauch oder Baum mit graubrauner Rinde und grünlichen, völlig unbehaarten Zweigen. Laubblätter gewöhnlich 5–15 cm, mitunter bis 20 cm lang, von eiförmig-lanzettlicher Form, die Ränder etwas umgebogen, ganzrandig oder zur Spitze hin fein gezähnt, ledrig-derb, mit ca. 1 cm langem Blattstiel, oberseits glänzend, unterseits mit etwas hervortretenden Nektardrüsen, die in den Achseln der Seitennerven stehen. Blüten in aufrechten, vielblütigen, 5 bis 12 cm langen Trauben, die Achsen der Blütenstände unbeblättert. Kronblätter eiförmig, bis 3 mm lang, weiß, kaum so lang wie der Kelchbecher. Staubblätter etwa 20. Frucht kugelig-eiförmig, etwa 8 mm lang, dunkelpurpurn bis schwarz, mit eiförmigem Steinkern; Kern spitz und glatt, mit schwarzem Längswulst.

Standort: Häufig als Unterwuchs in lichten Eichenwäldern, in Gebüschen, an felsigen Hängen, an Mauern. Stellt keine besonderen Ansprüche an die Bodenbeschaffenheit, benötigt aber eine gewisse Feuchtigkeit und Wärme; erträgt die Beschattung durch andere Bäume nur schlecht.

Verbreitung: Seine ursprüngliche Heimat liegt in Südosteuropa, insbesondere in Kleinasien, Persien und den Gebieten um das Schwarze Meer. Sein Verbreitungsgebiet reicht heute bis Irland und Großbritannien im Norden und bis zur Iberischen Halbinsel im Süden. In Deutschland findet man den Strauch nur vereinzelt am Bodensee, in der Oberrheintalebene und im Moselgebiet.

Allgemeines: Der sehr dekorative, in seinen Blättern dem **Echten Lorbeer** sehr ähnliche Strauch wird seit dem 15. Jahrhundert in Mitteleuropa kultiviert und oft auch als Kübelpflanze gezogen. Seine Laubblätter sind wegen ihres Blausäuregehaltes giftig und riechen beim Zerreiben nach Bitter-Mandeln.

Weichsel-Kirsche *(Prunus mahaleb* L.*)*

Rosengewächse

Merkmale: Stark verzweigter, sparrig ästiger, ausladender Strauch oder seltener bis 10 m hoher Baum mit brauner, längsrissiger Rinde. Junge Zweige anfangs drüsig-klebrig, feinflaumig behaart, grau, mit hellen Rindenporen. Knospen eiförmig, fein behaart. Laubblätter breit-oval bis eiförmig, 3–6 cm lang, am Grund herzförmig, an der Spitze ausgezogen, mit gezähntem Blattrand, oberseits glänzend, unterseits auf den Nerven spärlich behaart. Blüten in deutlich gestielten, 4–10blütigen Trauben, mit kleinen eingeschnittenen Tragblättern an der Basis; mit den Laubblättern erscheinend. Kelchblätter eiförmig, frühzeitig abfallend, Kronblätter länglich-oval, 5–8 mm lang, weiß, die Blüten angenehm duftend. Steinfrüchte rundlich-eiförmig, etwa 6 mm im Durchmesser, glänzend, schwarz, unbereift, saftarm und bitter.

Standort: In lichten Eichen- und Kiefernwäldern, in trockenen Gebüschen, in Hecken, auf Hügeln und an Felshängen. Vom Tiefland bis etwa 1500 m aufsteigend. Mit Vorliebe auf Kalkgestein.

Verbreitung: Zentral- und Südeuropa. Von der Iberischen Halbinsel über den Alpenraum bis zu den Karpaten im Osten, nördlich bis Belgien und Süddeutschland sowie im Süden bis Griechenland und Sizilien vorkommend.

Blütezeit: April bis Ende Mai.

Allgemeines: Das Holz der Weichsel-Kirsche ist ausgesprochen grobfaserig und sehr hart. Auffallend ist der intensive, waldmeisterähnliche Geruch (hoher Cumaringehalt). Die aus dem Holz gefertigten Pfeifen sind durch ein besonderes Aroma ausgezeichnet. Der Strauch ist ausgesprochen wärmeliebend und erträgt keine andauernde Beschattung. Junge Pflanzen werden häufig als Pfropfunterlage für verschiedene Sorten von Süß- und Sauerkirschen verwendet.

Zwerg-Mandel *(Prunus tenella* BATSCH*)*

Rosengewächse

Merkmale: Dicht beblätterter, 0,5–1,5 m hoher Strauch, der sich durch unterirdische Ausläufer ausbreitet. Zweige kahl, rundlich, gegen die Enden zu meist kantig, rutenförmig, grünlich oder braun glänzend. Ältere Äste mit silbergrauer Rinde. Knospen eiförmig,braun, die Knospenschuppen am Rand gewimpert. Laubblätter länglich-lanzettlich, 3–7 cm lang, keilförmig in den Grund verschmälert, vorne etwas zugespitzt, undeutlich gestielt, am Rand fein und scharf gesägt. Blüten rosarot, meist einzeln, seltener zu 2–3, fast sitzend, an der Basis von den erhalten gebliebenen Knospenschuppen umhüllt. Kelchbecher röhrig bis trichterförmig, etwa 10 mm lang. Kelchblätter eiförmig, 5 mm lang, fein gesägt. Kronblätter schmal verkehrt-eiförmig, am Grund keilig verschmälert, an der Spitze ausgerandet, 10–15 mm lang. Staubblätter 4–8 mm lang mit rötlichen Staubfäden. Griffel im unteren Teil filzig behaart, Narbe keulenförmig. Steinfrüchte fast kugelig, haselnußgroß, 15–22 mm lang, dicht graufilzig behaart. Fruchtfleisch saftlos. Steinkern runzelig, mit netzartigen Strukturen. Frucht nicht genießbar, Samen sehr bitter.

Standort: In trockenen Laubgebüschen, in staudenreichen Trockenrasen, in Steppenwiesen, teilweise an Weinbergrainen.

Verbreitung: Von Ostsibirien durch die westasiatischen und südrussischen Steppengebiete bis Ungarn und Niederösterreich vorkommend. Teilweise auch in Nordeuropa angepflanzt.

Blütezeit: Von Ende März bis Anfang Mai.

Allgemeines: Die Blüten dieses dekorativen Zwergstrauches entfalten sich meistens schon vor dem Laubaustrieb Ende März bis Anfang April. Sie sind für die Bienen eine erste willkommene Nahrung im zeitigen Frühjahr. Die Samen enthalten größere Mengen an Bitter-Mandelöl (Amygdalin); nach dem Verzehr können Vergiftungserscheinungen auftreten.

Merkmale: Dorniger, sommergrüner, sparriger, dicht verzweigter, 1–4 m hoher Strauch, seltener bis 6 m hoher, mehrstämmiger Baum mit dichter Krone. Rinde dunkelbraun bis schwärzlich, im Alter in schmale Streifen zerrissen. Äste kantig-rundlich, anfangs samtig behaart, rötlich braun, reichlich mit in Dornen endigenden Kurztrieben besetzt. Knospen eiförmig, zugespitzt, rotbraun, kurz bewimpert. Laubblätter einfach, wechselständig, häufig jedoch büschelig angeordnet, 2–5 cm lang und 1–2 cm breit, länglich-eiförmig bis elliptisch oder auch lanzettlich, am oberen Ende spitz bis stumpf, am Grund keilförmig verschmälert, am Rand fein gesägt bis gekerbt, spärlich behaart, mattgrün, oberseits etwas runzelig. Blattstiel nur 2–10 mm lang, kahl oder spärlich behaart. Nebenblätter linealisch, am Rand gezähnt, meist etwas länger als der Blattstiel. Blüten normalerweise vor den Laubblättern erscheinend, einzeln, aber zahlreich an den Kurztrieben stehend, rein weiß, nach Mandeln duftend, 10–15 mm im Durchmesser, kurz gestielt. Kelchblätter 1,5–2 mm lang, dreieckig-eiförmig, am Rand drüsig gezähnt. Kronblätter 5–8 mm lang, länglich-eiförmig, stumpf, kurz genagelt. Ungefähr 20 Staubblätter, 4 bis 5 mm lang, mit gelben oder roten Staubbeuteln, Fruchtknoten kahl, innerhalb eines Blütenbechers sitzend. Frucht kugelförmig, aufrecht, 10–15 mm im Durchmesser, schwarzblau, weißlich bereift, den Winter über am Strauch bleibend; Fruchtfleisch grün, herbsauer schmeckend. Steinkern kugel- bis linsenförmig, 7–10 mm lang und 6–8 mm breit, zugespitzt, glatt, sich vom Fruchtfleisch nicht lösend.

Standort: In lichten Laubwäldern, an Waldrändern, in Hecken, an Fels- und Schutthängen, Zäunen und Feldrändern, zwischen Weinbergen und in trockenen Flußauen. Vom Tiefland bis in die subalpine Region (ca. 1500 m) aufsteigend. Liebt lockere, nährstoffreiche und humose Böden in warmen, sonnigen Lagen.

Verbreitung: Fast in ganz Europa beheimatet. Nördlich bis Schottland und Mittelskandinavien (fehlt aber auf Island), südlich bis zum Atlasgebirge (Tunesien), von Portugal ostwärts über den ganzen Alpenbereich, über die Balkanhalbinsel bis Persien verbreitet.

Blütezeit: März bis Mai, je nach Standort.

Allgemeines: Der Schwarzdorn gehört dem eurasiatischen Element an. Nach Mittel-Europa dürfte er spätestens in der jüngeren Steinzeit (3000–2000 v. Chr.) eingewandert sein, da man seine Steinkerne in zahlreichen Pfahlbauten der Neolithiker fand. Zu seinen häufigsten Begleitern zählen Wacholder, Wald-Haselnuß, Berberitze und Weißdorn-Arten. Auf den Dünen der Ostsee ist die Schlehe besonders mit Weiden vergesellschaftet. Unter der Einwirkung starker, beständiger Winde sowie durch Viehverbiß entstehen an manchen Orten wie zum Beispiel in den Eichengebüschen der Nordseeküste, auf den Hängen des Oberrheintales oder im Unterwallis flachwachsende, stark verzweigte Krüppelformen. Die Schlehe breitet sich durch Wurzelsprosse und Kriechwurzeln sehr schnell aus und wird daher häufig zur Befestigung von Hängen angepflanzt. Sie bietet Kleinvögeln eine ideale Nistgelegenheit und dient, da auf der Innenseite des Kelchbechers reichlich Nektar abgesondert wird, den Bienen im zeitigen Frühjahr als erste Weide. Die Früchte sind erst nach Frosteinwirkung schmackhaft und enthalten viel Vitamin C. Sie werden zu Säften und Marmelade verarbeitet oder dienen zur Herstellung von Likören und Schnäpsen. Das Holz der Schlehe ist sehr hart und wurde früher zu Tischlerarbeiten benutzt. Aus ihren Ästen stellte man Spazierstöcke her, während ihre Blätter in Notzeiten als Ersatz für Schwarztee verwendet wurden. Zu Heilzwekken gebraucht man Blüten, Blätter, Früchte und Wurzelrinde, die vor allem Gerbstoffe und Kampferöl enthalten. Die Schlehe ist schon seit langer Zeit in Kultur, besonders ihre Abarten sind beliebte Ziersträucher. Zu den bekanntesten Sorten zählen die Varietät »Plena« mit dicht gefüllten, reinweißen Blüten und zu 2–3 verwachsenen Früchten, »Variegata« mit weißgeaderten Blättern und gelblichen Früchten oder »Purpurea« mit rotem Laub.

Englischer Ginster *(Genista anglica* L.*)* — Schmetterlingsblütler

Merkmale: Dorniger, meist laubabwerfender, niederliegender bis aufrechter, 10–60, seltener bis 100 cm hoher Halbstrauch oder Strauch. Äste sparrig, dicht verzweigt, gefurcht, kahl bis behaart, dicht mit achselständigen, einfachen, abstehenden, 1–2,5 cm langen Dornen besetzt, nur junge Triebe unbewehrt. Laubblätter dichtstehend, kurz gestielt, einfach, wechselständig angeordnet, kahl, 4–10 mm lang und 2 bis 3 mm breit, von elliptischer bis lanzettlicher Form, an jungen Trieben auch eiförmig, am oberen Ende spitz, blaugrün, Blattrand ganzrandig, eben. Nebenblätter lanzettlich, spitz, dornenlos. Blüten hell- bis goldgelb, 7–9 mm im Durchmesser, zu endständigen, 3–10blütigen, 1–3 cm langen, lockeren bis dichten Trauben angeordnet. Kelch kahl, 3–4 mm lang, becherförmig, mit 2zähliger Ober- und 3zähliger Unterlippe, Kelchröhre kürzer als der Kelchzipfel. Fahne 6–8 mm lang, eiförmig bis länglich, am oberen Ende spitz. Schiffchen geschlossen, länglich, spitz. Blütenstiele kürzer als die Tragblätter, mit 2 bald abfallenden, weniger als 1 mm messenden Vorblättern besetzt. Hülse kahl, hellbraun, länglich, im Querschnitt annähernd rund, leicht gekrümmt, 1,5–2 cm lang und 3–5 mm im Durchmesser, vielsamig.
Standort: Sehr häufig in Heiden, Mooren, lichten Kiefern- und Birkenwäldern und Flußebenen, vereinzelt auch auf sandigen bis felsigen Hügeln. Liebt feuchte, kalkarme Böden.
Verbreitung: Atlantische Küstengebiete West- und Mitteleuropas mit Ausnahme Irlands, vereinzelt im Osten auch in Südschweden, Norddeutschland und Südwest-Italien (Calabrien).
Blütezeit: Mai bis Juli, unter günstigen klimatischen Bedingungen auch bis in den Herbst.
Allgemeines: Der Englische Ginster ist ein typischer Vertreter des atlantischen Florengebietes. Seine Äste wurden früher zur Gewinnung einer zitronengelben Farbe verwendet.

Ruten-Ginster *(Genista radiata* [L.] SCOP.*)* — Schmetterlingsblütler

Merkmale: Dornenloser, aufrechter, 20–60 cm, an schattigen Standorten auch bis 100 cm hoher Strauch mit reich verzweigten Stengeln und zahlreichen gegenständigen oder quirligen Zweigen. Äste rutenförmig, dunkelgrün, anliegend behaart, später oft verkahlend. Laubblätter gegenständig (!) angeordnet, mit einem kurzen, an der Basis verbreiterten Stiel, 3zählig gefiedert; Fiederblättchen 5–20 mm lang und 1 bis 4 mm breit, sehr schmal lanzettlich, am oberen Ende spitz, oberseits kahl, unterseits anliegend seidig behaart, dunkelgrün, frühzeitig abfallend. Nebenblätter scheidig verwachsen. Blüten gelb, 10–15 mm im Durchmesser, in den Achseln häutiger, laubblattähnlicher Tragblätter sitzend, zu 2–15blütigen, endständigen, köpfchenartigen Trauben angeordnet. Blütenstiele ungefähr so lang wie die Tragblätter, seidig behaart, 2 eiförmig-lanzettliche Vorblätter tragend. Kelch 4–6 mm lang, becherförmig, dicht seidig behaart, mit einer ca. bis zur Hälfte 2teiligen Ober- und nur leicht 3teiligen Unterlippe. Fahne 8–14 mm lang und 8 bis 9 mm breit, rundlich bis breit-eiförmig, am oberen Ende ausgerandet, auf der Außenseite dicht bis spärlich behaart. Schiffchen 10 bis 13 mm lang, behaart. Hülse 10–15 mm lang und 3–6 mm breit, eiförmig bis elliptisch, braun, behaart, mit 1–3 glänzenden Samen.
Standort: Auf steinigen Wiesen, Felsheiden und in lichten Föhren- und Lärchenwäldern. Vorwiegend auf trockenen, kalkreichen Böden.
Verbreitung: In den Gebirgen Mittel- und Süd-Europas. Von Südost-Frankreich entlang der Alpen bis zum mittleren Apennin, dem thessalischen Olymp und den Süd-Karpaten.
Blütezeit: Mai bis Juli.
Allgemeines: Der Ruten-Ginster wird wegen seiner gegenständigen Beblätterung gelegentlich als eigene Gattung *(Cytisanthus)* abgetrennt.

Deutscher Ginster *(Genista germanica L.)* — Schmetterlingsblütler

Merkmale: Dorniger, 20–60 cm hoher Strauch mit aufrechten bis aufsteigenden Stengeln. Junge Zweige grün, dicht abstehend behaart, dornenlos; ältere Zweige braun, kahl, in den Achseln meist schon abgefallener Blätter bis zu 2,5 cm lange, grüne Dornen tragend, die unteren einfach, die oberen verästelt. Laubblätter fast sitzend, ungeteilt, 10–20 mm lang und 4–8 mm breit, schmal-eiförmig bis lanzettlich, spitz, grasgrün, oberseits kahl, unterseits anliegend behaart; Blattrand mit langen, abstehenden Haaren besetzt, ganzrandig. Nebenblätter fehlend. Blüten goldgelb, 8–12 mm im Durchmesser, zu endständigen, 1–5 cm langen, aufrechten Trauben angeordnet. Kelch dicht abstehend behaart, 4–6 mm lang, mit bis fast zum Grund 2teiliger Ober- und ungefähr bis zur Mitte 3teiliger Unterlippe. Fahne eiförmig, am oberen Ende spitz. Schiffchen offen, länglich. Blütenstiele ca. 3–6 mm lang, dicht abstehend behaart. Hülse schwarzbraun, länglich, 8–15 mm lang und 3–5 mm breit, dicht behaart mit 2–5 linsenförmigen, braunen Samen.

Standort: In Heiden, lichten Wäldern und auf Magerwiesen. Liebt trockene, sonnige und kalkarme Sandböden. Nördlich der Alpen vorwiegend in der Hügelstufe (bis ca. 800 m), südlich bis in die montane Stufe (ca. 2300 m) vordringend.

Verbreitung: Von Südwest-Frankreich bis Mittel-Rußland und von Süd-Schweden bis Mittel-Italien und Bulgarien. Fehlt im eigentlichen Mittelmeergebiet.

Blütezeit: Mai bis August.

Allgemeines: Der Deutsche Ginster ist im Gegensatz zum **Englischen Ginster** eine pontische Art (das pontische Florengebiet umfaßt vorwiegend die Steppen am Nordrand des Schwarzen Meeres). Seine Äste enthalten wie die des **Färber-Ginsters** Gerbstoffe und einen gelben Farbstoff.

Behaarter Ginster, Heide-Ginster *(Genista pilosa L.)* — Schmetterlingsblütler

Merkmale: Dornenloser, kurz seidig behaarter, niedriger, 10–40 cm, seltener bis 120 cm hoher Strauch. Ältere Äste niederliegend bis aufsteigend, oft über 50 cm lang, knotig, kahl, blattlos; jüngere Äste aufrecht, viel kürzer, kantig, anliegend behaart, mehr oder weniger dicht beblättert, häufig wirr durcheinander wachsend. Laubblätter fast sitzend, einfach, 6–15 mm lang und 2 bis 5 mm breit, verkehrt-eiförmig bis lanzettlich, am oberen Ende stumpf, V-förmig gefaltet, dunkelgrün, oberseits mehr oder weniger kahl, unterseits anliegend behaart. Nebenblätter fehlend. Blüten goldgelb, ca. 10 mm im Durchmesser, in den Achseln laubblattähnlicher Tragblätter sitzend, an verkürzten Seitentrieben zu 1–3blütigen endständigen Trauben angeordnet, zusammen eine lange, aufrechte, lockere Doppeltraube bildend. Blütenstiele sehr kurz, behaart, ohne Vorblätter. Kelch 4–5 mm lang, becherförmig, behaart; 2teilige Oberlippe kürzer als die 3teilige Unterlippe. Fahne 8 bis 10 mm lang, breit-eiförmig, am oberen Ende ausgerandet, auf der Außenseite spärlich anliegend behaart. Schiffchen 7–9 mm lang, seidig behaart. Hülse 10–30 mm lang und 3–4 mm breit, länglich, flach, gerade, hellbraun, seidig behaart, mit 3–8 linsenförmigen Samen.

Standort: In Heiden, Föhrenwäldern, auf Magerwiesen und Felsen. Vom Flachland bis in die Gebirgsstufe aufsteigend. Liebt magere, sandige, kalkarme Böden in sonnigen Lagen.

Verbreitung: Europa. Von England über Süd-Schweden bis West-Polen, von Portugal über Nord-Spanien, Mittel-Italien bis zu den nördlichen Balkanländern. Fehlt in den mittleren und westlichen Alpen.

Blütezeit: Mai bis August.

Allgemeines: Der Behaarte Ginster wird seit dem 18. Jahrhundert wegen seiner leuchtendgelben Blüten und seines kriechenden Wuchses als Zierpflanze kultiviert.

Schmetter-
lingsblütler

Skorpion-Ginster *(Genista scorpius* [L.] DC.*)*

Schmetterlingsblütler

Merkmale: Dorniger, aufrechter, sparrig verästelter, 50–180 cm hoher Strauch. Ältere Äste grau-braun, kahl, in den Achseln abgefallener Blätter lange Dornen tragend; jüngere Äste grau-grün, längsgerippt, kurz abstehend behaart, beblättert, mit 2–4 cm langen Dornen, die aus umgewandelten Kurzsprossen entstanden, einfach oder verzweigt sind. Laubblätter wechselständig angeordnet, nahezu sitzend, einfach, 3–11 mm lang und 1–2 mm breit, lanzettlich bis schmal verkehrt-eiförmig, am oberen Ende spitz, graugrün, oberseits kahl, unterseits anliegend behaart. Blattrand gewimpert. Nebenblätter in 1–2 mm lange, leicht gekrümmte Dornen umgewandelt. Blüten goldgelb, 10–14 mm im Durchmesser, büschelig zu 1–3 in den Achseln von Blättern sitzend, zusammen endständige, aufrechte Rispen bildend. Blütenstiele 2–8 mm lang, deutlich länger als die Tragblätter, kahl bis spärlich behaart, 2 kleine, lanzettliche Vorblätter tragend. Kelch 3–5 mm lang, becherförmig, am Saum spärlich gewimpert, mit einer ungefähr bis zur Mitte 2teiligen Oberlippe und tiefer eingeschnittenen, 3teiligen Unterlippe. Fahne 7–13 mm lang und 4–7 mm breit, länglich-elliptisch bis breit verkehrt-eiförmig, kahl. Schiffchen 10–14 mm lang, kahl. Hülse 20–40 mm lang, 3–6 mm breit, länglich, zusammengedrückt, gerade bis leicht gekrümmt, schwach gegliedert, hellbraun, kahl, mit 4–10 linsenförmigen, schwarz glänzenden Samen.

Standort: Auf steinigen Wiesen, felsigen Hängen, in lichten Wäldern und an Straßenrändern. Liebt trockene, kalk- oder gipshaltige Böden in warmen Lagen, vorwiegend in der Hügelregion.

Verbreitung: West-Europa. Von Spanien bis Süd-Frankreich, vereinzelt auch in den West-Alpen und in Savoyen.

Blütezeit: April bis Juni.

Färber-Ginster *(Genista tinctoria* L.*)*

Schmetterlingsblütler

Merkmale: Dornenloser, niederliegender bis aufrechter, 20–120, in Kultur bis 200 cm hoher Strauch mit kräftiger Pfahlwurzel und einem kurzen, aufrechten Stämmchen. Zweige rutenförmig, niederliegend bis aufsteigend, locker bis dicht verzweigt, grün, tief gefurcht, in der unteren Hälfte kahl, in der oberen meist dicht behaart. Laubblätter wechselständig angeordnet, fast sitzend, einfach, 10–45 mm lang und 3 bis 15 mm breit, sehr variabel in der Form, vorwiegend elliptisch bis lanzettlich, am oberen Ende spitz bis stumpf, kahl bis seidig behaart; Blattrand bewimpert. Nebenblätter klein, häutig, schmal lanzettlich. Blüten hell- bis goldgelb, 10–15 mm im Durchmesser, in den Achseln laubblattähnlicher Tragblätter sitzend, zu endständigen, 2–6 cm langen Trauben angeordnet, zusammen reichblütige, aufrechte Rispen bildend. Kelch 3–7 mm lang, becherförmig, schwach 2lippig, kahl, vor der Reife mit der Krone abfallend. Fahne 13–16 mm lang und 7–9 mm breit, eiförmig, am oberen Ende stumpf und ausgerandet, kahl. Schiffchen 13 bis 15 mm lang, meist kahl. Blütenstiele 2–3 mm lang, mit 2 etwa 1 mm langen, lanzettlichen Vorblättern. Hülse 15–30 mm lang und 2–3 mm breit, länglich, flach, gerade bis leicht gekrümmt, schwach gegliedert, braun, kahl, mit 6–10 rundlichen Samen.

Standort: Auf Magerwiesen, Heiden, in Kiefermooren und lichten Wäldern. Vom Flachland bis in Höhen von 1800 m anzutreffen. Vorwiegend auf nicht zu trockenen, kalkarmen, lehmigen Böden.

Verbreitung: Süd-Europa bis Kleinasien. Vom Mittelmeer bis England und Süd-Skandinavien; fehlt in Portugal. **Blütezeit:** Juni bis August.

Allgemeines: Der Färber-Ginster zeigt eine vielgestaltige Wuchsform. Schon zur Römerzeit wurde er wegen seiner gelben Inhaltsstoffe zum Färben von Leinen und Wolle verwendet.

Flügel-Ginster *(Chamaespartium sagittale* [L.] P. GIBBS*)* Schmetterlingsblütler

Merkmale: Dornenloser, rasenbildender, 10–25 cm hoher Zwergstrauch mit kriechenden, graubraun berindeten, dicht verzweigten Stengeln. Äste aufsteigend bis aufrecht, einfach oder nur an der Basis verzweigt, locker beblättert, abstehend behaart. Stengel und Äste breit zweischneidig geflügelt. Flügel häutig, glänzend, ganzrandig, an den Knoten eingeschnürt. Laubblätter einjährig, wechselständig angeordnet, sitzend, einfach, 5–20 mm lang und 4–8 mm breit, eiförmig bis breit lanzettlich, am oberen Ende stumpf bis spitz, abstehend behaart, im Alter teilweise verkahlend, grasgrün. Nebenblätter fehlen. Blüten goldgelb, 12–15 mm im Durchmesser, in den Achseln laubblattähnlicher Tragblätter sitzend, zu 3–16blütigen, endständigen, kurzen, aufrechten Trauben angeordnet. Blütenstiele kürzer als die Tragblätter, mit 2 lanzettlichen Vorblättern. Kelch 5–8 mm lang, 2lippig, abstehend behaart. Fahne 10–15 mm lang, breit verkehrt-eiförmig, am oberen Ende rund und ausgerandet, gelegentlich spärlich gewimpert. Schiffchen ungefähr so lang wie die Fahne, kahl oder nur auf der Außenseite an der Naht behaart. Hülse 10–20 mm lang und 4–6 mm breit, länglich, zusammengedrückt, schwach gegliedert, kurz, anliegend bis abstehend behaart, mit 2–6 eiförmigen, grünlichbraunen Samen.

Standort: Auf trockenen Wiesen, Hügeln, in lichten Kiefern- und Eichenwäldern und an Wegrändern. Bevorzugt magere, kalkarme, sandige Böden in sonnigen Lagen.

Verbreitung: Süd-Europa: Spanien bis zur Balkanhalbinsel; im Norden vereinzelt von Frankreich und Süd-Belgien bis Donau und Elbe.

Blütezeit: Mai bis Juli, bisweilen eine zweite Blüte im Herbst.

Allgemeines: Diese Art wird auf Grund ihrer geflügelten Stengel gelegentlich als eigene Gattung *(Genistella)* angesehen.

Weißblütiger Geißklee *(Chamaecytisus albus* [HACQ.] ROTHM.*)* Schmetterlingsblütler

Merkmale: Dornenloser, kleiner, 30–50 cm hoher Strauch mit niederliegenden bis aufsteigenden Ästen. Zweige grün bis braun-grün, dicht, sowohl mit seidig anliegenden als auch mit zottig abstehenden Haaren besetzt, nicht oder nur in der oberen Hälfte verzweigt. Laubblätter locker bis dicht wechselständig angeordnet, mit 10–25 mm langen, anliegend behaarten Stielen, 3zählig gefiedert; Fiederblättchen 15 bis 30 mm lang und 5–12 mm breit, elliptisch bis schmal verkehrt-eiförmig, am oberen Ende spitz bis stumpf und kurz stachelspitzig, oberseits hellgrün, kahl, unterseits grau-grün, dicht anliegend behaart. Nebenblätter klein, laubblattähnlich. Blüten weiß bis blaß gelb, 8 bis 12 mm im Durchmesser, zu 3–8 in endständigen, ungefähr 2 cm langen, beblätterten, aufrechten, köpfchenförmigen Trauben angeordnet. Blütenstiele 2–3 mm lang, dicht anliegend behaart. Kelch 8–12 mm lang, röhrenförmig, mit 2teiliger Ober- und 3teiliger Unterlippe, dicht mit langen, schräg abstehenden Haaren besetzt. Fahne 16–20 mm lang und 7–9 mm breit, verkehrt-eiförmig, am oberen Ende rund und leicht ausgerandet, auf der Außenseite dicht behaart. Schiffchen kürzer als die Fahne, aufwärts gekrümmt, am Rand gewimpert. Hülsen 20–30 mm lang und 5 bis 6 mm breit, länglich, flach, gerade, dicht anliegend behaart, mit 3–8 eiförmigen, braun glänzenden Samen; Samen mit Anhängsel.

Standort: In lichten Wäldern, an felsigen Hängen und auf Steppenwiesen. Mit Vorliebe auf Sand- und Lößböden in warmen Lagen. Von der Ebene bis in das Bergland steigend.

Verbreitung: Mittel- und Süd-Europa. Von Nord-Griechenland und Bulgarien bis zur Tschechoslowakei und Süd-Polen.

Blütezeit: Juni bis August.

Allgemeines: Die ölhaltigen Samenanhängsel werden von Ameisen verbreitet.

Zottiger Geißklee, Behaarter Zwergginster *(Chamaecytisus hirsutus* [L.] LINK*)*

Merkmale: Dornenloser, ausgebreiteter, 30–120(–200) cm hoher Strauch mit sehr veränderlicher Wuchsform. Äste niederliegend bis aufrecht, rutenförmig, in der Jugend abstehend flaumig behaart, später verkahlend, gerippt. Laubblätter wechselständig angeordnet, mit 1–3 cm langen, dicht zottig behaarten Stielen, 3zählig gefiedert; Fiederblättchen 5–25 mm lang und 3–15 mm breit, verkehrt-eiförmig bis elliptisch, am oberen Ende stumpf bis rund und kurz stachelspitzig, dunkelgrün, oberseits meist kahl, unterseits dicht zottig behaart. Nebenblätter fehlen. Blüten goldgelb, 20–25 mm im Durchmesser, gestielt, zu 1–4 büschelig in den Achseln von Blättern an seitenständigen Kurztrieben stehend, zusammen einen traubigen Blütenstand bildend. Blütenstiele 1–2 mm lang, abstehend behaart, ohne Vorblätter. Kelch 12–14 mm lang, röhrenförmig, 2lippig, dicht behaart. Fahne mit braun-roter Zeichnung, 20–25 mm lang und 14–16 mm breit, verkehrt-eiförmig, am oberen Ende rund und tief ausgerandet. Schiffchen kürzer als die Fahne, gerade, auf der Außenseite an der Naht behaart. Hülsen 25–40 mm lang und 5–8 mm breit, leicht sichelförmig, dunkelbraun, vor allem am Rand dicht zottig behaart, mit mehreren eiförmigen, flachen, grünlich gelben, glänzenden Samen; Samen mit Anhängsel.

Standort: Auf Geröllhalden, Buschweiden, Matten und in lichten Wäldern. Vorwiegend auf trockenen, steinigen, kalkarmen Böden in warmen Lagen. Von der Hügel- bis zur Bergstufe (etwa 1900 m) vorkommend.

Verbreitung: Mittel- und Ost-Europa, West-Asien. Von den Pyrenäen entlang der Süd-Alpen bis zu den Karpaten und Süd-Rußland.

Blütezeit: April bis Juni.

Allgemeines: Sehr formenreiche Art. Im Tessin tritt eine Sippe mit purpurroter Fahne auf.

Purpurfarbiger Zwergginster, Purpur-Geißklee *(Chamaecytisus purpureus* [SCOP.] LINK*)*

Merkmale: Unbedornter, niederliegender, 15–60 cm hoher Strauch mit dünnen, aufsteigenden, kahlen Ästen. Junge Zweige grün, spärlich behaart, rutenförmig. Laubblätter locker wechselständig, an Kurztrieben büschelig gehäuft angeordnet, mit 1 bis 3 cm langen, kahlen, rinnenförmigen Stielen, 3zählig gefiedert; Fiederblättchen 15–25 mm lang und 5–10 mm breit, verkehrt-eiförmig, am oberen Ende rund bis stumpf und kurz stachelspitzig, spärlich behaart bis kahl, blaugrün. Nebenblätter fehlen. Die Blüten sind purpurrot (Name!), 8–12 mm im Durchmesser, kurz gestielt, sitzen zu 1–3 in den Blattachseln vorjähriger Triebe und bilden zusammen einen traubenförmigen Blütenstand. Blütenstiele 3 bis 5 mm lang, kahl, 2 lanzettliche Vorblätter tragend. Kelch 7–10 mm lang, röhrenförmig, 2lippig, nur Kelchrand dicht filzig behaart, braunrot. Fahne mit dunkelroter Zeichnung im Zentrum, 15–25 mm lang und 10–12 mm breit, verkehrt-eiförmig, am oberen Ende rund und leicht ausgerandet, nur genagelter Abschnitt behaart. Das Schiffchen ist kürzer als die Fahne und spärlich behaart. Hülse 20 bis 45 mm lang und 4–5 mm breit, länglich, flach, leicht sichelförmig, kahl, schwarzviolett, mit mehreren eiförmigen, flachen, gelbbraunen, glänzenden Samen; Samen mit Anhängsel.

Standort: Auf Felshängen, Matten und in lichten Wäldern. Bevorzugt trockene, kalkhaltige Böden in warmen Lagen. Von der Ebene bis auf etwa 1500 m Höhe steigend.

Verbreitung: Von den Süd- und Südost-Alpen über Nord-Jugoslawien bis Nord-Albanien.

Blütezeit: Mai bis Juli.

Allgemeines: Durch seine purpurrote Blütenfarbe von den übrigen Zwergginster-Arten zu unterscheiden. Schon seit dem 18. Jahrhundert in Steingärten kultiviert. Wird auch als Schnittblume verwendet.

Kronwickenblütiger Geißklee *(Cytisus emeriflorus* REICHENB.*)* — Schmetterlingsblütler

Merkmale: Dornenloser, niederliegender bis aufrechter, 20–60 cm hoher Strauch mit ausgebreiteten, sparrig verzweigten, unregelmäßig längsgefurchten Ästen. Junge Zweige kantig, spärlich anliegend behaart. Laubblätter wechselständig angeordnet, mit 10–25 mm langen, dünnen, an der Basis verbreiterten, kurz behaarten Stielen, 3zählig gefiedert; Fiederblättchen 10–20 mm lang und 4–8 mm breit, verkehrt-eiförmig bis elliptisch, am oberen Ende stumpf bis rund und kurz stachelspitzig, oberseits kahl, hellgrün, unterseits anliegend behaart, dunkelgrün. Nebenblätter fehlen. Blüten goldgelb, 10–15 mm im Durchmesser, zu 1–4 an seitenständigen Kurztrieben angeordnet, bisweilen zusammen endständige, 4–7 cm lange, dichte, aufrechte Trauben bildend. Blütenstiele 10–20 mm lang, spärlich behaart, ohne Vorblätter. Kelch nur 3–4 mm lang, glockenförmig, schwach 2lippig, kahl bis spärlich behaart. Fahne rot gestreift, 10–13 mm lang und 8–10 mm breit, verkehrt-eiförmig, am oberen Ende rund und leicht ausgerandet, kahl. Schiffchen ungefähr so lang wie die Fahne, an der Spitze nach oben gekrümmt, kahl. Hülsen 25–40 mm lang und 4–7 mm breit, länglich, flach, gerade bis leicht gekrümmt, aufrecht, kahl, schwarzbraun, mit 4–6 eiförmigen, flachen, rötlich braunen, glänzenden Samen ohne Anhängsel.

Standort: Auf Magerwiesen, Geröllhalden, in Zwergstrauchheiden und lichten Wäldern. Er stellt an Böden und Klima keine besonderen Ansprüche und dringt in Höhen bis etwa 1900 m vor.

Verbreitung: Süd-Alpen. Nur im Gebiet des Comer und Luganer Sees.

Blütezeit: Mai bis Juni, in höheren Lagen auch bis August.

Allgemeines: Man nimmt an, daß diese Art aus dem **Schwarzen Geißklee** *(Lembotropis nigricans)* hervorgegangen ist.

Niederliegender Geißklee *(Cytisus decumbens* [DURANDE] SPACH*)* — Schmetterlingsblütler

Merkmale: Dornenloser, sich flach ausbreitender, 10–40, selten bis 60 cm hoher Zwergstrauch mit 5rippigen, oft Wurzeln treibenden Stengeln. Äste niederliegend bis aufsteigend, beblättert; junge Zweige abstehend zottig behaart, ältere kahl. Laubblätter wechselständig, an Kurztrieben büschelig angeordnet, kurz gestielt bis nahezu sitzend, ungeteilt, 8–20 mm lang und 5–10 mm breit, verkehrt-eiförmig bis schmal lanzettlich, am oberen Ende spitz, oberseits kahl oder spärlich behaart, dunkelgrün. Nebenblätter fehlend. Blüten goldgelb, 12–14 mm im Durchmesser, gestielt, zu 1–4 in den Achseln von Laubblättern an Kurztrieben stehend, zusammen einen endständigen, ausgebreiteten bis aufrechten, traubenförmigen Blütenstand bildend. Blütenstiele 8–12 mm lang, zart, kurz behaart. Kelch 4–5 mm lang, glockenförmig, 2lippig, abstehend behaart. Fahne 10–14 mm lang und 9–12 mm breit, verkehrt-eiförmig, am oberen Ende rund und leicht ausgerandet, kahl. Schiffchen ungefähr so lang wie die Fahne, mehr oder weniger kahl. Narbe seitlich gegen die Fahne gerichtet. Hülsen 20–32 mm lang und 3–5 mm breit, länglich, flach, gerade, schwarz-braun, abstehend behaart, mit 3–6 eiförmigen, flachen, dunkelbraunen Samen; Samen ohne Anhängsel.

Standort: Auf Magerwiesen, trockenen Felshängen und in lichten Wäldern. Liebt kalkhaltige Böden in sonnigen Lagen. Von der Hügelstufe bis zu 2000 m Höhe vorkommend.

Verbreitung: Gebirge Mittel- und Süd-Europas. Von den Pyrenäen entlang der Süd-Alpen bis zu den Gebirgen der Balkanhalbinsel; fehlt in Deutschland.

Blütezeit: April bis Juli, je nach Höhenlage.

Allgemeines: Der Niederliegende Geißklee ist wegen seiner einfachen Blätter und der seitlichen Narbenstellung näher verwandt mit der Gattung *Genista*.

Blattstielloser Geißklee *(Cytisus sessilifolius* L.*)* Schmetterlingsblütler

Merkmale: Dornenloser, stark verzweigter, völlig kahler, 30–150 cm hoher Strauch mit niederliegenden bis aufsteigenden Stämmchen. Äste aufrecht, grün berindet, leicht bereift; ältere Äste kantig. Laubblätter meist dicht wechselständig angeordnet, die unteren kurz gestielt, die oberen sitzend, 3zählig gefiedert; Fiederblättchen 5–20 mm lang und 6–8 mm breit, verkehrt-eiförmig bis rundlich, am oberen Ende stumpf und kurz stachelspitzig, oberseits dunkelgrün, unterseits hellgrün, auch beim Vertrocknen grün bleibend. Nebenblätter fehlend. Blüten gelb, 10–12 mm im Durchmesser, gestielt, zu 2–8 in kurzen, endständigen, tragblattlosen Trauben an diesjährigen Zweigen angeordnet. Blütenstiele 8–12 mm lang, 2 kleine, lanzettliche Vorblätter tragend. Kelch 3–4 mm lang, breit glockenförmig, mit 2zähniger Ober- und 3zähniger Unterlippe, kahl. Fahne 10–12 mm lang und 8–10 mm breit, rundlich bis breit eiförmig, am oberen Ende stumpf bis rund und leicht ausgerandet, kahl. Schiffchen 8–10 mm lang, etwas kürzer als die Fahne, stark aufwärts gekrümmt, auf der Außenseite an der Naht kurz behaart. Hülsen 25–45 mm lang und 4–8 mm breit, länglich, zusammengedrückt, leicht sichelförmig, kahl, grau-braun, mit 5–10 eiförmigen, flachen, schwarz glänzenden Samen; Samen mit Anhängsel.

Standort: Auf trockenen Hängen und in Buschwäldern. Vorwiegend auf trockenen, steinigen, kalkhaltigen Böden. Von der Hügelstufe bis in 1700 m Höhe vorkommend.

Verbreitung: Westliches Mittelmeergebiet. Vom östlichen Spanien über Süd-Frankreich bis Italien.

Blütezeit: April bis Juli, je nach Höhenlage.

Allgemeines: Der Blattstiellose oder auch **Meergrüne Geißklee** wird schon seit dem 16. Jahrhundert in Gärten (z. B. im bekannten Eichstätter Garten) kultiviert.

Seidenhaar-Geißklee, Regensburger Geißklee
(Chamaecytisus ratisbonensis [SCHAEFFER] ROTHM.*)* Schmetterlingsblütler

Merkmale: Unbedornter, kriechender bis aufrechter, 10–50 cm hoher Strauch. Äste rutenförmig, niederliegend bis aufsteigend, anliegend seidig behaart, im Alter oft verkahlend. Laubblätter wechselständig angeordnet, mit 10–25 mm langen, anliegend behaarten Stielen, 3zählig gefiedert; Fiederblättchen 10–25 mm lang und 4–6 mm breit, verkehrt-eiförmig bis lanzettlich, am oberen Ende rund und kurz stachelspitzig, oberseits kahl, dunkelgrün, unterseits dicht anliegend behaart, graugrün. Blüten gelb mit brauner Zeichnung, 10–14 mm im Durchmesser, gestielt, zu 1–3 büschelig an seitenständigen Kurztrieben stehend, zusammen einen langen, dichten, einseitswendigen Blütenstand bildend. Blütenstiele 3–4 mm lang, dicht behaart, ohne Vorblätter. Der Kelch ist hellgelb, 10–14 mm lang, röhrenförmig, 2lippig und dicht anliegend behaart; die Fahne 16–22 mm lang und 8–10 mm breit, verkehrt-eiförmig, am oberen Ende rund und tief ausgerandet, kahl. Schiffchen etwas kürzer als die Fahne, gerade, nur auf der Außenseite an der Naht behaart. Hülse 20–30 mm lang und 4–5 mm breit, länglich, flach, gerade, dunkelbraun, dicht anliegend behaart, mit mehreren eiförmigen, flachen, hellbraun glänzenden Samen; Samen mit Anhängsel.

Standort: Auf Magerwiesen, Bahndämmen, in lichten Wäldern, Steinbrüchen und Kiesgruben. Er stellt keine besonderen Ansprüche an den Boden, bevorzugt aber warme Lagen vom Flachland bis in Höhen von 800 m.

Verbreitung: Mitteleuropa. Ostwärts bis zum Kaukasus, in Deutschland nur im Osten verbreitet.

Blütezeit: April bis Juni, häufig eine zweite Blüte im Herbst.

Allgemeines: Anzeiger für magere Böden.

Besenginster, Besenpriem, Bram *(Cytisus scoparius* [L.] LINK*)*

Merkmale: Dornenloser, stark verzweigter, 50–200 (bis 250) cm hoher Strauch. Äste rutenförmig, kantig, tiefgrün, nur in der Jugend behaart. Laubblätter mit 4–15 mm langen, kahlen bis behaarten Stielen, 3zählig gefiedert; Fiederblättchen 6–20 mm lang und 2–9 mm breit, schmal elliptisch bis verkehrt-eiförmig, am oberen Ende spitz bis stumpf, kurz stachelspitzig, dunkelgrün, oberseits meist kahl, unterseits anliegend behaart; obere Blätter fast sitzend, einfach, lanzettlich. Nebenblätter fehlen. Die Blüten sind goldgelb, gelegentlich auch weißlich, 2–3 cm im Durchmesser, gestielt, sitzen zu 1–2 an Kurztrieben und bilden zusammen einen langen, lockeren, endständigen, traubenförmigen Blütenstand. Blütenstiele 10–15 mm lang, kahl, ohne Vorblätter. Kelch 4–6 mm lang, glockenförmig, 2lippig, kahl. Fahne 16–19 mm lang und 15–20 mm breit, verkehrt-eiförmig, am oberen Ende stumpf und ausgerandet, zurückgeschlagen, kahl. Schiffchen ungefähr so lang wie die Fahne, leicht gekrümmt, auf der Außenseite an der Naht spärlich behaart. Griffel sehr lang, spiralförmig eingerollt. Hülse 25–50 mm lang und 8 bis 12 mm breit, gerade bis sichelförmig, flach, schwarz, nur an den Nähten dicht behaart, mit zahlreichen eiförmigen, flachen, braunschwarzen Samen; Samen mit Anhängsel.

Standort: In Heiden, lichten Wäldern, auf Felsen und Dünen. Vorwiegend auf kalkfreien, trockenen Quarzsandböden. Kommt vom Tiefland bis in Mittelgebirgslagen vor.

Verbreitung: Europa. Von der Iberischen Halbinsel und Frankreich bis Bulgarien, nördlich bis England und Süd-Skandinavien.

Blütezeit: Mai bis Juni.

Allgemeines: Diese Art wurde früher unter anderem zum Besenbinden verwendet. Zahlreiche Gartenformen werden im Handel als **Edelginster** angeboten.

Niederliegender Zwergginster, Kopf-Ginster *(Chamaecytisus supinus* [L.] LINK*)*

Merkmale: Dornenloser, aufrechter, 15–50 (–100) cm hoher Strauch mit aufsteigenden bis aufrechten, gelegentlich auch niederliegenden Ästen. Die jungen Zweige sind lang, zottig behaart und werden beim Trocknen meist schwarz. Laubblätter wechselständig angeordnet, mit 10–30 mm langen, dünnen, dicht abstehend behaarten Stielen, 3zählig gefiedert; Fiederblättchen 12–40 mm lang und 6–20 mm breit, verkehrt-eiförmig bis schmal elliptisch, am oberen Ende spitz bis stumpf und kurz stachelspitzig oder auch rund und ausgerandet, oberseits fast kahl, unterseits dicht zottig behaart. Blüten hellgelb mit rötlich brauner Zeichnung, 10–15 mm im Durchmesser, gestielt, entweder zu 1–3 büschelig in den Achseln von Blättern an Kurztrieben oder zu 2–8 in stark verkürzten, köpfchenförmigen, endständigen Trauben angeordnet. Blütenstiele 3–5 mm lang, abstehend behaart, ohne Vorblätter. Kelch 12–14 mm lang, röhrenförmig, 2lippig, dicht, lang abstehend behaart. Fahne 20 bis 25 mm lang und 12–15 mm breit, verkehrt-eiförmig, am oberen Ende rund bis stumpf, tief ausgerandet, mehr oder weniger kahl. Schiffchen viel kürzer als die Fahne, länglich, gerade, kahl. Hülse 20–35 mm lang und 5 bis 6 mm breit, länglich, dicht abstehend behaart, bei der Reife schwarz werdend, mit mehreren eiförmigen, flachen, gelbbraun glänzenden Samen; Samen mit Anhängsel.

Standort: Auf Weiden, felsigen Hängen, an Ufern und in lichten Wäldern. Vorwiegend auf trockenen, kalkhaltigen Böden in sonnigen Lagen. Vom Flachland bis in Mittelgebirgslagen.

Verbreitung: Mittel- und Süd-Europa. Von Frankreich über das Donaugebiet und die nördlichen Balkanländer bis zum Schwarzen Meer.

Blütezeit: April bis Mai und Juli bis August.

Allgemeines: Diese pontische Art ist von allen Zwergginstern am weitesten verbreitet.

Schmetterlingsblütler

Schwarzer Geißklee *(Lembotropis nigricans* [L.] GRISEB.*)* Schmetterlingsblütler

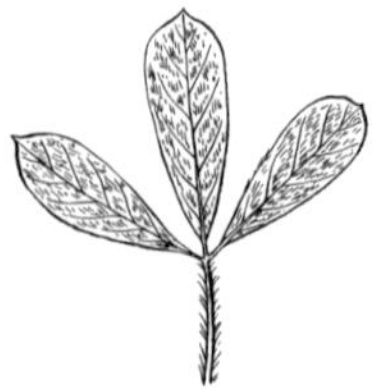

Merkmale: Dornenloser, buschiger, 30–120 (–200) cm hoher Strauch mit dunkelbraun berindeten Stämmchen. Äste 1–2 cm im Durchmesser, rutenförmig, aufsteigend bis aufrecht. Zweige gefurcht, grün, anliegend behaart. Laubblätter wechselständig angeordnet, mit 1–4 cm langen, dünnen, anliegend behaarten Stielen, 3zählig gefiedert; Fiederblättchen 10–30 mm lang und 3–14 mm breit, verkehrt-eiförmig bis elliptisch, am oberen Ende spitz bis stumpf, oberseits dunkelgrün, meist kahl, unterseits hellgrün, anliegend behaart. Blüten goldgelb, angenehm duftend, 8–12 mm im Durchmesser, zu 15 bis annähernd 100 in endständige, 10–30 cm lange, meist überhängende, unbeblätterte Trauben angeordnet. Blütenstiele 4–8 mm lang, behaart, sie tragen nur 1 lanzettliches Vorblatt. Kelch 3–5 mm lang, glokkenförmig, 2lippig, dicht anliegend behaart. Fahne 7–12 mm lang und 6–8 mm breit, verkehrt-eiförmig, am oberen Ende spitz bis stumpf, kahl. Schiffchen ungefähr so lang wie die Fahne, sichelförmig gekrümmt, kahl. Narbe seitlich gegen das Schiffchen gerichtet. Hülsen 20–35 mm lang und 4–6 mm breit, länglich, flach, gerade, schwarzbraun, anliegend behaart, mit 5–8 eiförmigen, flachen, schwarz-braunen Samen ohne Anhängsel.

Standort: Auf steinigen Hängen, in lichten Wäldern und an Wegrändern. Stellt keine besonderen Ansprüche an den Boden, liebt aber warme Lagen. Sowohl im Flachland wie in den Bergen verbreitet.

Verbreitung: Mittel- und Südost-Europa. Vom Rhein bis Mittel-Rußland und von Mittel-Italien über den Balkan bis zum Schwarzen Meer.

Blütezeit: Juni bis August, bisweilen eine zweite Blüte im Herbst.

Allgemeines: Der Name Schwarzer Geißklee bezieht sich auf die schwärzliche Verfärbung der Sprosse und Blüten im Herbst.

Spanischer Ginster, Pfriemenginster *(Spartium junceum* L.*)* Schmetterlingsblütler

Merkmale: Unbedornter, 50–300 (bis 500) cm hoher Strauch mit aufrechten, rutenförmigen, grauberindeten Ästen und grünen, fein gerippten Zweigen. Laubblätter bald abfallend, einfach, nahezu sitzend, 10–35 mm lang und 2–5 mm breit, schmal verkehrt-eiförmig bis lanzettlich, am oberen Ende spitz bis stumpf, oberseits kahl, unterseits spärlich anliegend behaart, graugrün; Blattgrund oft scheidenartig verbreitert; ohne Nebenblätter. Blüten gelb, süßlich duftend, 20–30 mm im Durchmesser, gestielt, in endständigen, 1 bis wenigblütigen, lockeren Trauben angeordnet. Blütenstiele 4–8 mm lang, kahl, 2 kleine Vorblätter tragend. Kelch 7–10 mm lang, glockenförmig, mit 2zähniger Ober- und scheidenartiger, ungeteilter, erst nach der Blütezeit aufreißender Unterlippe, kahl. Fahne 16–20 mm lang und 15–18 mm breit, verkehrt-eiförmig, am oberen Ende breit spitz, meist kahl. Das Schiffchen ungefähr so lang wie die Fahne, nur auf der Außenseite an der Naht behaart. Hülse 4–8 cm lang und 5–7 mm breit, länglich, schwarzbraun, seidig behaart, bei der Reife verkahlend, mit 10–18 eiförmigen, flachen, hellbraunen Samen.

Standort: In Heiden, Macchien und an Felshängen. Vorwiegend auf trockenen, steinigen, kalkhaltigen Böden in warmen Lagen. Nur in der kollinen Stufe anzutreffen.

Verbreitung: Gesamtes Mittelmeergebiet und Südwest-Europa. Von Süd-Frankreich bis zu den Balkanländern und Kleinasien; eingeschleppt nach Asien, Nord- und Südamerika.

Blütezeit: April bis Juni, in Mitteleuropa bis August.

Allgemeines: Der Spanische Ginster ist eine Charakterpflanze bestimmter Macchien. Seine Blüten und Samen enthalten das Alkaloid Spartiin. In Gärten werden vor allem Formen mit gefüllten und stark duftenden Blüten als Zierpflanzen gezogen.

Alpen-Goldregen *(Laburnum alpinum* [MILLER] BERCHTOLD & J. PRESL*)* Schmetterlingsblütler

Merkmale: Aufrechter, 1,5–6, in Kultur bis 10 m hoher Strauch oder Baum mit glatter, grünbrauner Rinde. Äste aufrecht, grau-grün, kahl; junge Äste gelegentlich behaart. Laubblätter wechselständig, an Kurztrieben büschelig gehäuft angeordnet, mit 5–9 cm langen, kahlen bis abstehend behaarten Stielen, 3zählig gefiedert; Fiederblättchen 3–8 cm lang und 1,5–4,5 cm breit, eiförmig bis elliptisch, am oberen Ende spitz, seltener stumpf, kurz stachelspitzig, hellgrün, etwas glänzend; junge Blättchen lang abstehend behaart, ältere kahl oder nur unterseits behaart. Nebenblätter fehlen. Blüten goldgelb, angenehm süßlich duftend, 15–16 mm im Durchmesser, zu 20–40blütigen, endständigen, hängenden, 15–40 cm langen, blattlosen Trauben angeordnet. Blütenstiele 8–14 mm lang, locker bis dicht abstehend behaart. Kelch 5–6 mm lang, glockenförmig, abstehend behaart, leicht 2lippig; Lippen nur kurz gezähnt. Fahne 14–16 mm lang und ebenso breit, rundlich bis sehr breit verkehrt-eiförmig, am oberen Ende stumpf und leicht ausgerandet, kahl. Hülse 3–6 cm lang und 6–10 mm breit, länglich, flach, schwach gegliedert, am oberen Rand flügelartig gekielt, kahl, hellbraun, abfallend, mit 2–6 nierenförmigen, flachen, braun glänzenden Samen.

Standort: In lichten Wäldern, auf Kahlschlägen und Felshängen. Liebt steinige, etwas feuchte Böden in warmen Lagen. Von der Hügelregion bis in Höhen um 2000 m.

Verbreitung: Gebirge Mittel- und Süd-Europas. Von den französischen Jura-Ausläufern entlang der Süd-Alpen und des nördlichen Apennin bis zu den Karpaten.

Blütezeit: Mai bis Juli, je nach Höhenlage.

Allgemeines: Seine Blätter verwendete man früher als Tabakersatz. Aus seinem harten, gelblich gefärbten Holz stellt man Instrumente her. Beliebter Zierstrauch.

Gemeiner Goldregen *(Laburnum anagyroides* MEDICUS*)* Schmetterlingsblütler

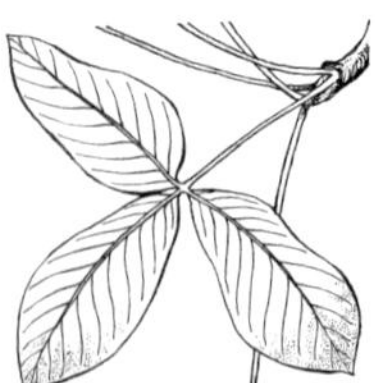

Merkmale: Aufrechter, bis 7 m hoher Strauch oder Baum mit schmaler, unregelmäßiger Krone. Rinde glatt, grünlich braun. Äste anfangs aufrecht, später oft überhängend, grau-grün, anliegend silbrig behaart. Laubblätter wechselständig, an Kurztrieben meist büschelig gehäuft angeordnet, mit 2–7 cm langen, seidig behaarten Stielen, 3zählig gefiedert; Fiederblättchen 15–80 mm lang und 15–30 mm breit, elliptisch bis verkehrt-eiförmig, am oberen Ende stumpf bis rundlich, meist kurz stachelspitzig, oberseits dunkelgrün, kahl, unterseits grau-grün, anliegend behaart. Nebenblätter fehlen. Blüten hellgelb, 15–18 mm im Durchmesser, zu 10 bis 30blütigen, endständigen, anfangs aufrechten, später hängenden, 10–25 cm langen, blattlosen Trauben angeordnet. Blütenstiele 8 bis 12 mm lang, behaart. Kelch 4–6 mm lang, glockenförmig, anliegend behaart; Unterlippe meist länger als die Oberlippe. Fahne oft am Grund mit brauner Zeichnung, 18–22 mm lang und 14–16 mm breit, breit-eiförmig, an oberen Ende tief ausgerandet, kahl. Hülse 3–7 cm lang und 7–9 mm breit, flach, schwach gegliedert, anfangs anliegend behaart, später verkahlend, hellbraun, ungeflügelt, mit mehreren nierenförmigen, flachen, braunen Samen.

Standort: In lichten Buschwäldern, auf steinigen Hängen und Felsen. Bevorzugt steinige, kalkhaltige Böden in sonnigen Lagen. Von der Ebene bis in die Bergstufe vorkommend.

Verbreitung: Gebirge Mittel- und Süd-Europas. Von Ost-Frankreich bis zum Balkan.

Blütezeit: Mai bis Juni.

Allgemeines: Der Goldregen wird seit dem 16. Jh. wegen seiner goldgelben, hängenden Blütentrauben als Zierstrauch angepflanzt. Er zählt zu den giftigsten bei uns vorkommenden Sträuchern. Alle Pflanzenteile enthalten die Alkaloide Cytisin und Laburnin. Aus seinem Holz stellte man früher Armbrustbögen her.

Europäischer Stechginster *(Ulex europaeus L.)* — Schmetterlingsblütler

Merkmale: Äußerst dorniger, 50–200 (bis 500) cm hoher Strauch mit dicht verzweigten, aufrechten bis aufsteigenden Ästen. Zweige dunkelgrün, fein gefurcht, abstehend behaart bis kahl, mit zahlreichen 15–25 mm langen, verzweigten, in Dornen umgewandelten Kurztrieben. Laubblätter nur an Keimpflanzen 3zählig gefiedert; Folgeblätter 5–10 mm lang, nur noch aus dem verdornten Blattstiel (= Phyllocladien) bestehend oder zu kleinen Schuppen verkümmert. Nebenblätter fehlen. Blüten goldgelb, süßlich duftend, 15–20 mm im Durchmesser, kurz gestielt, zu 1–3 in den Achseln von Dornen oder 2–7 mm langen Schuppenblättern an seitenständigen Kurztrieben stehend, zusammen trauben- oder doldenförmige Blütenstände bildend. Blütenstiele 6–9 mm lang, dicht behaart, 2 eiförmige, behaarte Vorblätter tragend. Kelch 12–18 mm lang, bis fast zum Grund 2lippig, dicht abstehend behaart. Fahne 14–16 mm lang und 10–11 mm breit, verkehrt-eiförmig, am oberen Ende rund und ausgerandet, kahl. Schiffchen etwas kürzer als die Fahne, mehr oder weniger gerade, auf der Außenseite an der Naht wollig behaart. Hülse 12–20 mm lang und 5–6 mm breit, eiförmig, schwarzbraun, dicht behaart, mit 2–6 braunen, eiförmigen Samen; Samen mit Anhängsel.

Standort: In Heiden, auf Hängen und in lichten Eichen- oder Föhrenwäldern. Bevorzugt trockene, kalkarme Sand- oder Lehmböden in warmen Lagen. Vom Flachland bis in die Hügelstufe vorkommend.

Verbreitung: West-Europa. Von der Iberischen Halbinsel über Frankreich bis Schottland und Süd-Skandinavien, im Süden bis Italien.

Blütezeit: April bis Juli; er blüht in milden Lagen fast das ganze Jahr über.

Allgemeines: Bisweilen wird er als Wildfutter, zur Dünenfestlegung oder zur Belebung immergrüner Gehölzgruppen angepflanzt.

Gemeiner Blasenstrauch *(Colutea arborescens L.)* — Schmetterlingsblütler

Merkmale: Dornenloser, reich verzweigter, aufrecht wachsender, 1,5–4 m (in Kultur bis 6 m) hoher Strauch. Äste zunächst anliegend behaart, später verkahlend, mit graubrauner, zerfasernder Rinde. Laubblätter unpaarig gefiedert, 4–16 cm lang, gestielt, mit 3–6 Fiederblattpaaren. Fiederblättchen kurz gestielt, 10–35 mm lang und 5–20 mm breit, breit elliptisch, seltener eiförmig oder verkehrt-eiförmig, an der Spitze seicht ausgerandet und mit einer kurzen Stachelspitze, auf der Oberseite kahl, gelbgrün, auf der Unterseite weißfilzig, im Alter verkahlend. Blüten leuchtend goldgelb, mit rotbraun gestreifter Fahne, 15–20 mm im Durchmesser, zu 2–8 in achselständigen, 5–10 cm langen, aufrechten, lockerblütigen Trauben angeordnet. Kelch weit glockenförmig, deutlich 2-lippig, mit stumpfen, breiten Kelchzähnen, gelbgrün, weißlich behaart. Kelchzipfel kürzer als die Kelchröhre. Fahne nahezu rund, aufgerichtet, ungefähr so lang wie das aufwärts gekrümmte Schiffchen. Blütenstiele 5–15 mm lang, mit 2 schuppenförmigen Vorblättern besetzt. Hülsen aufgeblasen, mit pergamentartig durchscheinenden Wänden, kahl, gelblich grün, teilweise rotbraun überlaufen, 5–8 cm lang und 2–3 cm im Durchmesser, nicht aufspringend, vielsamig. Samen 3–4 mm lang, nierenförmig.

Standort: Auf trockenen Felshängen, an Rändern von Flaum-Eichen-Wäldern und in lichten Gehölzen. Von der Hügelregion bis in die Bergregion aufsteigend. Bevorzugt kalkhaltige Lehm- und Lößböden in sonnigen Lagen.

Verbreitung: Süd- und südliches Mittel-Europa, Westasien, Nordafrika. In Deutschland wild am Oberrhein (Kaiserstuhl).

Blütezeit: Mai bis August.

Allgemeines: Seit dem 16. Jahrhundert wegen seiner gelben Blüten und seiner ballonartigen Früchte als Zierstrauch in Gärten gezogen.

Dornige Hauhechel *(Ononis spinosa* L.*)*

Schmetterlingsblütler

Merkmale: Häufig bedornter, 10 bis 80 cm hoher Strauch. Stengel aufsteigend bis aufrecht, dicht 1–2zeilig behaart, im Alter verkahlend, in der oberen Hälfte oft drüsig-klebrig, in den Blattachseln häufiger paarweise angeordnete Dornen tragend. Laubblätter in Form und Größe sehr variierend, kurz gestielt bis sitzend, die unteren und mittleren 3zählig gefiedert; Fiederblättchen 8–35 mm lang und 4–10 mm breit, schmal verkehrt-eiförmig, am oberen Ende rund bis spitz, gezähnt, die oberen ungeteilt. Nebenblätter mit dem Blattstiel verwachsen, an der Basis fast scheidenartig verbreitert. Blüten rosa bis purpurrot, selten auch weiß, 10–15 mm im Durchmesser, kurz gestielt, zu 1–3 achselständig an häufig verdornten Kurztrieben sitzend, zusammen einen lockeren, traubigen Blütenstand bildend. Blütenstiele 2–3 mm lang, kahl bis abstehend behaart. Kelch 7–10 mm lang, glockenförmig, mehr oder weniger tief 5spaltig; lang, drüsig behaart. Fahne 15–25 mm lang und 8 bis 11 mm breit, eiförmig bis verkehrt-eiförmig, am oberen Ende rund, kahl. Schiffchen deutlich kürzer als die Fahne, sichelförmig gebogen. Hülse 6–10 mm lang und 5–6 mm breit, eiförmig, flach, oft drüsig behaart, ockerfarben, mit 1–3 rundlichen, grünlich braunen, höckerigen Samen; Samen ohne Anhängsel.

Standort: In lichten Wäldern, auf Hängen und an Wegrändern. Liebt trockene, kalkreiche Böden in warmen Lagen. Tiefland bis Bergregion.

Verbreitung: Europa, West-Asien, Nord-Afrika. Von Süd-Skandinavien bis Mittel-Italien und Jugoslawien, von den Pyrenäen bis Polen und Rumänien.

Blütezeit: April bis September.

Allgemeines: Die Dornige Hauhechel ist sehr formenreich und daher nur schwer zu bestimmen. Seit dem 16. Jahrhundert wurden Rinden und Blüten für Arzneien verwendet.

Strauchige Kronwicke *(Coronilla emerus* L.*)*

Schmetterlingsblütler

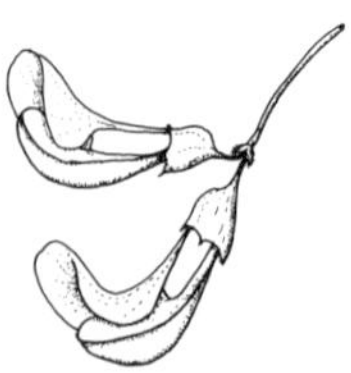

Merkmale: Dornenloser, aufrechter, dicht verzweigter, 30–100(–200) cm hoher Strauch mit dünnen, grünen, nur in der Jugend kurz anliegend behaarten Ästen. Laubblätter dicht wechselständig angeordnet, 3–6 cm lang, kurz gestielt, 7–9zählig gefiedert; Fiederblättchen kurz gestielt bis sitzend, 10–20 mm lang und 5–10 mm breit, verkehrt-eiförmig, am oberen Ende rund, leicht ausgerandet oder kurz stachelspitzig, graugrün. Nebenblätter nicht mit dem Stiel verwachsen, 1–2 mm lang, eiförmig, häutig. Blüten blaßgelb, 15–20 mm im Durchmesser, gestielt, hängend, zu 2–5(–12)blütigen Dolden angeordnet; Dolden lang gestielt, in den Achseln verkümmerter, schuppenförmiger Tragblätter stehend. Blütenstiele 2–5 mm lang, kahl bis kurz behaart. Kelch 4–5 mm lang, schief glokkenförmig, olivgrün bis rötlich, 5zähnig, kahl bis spärlich behaart. Fahne 16–22 mm lang und 8–12 mm breit, verkehrt-eiförmig, am oberen Ende rundlich und ausgerandet, aufwärts gekrümmt. Schiffchen deutlich länger als die Fahne, vorne um 90° nach oben gebogen, kahl. Hülse 5–11 cm lang und 1,5 bis 3 mm breit, im Querschnitt rundlich, länglich, mehr oder weniger gerade, schwach gegliedert, olivgrün, kahl, zerfällt nach der Reife in einzelne Glieder, hat mehrere längliche, in der Mitte der Breitseite angeheftete, rotbraune Samen; Samen ohne Anhängsel.

Standort: In lichten Wäldern, Gebüschen und an trockenen Hängen. Bevorzugt trockene, kalkhaltige Böden in warmen, halbschattigen Lagen. Von der Ebene bis in die Bergregion vordringend.

Verbreitung: Mittel- und Südost-Europa, Kleinasien, Syrien. Von Ost-Spanien, Süd-Italien und dem Balkan bis nach Süd-Norwegen und Süd-Schweden. **Blütezeit:** April bis Juli.

Allgemeines: Der lateinische Name *emerus* bedeutet brecherregend.

Königsblume *(Daphne blagayana* FREYER*)*

Seidelbastgewächse

Merkmale: Bis 30 cm hoher, wenig verästelter Zwergstrauch mit niederliegenden Stämmchen und aufsteigenden, schwach flaumig behaarten Ästen, die nur an der Spitze beblättert sind. Laubblätter an den Zweigenden rosettig genähert, fast sitzend, kahl, länglich-elliptisch bis verkehrt-eiförmig, immergrün, ledrig, etwas glänzend, meist 3–6 cm lang, an der Spitze mit aufgesetztem Stachelspitzchen, am Grund schwach keilförmig. Blüten gelblichweiß, 2–2,5 cm lang, kurz gestielt, zu 10–20 in endständigen, reichblütigen Köpfen angeordnet. Blütenröhre schlank, zylindrisch, etwa 15 mm lang, mit 5 mm kurzen, stumpfen Kronzipfeln. Die Blüten strömen einen nelkenartigen Duft aus. Hochblätter hellfarbig, seidenglänzend behaart, kürzer oder etwa so lang wie der Achsenbecher. Fruchtknoten gestielt, weichhaarig. Früchte kahl, fleischig, rötlich oder gelblich, wäßrig durchscheinend, meist nur in geringer Zahl vorhanden.

Standort: Im Unterwuchs lichter Laub- und Nadelwälder, auf Waldwiesen, an buschigen, steinigen Abhängen sowie an Waldrändern. In der Steiermark und in Bosnien bis 1000 m aufsteigend. Meist auf Kalk-, Serpentin- oder Dolomitunterlagen.

Verbreitung: Von der Steiermark südlich bis Albanien, östlich bis Rumänien und Bulgarien vorkommend. Meist nur auf einzelstehenden, weit voneinander entfernten Bergen zu finden.

Blütezeit: April und Mai.

Allgemeines: Die Königsblume wurde 1837 von dem Grafen Blagay unweit Laibach erstmals gefunden. Diese Entdeckung veranlaßte den botanisch sehr interessierten König Friedrich August II. von Sachsen zu einer zeitraubenden und beschwerlichen Reise zu ihrem Fundort. Deshalb der deutsche Name Königsblume.

Rosmarin-Seidelbast *(Daphne cneorum* L.*)*

Seidelbastgewächse

Merkmale: Immergrüner, 10–30 cm hoher, locker verzweigter Zwergstrauch. Äste niederliegend bis aufsteigend, schwach bogig, schlank, flaumig behaart, mit graubrauner Rinde. Laubblätter gleichmäßig an den Zweigen verteilt, lanzettlich bis spatelförmig, 1–2 cm lang und 3 bis 5 mm breit, mit keilförmigem Grund, sitzend, mit aufgesetzter kleiner Spitze, ledrig, kahl, oberseits dunkelgrün, unten blaugrün. Blüten leuchtend tief rosarot, mit dicht kurzfilzigem Achsenbecher, sitzend, zu 5–10 in endständigen, gedrungenen Köpfen. Schwach nach Nelken duftend. Früchte eiförmig, rötlichbraun oder orangegelb, in geringer Zahl, oft bis zur Reife im Blütenbecher eingeschlossen.

Standort: Meist auf steinigen, kalkhaltigen und trockenen Böden. In lichten Wäldern, in Gebüschen, an sonnigen Hängen und auf Bergmatten. In den Alpen bis 2000 m.

Verbreitung: Von Nordspanien über Frankreich und Mitteldeutschland bis Polen verbreitet, ebenso auf der Balkanhalbinsel und in Italien anzutreffen.

Allgemeines: Dem Rosmarin-Seidelbast sehr ähnlich ist der ebenfalls in den Alpen vorkommende **Gestreifte Seidelbast** *(Daphne striata).* Diese besonders in der Krummholzregion auftretende Art ist durch hellrote, feingestreifte Blüten, ihre an den Zweigenden rosettig gehäuften Blätter und die unbehaarten Zweige charakterisiert. Die Pflanze steht unter vollkommenem Naturschutz und überlebt die Verpflanzung ins Tiefland nur für kurze Zeit, was leider viele Gartenliebhaber erst nach dem Absterben der sehr seltenen Pflanze zu dieser Einsicht bringt. Sehr selten begegnet man in den Südalpen dem **Alpen-Seidelbast** *(D. alpina),* der stark duftende weißliche Blüten und rote Beeren hat, die sehr giftig sind.

Merkmale: Sommergrüner, 30 bis 150 cm hoher, wenig verzweigter, aufrechter Strauch, mit rutenförmigen, sehr biegsamen Zweigen. Junge Triebe mit gelblich-brauner Rinde, fein zottig behaart. Die an den Zweigenden büschelig gehäuften, länglich-lanzettlichen Blätter sind 3–8 cm lang und 1–2,5 cm breit, sitzend, ganzrandig, mit keilförmig verschmälertem Grund, oberseits mit lebhaft grüner Färbung, unterseits graugrün. Die stark duftenden purpurrosa bis karminroten Blüten (selten weiß) erscheinen bereits vor dem Laubaustrieb. Sie sind in Gruppen zu 2–3 im oberen Teil der Zweige, in den Achseln der abgefallenen, vorjährigen Laubblätter, in seitenständigen, ungestielten Büscheln zu einer unterbrochenen Ähre angeordnet. Die langröhrige 4zipflige Blütenhülle wird allein von den blumenblattartigen Kelchblättern gebildet. Die Kronblätter fehlen vollständig. Die erbsengroßen, korallenroten, glänzenden Steinfrüchte stehen zur Fruchtzeit ährig unter dem Laubblattschopf.

Standort: Häufig in schattigen Laub- und Mischwäldern, mitunter auch in Schluchten, an Waldrändern, im Legföhrengebüsch oder im Uferbewuchs von Flüssen und Bächen. Meist auf tiefgründigen, gut durchfeuchteten Ton- und Lehmböden. Verbreitet vom Tiefland bis ins Gebirge (2000 m).

Verbreitung: Fast in ganz Europa, von den Pyrenäen, Süditalien und dem Balkan, nordwärts bis Norwegen und im Osten bis Sibirien, im Kaukasus und in Kleinasien vorkommend.

Allgemeines: Für Bienen sind die stark duftenden Blüten des Seidelbastes im zeitigen Frühjahr eine willkommene erste Nahrungsquelle. Der Name Seidelbast leitet sich wahrscheinlich von Zeidlerbusch = Imkerstrauch ab. Die vielerorts gebräuchliche Bezeichnung **Kellerhals** stammt vom mittelhochdeutschen Wort kellen = quälen her und weist auf das starke Brennen und Kratzen hin, das beim Verzehr der Früchte im Mund- und Halsraum auftritt. Seinen wissenschaftlichen Namen erhielt

der Strauch nach *Daphne,* einer griechischen Nymphe, die sich in einen Lorbeerbaum verwandelte, um sich so vor den Nachstellungen Apollos zu schützen.

Der intensive Duft der Pflanze kann bei empfindlichen Personen mitunter Kopfschmerzen und Übelkeit hervorrufen. Blätter, Blüten und Früchte sind für Säugetiere gesundheitsschädlich, Vögel hingegen können die Früchte in großen Mengen verzehren, ohne daran Schaden zu nehmen. Sie tragen so wesentlich zur Samenverbreitung bei. Alle Teile der Pflanze, besonders die Rinde und die Früchte, enthalten die giftigen Inhaltsstoffe Daphnetoxin und Mezerein. Bei Aufnahme dieser Gifte kommt es zur Schädigung der Nieren, des Zentralnervensystems und des Kreislaufs. Etwa 30% der Seidelbastvergiftungen führen zum Tod. 10–12 Früchte enthalten eine für den Menschen tödliche Dosis, sechs Beeren, so meinte Linné, bringen einen Wolf um. Von der Kultur als Zierpflanze in Gärten und Parks ist mit Rücksicht auf Kinder, die sich nicht selten zum Verzehr der verlockend aussehenden Beeren verleiten lassen, abzuraten. Wegen seiner Giftigkeit erhielt der Strauch im Volksmund nicht gerade schmeichelhafte Namen. So wird er in manchen Gebieten als **Schlangenholz, Wolfsbast, Elendsbluth** oder als des Teufels Strauch bezeichnet. Das massenhafte Ausgraben durch Gartenliebhaber sowie die Vernichtung der natürlichen Standorte durch forstwirtschaftliche Maßnahmen machten es notwendig, alle einheimischen Seidelbastarten unter vollkommenen Naturschutz zu stellen. Doch selbst Arten, die im Kaukasus und in Kleinasien vorkommen, sind in ihrer Existenz bedroht, wie etwa der **Pontische** und der **Altai-Seidelbast** *(D. pontica* und *D. altaica).*

Lorbeer-Seidelbast *(Daphne laureola* L.*)*

Seidelbastgewächse

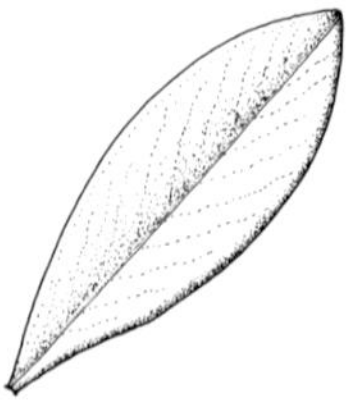

Merkmale: Immergrüner, aufrechter Strauch, 40 bis 120 cm hoch, wenig verzweigt. Junge Triebe mit gelbgrüner, später hellbrauner Rinde. Laubblätter wechselständig, lanzettlich bis länglich-oval, oberhalb der Mitte am breitesten, ganzrandig, mit keilförmigem Grund, 3–12 cm lang und 1–3,5 cm breit, ledrig, oberseits dunkelgrün und mattglänzend, auf der Unterseite heller, kahl. Blüten gelblichgrün, 6–12 mm lang, in meist 5blütigen (selten 10), blattachselständigen, sitzenden oder kurz gestielten, zuletzt überhängenden Trauben. Nur schwach duftend. Röhriger Teil der Blüte etwa so lang wie die freien Kelchblattzipfel. Früchte eiförmig, leicht zugespitzt, blauschwarz.

Standort: In mäßig feuchten, steinigen, lichten Laubwäldern und Gebüschen, meist auf Kalk. Vorwiegend im Bergland; bis etwa 1000 m aufsteigend.

Verbreitung: Fast in ganz West- und Südeuropa, von der Iberischen Halbinsel nordwärts bis Schottland, im Süden bis Sizilien und ostwärts bis Rumänien und Bulgarien verbreitet.

Allgemeines: Der Lorbeer-Seidelbast ist eine beliebte Steingartenpflanze, die auch in einigen Zuchtsorten im Handel angeboten wird. Der Strauch ist sehr frostempfindlich und gedeiht deshalb nur in mildem, ausgeglichenem Klima. Außerdem benötigt er zu einem normalen Wachstum kalkhaltigen, nährstoffreichen, nicht zu trockenen, lockeren Boden. Teilweise wird in Pflanzenkatalogen auch der Bastard aus **Kaukasischem** und **Rosmarin-Seidelbast** *(Daphne x burkwoodii)* als Gartenstrauch angeboten. Jedoch ist auch diese Zuchtsorte nicht problemlos in Kultur zu halten, da die Pflanze meist spezielle Ansprüche an die Bodenbeschaffenheit stellt. Trotzdem kann der Strauch mit seinen rosa-weißlichen Blüten, die intensiv duften, zu einer Bereicherung jedes Gartens werden.

Felsen-Seidelbast *(Daphne petraea* LEYBOLD*)*

Seidelbastgewächse

Merkmale: Rasenbildender, immergrüner Zwergstrauch von 10–20 cm Wuchshöhe, mit reicher gabeliger Verästelung und kurzen, bogig gekrümmten, brüchigen und reichlich mit Blattnarben bedeckten Ästen. Zweige mit graubrauner Borke, nur an den Triebspitzen rosettig beblättert und zwischen den Blättern flaumig behaart. Laubblätter lineal-lanzettlich bis spatelig, 8 bis 12 mm lang und 2–3 mm breit, kahl, ledrig, an der Spitze stumpf und ohne Stachelspitzchen, oberseits glänzend, unterseits weiß punktiert, sitzend, mit fast dreikantigem Mittelnerv. Blüten rosa, sitzend, flaumig behaart, meist zu 3–5, seltener bis zu 10, in endständigen oder achselständigen Köpfen angeordnet. Kronröhre 9–12 mm lang, zylindrisch; die freien Zipfel erreichen nur ¼ der Röhrenlänge. Kelchblätter stumpf, breit-eiförmig, die Blütenröhre nur an der Basis umgebend. Fruchtknoten ebenso wie die Beeren leicht behaart.

Standort: Selten und vereinzelt in Felsspalten senkrechter Dolomitwände, mitunter auch im Felsschutt vorkommend. Meist auf Kalk. Von der Bergstufe bis in Höhen von 2000 m anzutreffen.

Verbreitung: Nur in Norditalien. Vom Nordende des Gardasees bis in die Alpen um Brescia verbreitet.

Blütezeit: Juni und Juli.

Allgemeines: Der Felsen-Seidelbast oder das **Felsrösel,** wie er im Volksmund auch genannt wird, ist eine ausgesprochene Felsspaltenpflanze, die sich mit ihren knorrigen, reich verästelten Stämmchen eng an die senkrechten Dolomitwände der Südalpen anschmiegt. Aus der frisch gesammelten Zweigrinde wird bisweilen eine Essenz gegen Entzündungen der Verdauungs- und Harnorgane bereitet.
Die Art steht unter vollkommenem Naturschutz. Sie ist ein Endemit der Südalpen, wo sie sich als Relikt der Tertiärzeit erhalten konnte.

Gestreifter Seidelbast *(Daphne striata* TRATTINICK*)* Seidelbastgewächse

Merkmale: Niedriger, 10–35 cm hoher, buschiger Zwergstrauch mit zunächst niederliegenden, bisweilen aber auch bogig aufsteigenden Stämmchen. Äste zahlreich, meist stark gabelig verzweigt, kurz, reichlich mit den Blattnarben der abgefallenen Blätter bedeckt, mit graubrauner Rinde. Laubblätter verkehrt-eiförmig bis spatelig, 1,5–2 cm lang und 3–5 cm breit, an der Spitze abgerundet, mit aufgesetztem Stachelspitzchen, sitzend, dünn, ledrig, kahl, auf der Oberseite frischgrün, unterseits etwas heller. Blüten hellrot, mit feinen Längsstreifen, strahlig bis leicht unregelmäßig, zu 8–12, seltener bis zu 15 Blüten, in endständigen, ungestielten Köpfchen angeordnet. Intensiv nach Flieder duftend. Hochblätter eiförmig, zugespitzt, kahl und trockenhäutig; sie erreichen nur etwa ⅓ der Länge des Blütenbechers. Achsenbecher 1,5–2 cm lang, meist kahl oder nur spärlich behaart, etwa 3mal so lang wie die zugespitzten Kelchblätter. Fruchtknoten kahl. Beere tief orangegelb, ellipsoid, kahl.
Standort: An steinigen Hängen, in lichten und sonnigen Nadelwäldern, im Legföhrengebüsch, Zwergstrauchheiden, in Trockenrasen sowie im Schutt, an Felshängen und auf Weiden. Vorwiegend im obersten Nadelwald- und Krummholzgürtel. Bis 2500 m aufsteigend. Meist auf Kalk oder Dolomit, seltener auf Urgestein.
Verbreitung: Von den Westalpen über die Schweiz, Bayern, Tirol und den Südalpenraum bis Kärnten und die Steiermark verbreitet.
Blütezeit: Mai bis Juli.
Allgemeines: Der Gestreifte Seidelbast erinnert in seiner Tracht etwas an die Alpenrosen. Aufgrund seines scharfen Geschmacks wird der Zwergstrauch vom Weidevieh nicht gefressen, so daß Vergiftungserscheinungen nur selten auftreten.
Die Rinde enthält hautschädigende Substanzen.

Schmalblättrige Ölweide *(Elaeagnus angustifolia* L.*)* Ölweidengewächse

Merkmale: Laubabwerfender, leicht dorniger, 2–5(–7) m hoher Strauch oder Baum ohne Ausläufer. Äste aufrecht, dicht sparrig verzweigt, grau berindet. Junge Zweige dicht mit silbrigen Schuppenhaaren besetzt, ältere Zweige kahl, rotbraun berindet, in Dornen umgewandelte Kurzsprossen tragend. Laubblätter einfach, dicht wechselständig angeordnet, mit einem 5–8 mm langen, kahlen Stiel, 4–8 cm lang und 8–25 mm breit, schmal lanzettlich, am oberen Ende spitz bis stumpf, ganzrandig, lederartig, oberseits graugrün, kahl oder nur spärlich kurz behaart, unterseits silbergrau, dicht mit sternförmigen Haaren besetzt. Nebenblätter fehlen. Blüten hellgelb, angenehm nach Leder duftend, zwittrig oder nur männlich, 6–10 mm im Durchmesser, kurz gestielt, einzeln oder zu 2–3 in den Achseln von Laubblättern an den unteren Zweigenden stehend. Kelch in einen Achsenbecher übergehend, 8–11 mm lang, innen goldgelb, außen silbrigglänzend; Kelchsaum bei zwittrigen Blüten 4-, bei männlichen 5–bis mehrspaltig, ungefähr so lang wie die Röhre. Kronblätter fehlend. Frucht eine vom Achsenbecher umgebene Scheinbeere, im Längsschnitt elliptisch, 1–2 cm lang, hellgelb, mit silbergrauen Schuppen bedeckt, mehlig-süß schmeckend, nur 1, von einer harten Schale umgebenen Samen enthaltend.
Standort: An Fluß- und Seeufern, Waldrändern und auf steinigen Hängen. Liebt humusreiche, feuchte Böden in sonnigen Lagen. Vom Tiefland bis in die Bergregion vorkommend.
Verbreitung: Gesamtes Mittelmeergebiet, West- und Mittel-Asien bis zum Altai-Gebirge.
Blütezeit: Mai bis Juli.
Allgemeines: Die Ölweiden stammen aus dem Orient und wurden im 17. Jahrhundert nach Europa eingeführt. Ihre getrockneten Früchte schmecken nußartig.

Früchte

Merkmale: Sommergrüner, dorniger, dicht verzweigter, aufrecht wachsender, 1–6 (bis 10) m hoher, zweihäusiger Strauch oder kleiner Baum mit langen, kriechenden Wurzelausläufern. Äste sparrig abstehend, glatt, dunkel rotbraun, in der Jugend mit schild- und sternförmigen, silbergrauen Haaren besetzt, häufig zahlreiche, in Dornen umgewandelte Kurztriebe tragend. Laubblätter einfach, wechselständig angeordnet, kurz gestielt, 40–75 mm lang und 3–10 mm breit, schmal-lanzettlich bis länglich-eiförmig, am oberen Ende spitz bis stumpf, am Grund keilförmig bis abgerundet, ganzrandig, oberseits graugrün, silbrig glänzend, mit langstrahligen Sternhaaren, unterseits silbrig grau, matt, mit Schildhaaren besetzt, Blattrand leicht eingerollt. Blüten unscheinbar, eingeschlechtlich, grünlich, an vorjährigen Ästen vor den Blättern erscheinend, 4–6 mm im Durchmesser. Männliche Blüten nahezu sitzend, mit 2 eiförmigen, 2–3 mm langen, grünlichen, außen mit Sternhaaren besetzten Kelchblättern und 4 an den Ecken der mittelständigen Nektardrüse (Diskus) angewachsenen Staubblättern, zu köpfchenförmigen Blütenständen angeordnet. Weibliche Blüten kurz gestielt, mit einem 2zipfligen, röhrenförmigen, grünen Kelch und einem aus 1 Fruchtblatt bestehenden, unterständigen Fruchtknoten mit kurzem Griffel und kegelförmiger Narbe, zu ährenförmigen Trauben angeordnet. Frucht eine fleischige, säuerlich schmeckende, kugel- bis eiförmige, 6–8 mm große Scheinbeere mit 1 steinartigen Samen.

Standort: Auf felsigen Hängen, in trockenen Flußläufen, auf Sanddünen, in Kiesgruben, in lichten Föhrenwäldern und an Straßenböschungen. Liebt sand- oder kieshaltige, nährstoffreiche, vom Grundwasser beeinflußte Böden in sonnigen Lagen. Kommt vom Tiefland bis in die Gebirgsstufe vor.

Verbreitung: Mitteleuropa, West- und Ostasien. Von den Pyrenäen entlang des Alpenkammes und der Karpaten bis zum Kaukasus, nördlich bis England, Norwegen und Mittelschweden beheimatet. **Blütezeit:** März bis Mai.

Allgemeines: Der Gemeine Sanddorn tritt in Deutschland in 2 nahverwandten Unterarten auf: Die Unterart *rhamnoides* ist ein stark dorniger Strauch mit kurzen, steif-aufrechten Ästen und dichten Blütenständen. Sie ist an den sandigen Küsten der Nord- und Ostsee ein charakteristischer Bewohner der Binnendünen wie der Dünentäler. Die Unterart *fluviatilis* ist dagegen nur ein spärlich bedornter Strauch mit verlängerten, etwas überhängenden Ästen und lockeren Blütenständen. Man findet sie in den Alpen, im Alpenvorland bis zur Donau, am Bodensee und im südlichen Rheintal. Der Sanddorn ist als eurasiatisches Element zu bezeichnen. Sein Verbreitungsschwerpunkt liegt in Asien, so daß das europäische Gebiet nur einen kleinen Anhang des riesigen asiatischen Areals darstellt.

Wegen seiner leuchtend orangeroten Beeren ist der Gemeine Sanddorn seit der Rokokozeit ein beliebtes Ziergehölz für Garten- und Parkanlagen. Seine Vermehrung erfolgt durch Samen und Wurzelstecklinge. Da seine Früchte ungewöhnlich viel Vitamin C (etwa 5 g/1 kg Früchte), außerdem Kalzium, Glykoside, verschiedene Säuren (z. B. Äpfelsäure) und Öle enthalten, wird er neuerdings zur Gewinnung von Säften in Kultur genommen. Sanddornsaft verwendet man vor allem zur Vorbeugung und Behandlung von Erkältungskrankheiten. In England bereitet man aus den Früchten eine Marmelade. Die Samen galten in der Volksheilkunde als leicht abführendes Mittel. Der Gemeine Sanddorn ist infolge seines weitverzweigten und tiefgehenden Wurzelsystems und durch die Bildung zahlreicher Ausläufer eine gute Pionierholzart zur Befestigung von Dünen und Geröllschutt. Daneben bedient man sich seiner bei der Bepflanzung von Straßenrändern und der Schaffung natürlicher Hecken auf durchlässigen Sandböden.

Die stickstoffbindenden Bakterien in seinen Wurzelknöllchen bereichern außerdem den Boden mit Stickstoff. Das feinfasrige, mittelschwere Holz verwendet man zu Drechslerarbeiten. Seine Fruchtzweige erfreuen sich als Zimmerschmuck in den Wintermonaten wachsender Beliebtheit.

Salbeiblättrige Zistrose *(Cistus salvifolius L.)*

Zistrosengewächse

Merkmale: Reichverzweigter, buschiger, aufrechter, seltener niederliegender, 30–60 (bis 100) cm hoher Strauch mit einer kurzen, filzigen Behaarung. Junge Zweige aufrecht, dicht beblättert, mit langen, vielstrahligen Sternhaaren besetzt. Laubblätter einfach, meist immergrün, gegenständig angeordnet, gestielt, 10–40 mm lang und 6–20 mm breit, eiförmig bis elliptisch, am oberen Ende spitz bis stumpf, am Grund verschmälert oder herzförmig, runzelig, beiderseits dicht mit langen Sternhaaren besetzt, grün bis grau-grün, am Rande leicht eingerollt. Blüten 5zählig, weiß mit gelbem Grund, 3–5 cm im Durchmesser, lang gestielt, einzeln oder zu 2–4 büschelartig in den Achseln laubblattähnlicher Tragblätter sitzend. Kelchblätter ungleich, die 2 äußeren die inneren einhüllend, die äußeren herzförmig, die inneren breit-eiförmig, alle am oberen Ende spitz, dicht mit Sternhaaren besetzt. Kronblätter 15–20 mm lang und 12–18 mm breit, verkehrt-ei- bis keilförmig, am oberen Ende mehr oder weniger flach, bisweilen ausgerandet. Frucht eine 5–8 mm lange, 5kantige, dicht mit Sternhaaren besetzte Kapsel. Samen kugelig, etwa 1–1,5 mm im Durchmesser, schwarzbraun, mit glatter oder netzförmig erhabener Oberfläche.

Standort: In lichten Buschbeständen, an Felshängen, auf Trockenwiesen und Dünen. Mit Vorliebe auf trockenen, steinigen, nährstoffarmen, kalkhaltigen Böden in sonnigen Lagen. Von der Ebene bis in die Hügelregion.

Verbreitung: Süd-Europa, Syrien, Nord-Afrika. Nördlich bis Süd-Frankreich und die Süd-Schweiz.

Blütezeit: April bis Juni.

Allgemeines: Die Zistrosen zählen zu den wichtigsten bestandsbildenden Arten mediterraner Macchien und Garigues. Ihr Name leitet sich vom griechischen *kistos* (Kapsel) ab.

Kapernstrauch *(Capparis spinosa L.)*

Kaperngewächse

Merkmale: Laubabwerfender, dorniger, niederliegender bis aufrechter, 30 bis 100 cm hoher Strauch mit kurzem Stämmchen und zahlreichen, rutenförmigen, bogig ausgebreiteten Zweigen. Laubblätter einfach, wechselständig angeordnet, kurz gestielt, 2–6 cm lang und 1,5–6 cm breit, rundlich bis breit-eiförmig, am oberen Ende stumpf bis rund, häufig ausgerandet, an der Basis schwach herzförmig, grau-grün, an den Nerven bisweilen rötlich überlaufen, lederartig, kahl, ganzrandig. Nebenblätter in 2 nach rückwärts gerichtete Dornen umgewandelt. Blüten sehr groß, weiß, gelegentlich auch rötlich bis violett, 5–7 cm im Durchmesser, 4zählig, lang gestielt, einzeln in den Achseln laubblattähnlicher Tragblätter stehend. Kelchblätter grünlich weiß, bisweilen weinrot überlaufen, 18–24 mm lang und 8–12 mm breit, elliptisch bis eiförmig, am oberen Ende spitz, an der Basis miteinander verwachsen, konkav nach innen gekrümmt. Kronblätter frei, 2 bis 3,5 cm lang und 2–2,5 cm breit, verkehrt-eiförmig, am oberen Ende rund bis stumpf. Staubblätter sehr zahlreich, mit kleinen gelben Staubbeuteln und rotvioletten Staubfäden. Frucht eine vielsamige, spindelförmige, 4 bis 5 cm lange und 2–2,5 cm dicke, fleischige, dunkelrote Beere.

Standort: Auf Felshängen und auf Mauern. Liebt trockene, kalkhaltige Böden in sonnigen Lagen. Vom Tiefland bis in die Hügelregion.

Verbreitung: Gesamtes Mittelmeergebiet, Krim. Von Portugal über Süd-Frankreich, Italien und Jugoslawien bis Griechenland.

Blütezeit: Juni bis August.

Allgemeines: Die jungen, erbsengroßen Blütenknospen werden nach einer besonderen Zubereitung in einer salzigen Essiglösung als Gewürz-»Kapern« in den Handel gebracht. Früher wurde der Kapernstrauch als harntreibendes und blutstillendes Mittel verwendet.

Zistrosen-
gewächse

Kapern-
gewächse

Französische Tamariske *(Tamarix gallica* L.*)* Tamariskengewächse

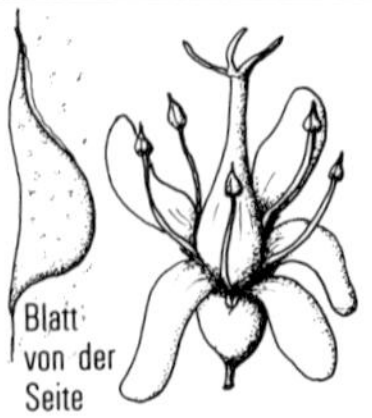

Merkmale: Immergrüner, mehr oder weniger papillöser, 2–4(–10) m hoher Strauch oder Baum mit aufrechtem, stark verzweigtem Stämmchen und dunkelbrauner bis purpurfarbener Rinde. Äste rutenförmig, bogig ausgebreitet, reich verästelt. Zweige aufrecht bis schräg abstehend, fein gestreift. Laubblätter schuppenförmig, dicht schraubig angeordnet, an jungen Zweigen sich dachziegelartig überdeckend, meist anliegend, sitzend, einfach, 1–3 mm lang und 0,5–1 mm breit, schmal-eiförmig bis lanzettlich, am oberen Ende spitz, an der Basis scheidig bis stengelumfassend, leicht gekielt, mit zahlreichen kraterförmig vertieften Drüsen, kahl, grau- bis blau-grün, am Rand häutig. Blüten 5zählig, 2–3 mm im Durchmesser, rosa bis weiß, kurz gestielt, einzeln in den Achseln schmal-eiförmiger, lang zugespitzter Tragblätter an einjährigen Zweigen sitzend, zu 1–4 cm langen, dichten, ährigen Trauben angeordnet, zusammen häufig rispenförmige Gesamtblütenstände bildend. Kelchblätter 0,5–1,3 mm lang, eiförmig bis lanzettlich, am oberen Ende spitz. Kronblätter 2–3,5 mm lang, verkehrt-eiförmig, am oberen Ende rund, abfallend. Staubblätter ungefähr so lang wie die Krone, am Grund ringförmig verwachsen, mit rosa Staubbeuteln. Frucht eine 3–4 mm lange, schmal kegelförmige, 3klappige, hellrosa Kapsel mit mehreren Samen; die Samen tragen einen langen, fedrigen Haarschopf (Windverbreitung!).

Standort: An Küsten, Flußufern und auf steinigen Hängen. Mit Vorliebe auf feuchten, salz- oder gipshaltigen Böden in sonnigen Lagen, von der Ebene bis in die Hügelregion.

Verbreitung: Westliches Mittelmeergebiet. Von Nordwest-Frankreich bis Sizilien, östlich bis Jugoslawien.

Blütezeit: Juni bis August.

Allgemeines: Die Tamarisken sind nach dem Fluß Tamaris in den Pyrenäen benannt.

Kleinblütige Tamariske *(Tamarix parviflora* DC.*)* Tamariskengewächse

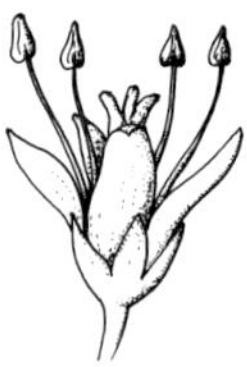

Merkmale: Immergrüner, kahler oder nur leicht papillöser, 1–4(–5) m hoher Strauch oder Baum mit tief rotbrauner bis purpurner Rinde. Äste rutenförmig, aufrecht, oft überhängend, dicht verästelt. Zweige aufrecht, grün. Laubblätter schuppenförmig, dicht schraubig angeordnet, sich teilweise dachziegelartig überdeckend, mehr oder weniger anliegend, sitzend, 2–4 mm lang und etwa 1 mm breit, schmal-eiförmig bis lanzettlich, am oberen Ende spitz, an der Basis halb stengelumfassend, grau- bis blau-grün, mit zahlreichen kraterförmig vertieften Drüsen, am Rand breit häutig. Blüten 4zählig, etwa 3 mm im Durchmesser, weiß bis rosa, kurz gestielt, einzeln in den Achseln eiförmiger bis dreieckiger, am oberen Ende lang zugespitzter, fast völlig häutiger Tragblätter an vorjährigen Zweigen sitzend, 1–3 cm lange, dichte, ährenförmige Trauben bildend. Kelchblätter 1–1,5 mm lang, eiförmig, am oberen Ende spitz bis stumpf, am Rand breit häutig. Kronblätter 2,4–2,6 mm lang, schmal keilförmig, am oberen Ende stumpf bis rund, ausgebreitet, nach der Blüte nicht abfallend. Staubblätter etwas länger als die Krone, an der Basis mit den Diskuslappen verwachsen, mit purpurfarbenen Staubbeuteln. Die Frucht ist eine 4–5 mm lange, schmal kegelförmige, grün-violette, 3klappige Kapsel mit zahlreichen flugfähigen Samen; die Samen tragen am Scheitel einen langstrahligen Haarschopf.

Standort: In Hecken, lichten Wäldern, an Flußufern und Wegrändern. Liebt feuchte, humöse Böden in warmen Lagen. Kommt von der Ebene bis in die Bergregion vor.

Verbreitung: Südost-Europa. Von der Balkanhalbinsel bis in den Ägäischen Raum.

Blütezeit: April bis Mai.

Allgemeines: Die Kleinblütige Tamariske ist im östlichen Mittelmeergebiet häufig und deshalb dort oft verwildert.

Viermännige Tamariske *(Tamarix tetrandra* PALLAS EX BIEB.*)* Tamariskengewächse

junge Frucht

Merkmale: Immergrüner, kahler bis leicht papillöser, 80–300 cm hoher Strauch oder Baum mit glatter, grünschwarzer Rinde. Äste rutenförmig, überhängend, dicht verzweigt, schwarz berindet. Laubblätter schuppenförmig, dicht schraubig angeordnet, sich teilweise dachziegelartig überdeckend, meist anliegend, sitzend, 2 bis 5 mm lang und 0,8–1,2 mm breit, schmal-eiförmig bis lanzettlich, am oberen Ende spitz, an der Basis verschmälert, hellgrün, mit mehreren kraterförmig vertieften Drüsen besetzt. Blüten 4zählig, 3–4 mm im Durchmesser, weiß, seltener rosa, kurz gestielt, einzeln in den Achseln lanzettlicher, am oberen Ende lang zugespitzter Tragblätter an vorjährigen Zweigen sitzend; sie sind zu 3–5 cm langen, dichten, ährenförmigen Trauben angeordnet und bilden zusammen lange, rispenartige Gesamtblütenstände. Kelchblätter 1,5–2,5 mm lang, eiförmig, am oberen Ende spitz bis stumpf, leicht gekielt, am Rand breit häutig. Kronblätter 2,5–3 mm lang, schmal-eiförmig, am oberen Ende rund bis stumpf, ausgebreitet, nach der Blüte abfallend. Staubblätter an der Basis mit den Diskuslappen verwachsen, mit gelblichen bis rosa Staubbeuteln. Frucht eine 6–5 mm lange, schmal kegelförmige, grünlich weiße, 3klappige Kapsel mit zahlreichen Samen, die am Scheitel einen langen Haarschopf tragen.

Standort: An Küsten, in Marschen und auf Steppen. Vorwiegend auf feuchten salz- oder gipshaltigen Böden in vollsonnigen Lagen. Von der Küste bis in die Gebirgsstufe aufsteigend.

Verbreitung: Südost-Europa. Vom östlichen Balkan bis zur Krim und bis Zypern.

Blütezeit: April bis Juni.

Allgemeines: Die Tamarisken zählen zu den Erstbesiedlern von Salzwüsten. Ihre Blätter scheiden mit Hilfe der eingesenkten Drüsen bedeutende Salzmengen ab, daß sie bisweilen zur Salzgewinnung benützt werden.

Deutscher Rispelstrauch *(Myricaria germanica* [L.] DESV.*)* Tamariskengewächse

Frucht

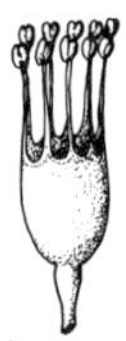

Staubblätter

Merkmale: Immergrüner, kahler, heideartiger, 50–250 cm hoher Strauch mit aufrechten, rutenförmigen, rot-braun berindeten Ästen. Die Laubblätter sind schuppenförmig, mehr oder weniger wechselständig angeordnet und überdecken sich vor allem an jungen Trieben dachziegelartig. Sie sitzen, sind 2–5 mm lang und 0,8–1,1 mm breit, schmal eiförmig, am oberen Ende stumpf, an der Basis verbreitert, blaugrün, meist kahl, mit zahlreichen, kraterförmig vertieften Drüsen besetzt, am Rand schmal häutig. Blüten 5zählig, weiß bis rötlich, 7–9 mm im Durchmesser, mit 3–5 mm langen Stielen, sitzen einzeln in den Achseln 6–12 mm langer, lanzettlicher, lang zugespitzter Tragblätter, sind zu 4–12(–25) cm langen, bisweilen in der unteren Hälfte verzweigten, endständigen Trauben angeordnet. Kelchblätter 3–5 mm lang, schmal lanzettlich, am oberen Ende spitz, am Rand breit häutig. Kronblätter 5–6 mm lang, keilförmig, am oberen Ende rund bis stumpf, nicht abfallend. Staubblätter zu je 5 in 2 Kreisen angeordnet, die äußeren länger als die inneren, mit bis zur Mitte verwachsenen Staubfäden. Frucht eine 8–12 mm lange, schmal kegelförmige, grünlich violette, 3klappige Kapsel mit zahlreichen flugfähigen, etwa 1 mm langen Samen.

Standort: An Flußufern, auf Kies- und Schotterbänken, in Kiesgruben und an Wegrändern. Vorwiegend auf feuchten, vom Grundwasser beeinflußten sand- oder schlickhaltigen Böden. In Höhen zwischen 1000 und 2000 m anzutreffen, häufig auch in die Ebene herabgeschwemmt.

Verbreitung: Mittel-Europa, Finnland, Skandinavien, Kleinasien, Persien.

Blütezeit: Mai bis August.

Allgemeines: Der Name dieser Gattung leitet sich von *myrike* ab, der alten griechischen Bezeichnung für Tamarisken.

Gemeine Myrte *(Myrtus communis L.)*

Myrtengewächse

Merkmale: Immergrüner, buschiger Strauch von 3–5 m Wuchshöhe mit gegenständigen Ästen und 4kantigen, rutenförmigen, in der Jugend fein drüsig behaarten Zweigen. Laubblätter paarweise kreuzgegenständig oder seltener zu 3 in Quirlen angeordnet, meist eirund oder lanzettlich, 2,5 bis 5 cm lang und bis 1 cm breit, zugespitzt, mit sehr kurzem Blattstiel, ganzrandig, kahl oder auf der Mittelrippe und am Rand zerstreut behaart, ledrig, durchscheinend punktiert, oberseits tief grün, unterseits mattgrün, beim Zerreiben aromatisch duftend. Blüten weiß, etwa 2 cm im Durchmesser, duftend, stets einzeln oder seltener zu 2 in den Blattachseln stehend. Kelchblätter dreieckig-eiförmig, länger als breit, zugespitzt, abstehend, zuletzt zurückgeschlagen. Kronblätter flach ausgebreitet, verkehrt-eiförmig, abgerundet, mit feinen Drüsen besetzt und am Rand leicht filzig. Bis zu 50 Staubblätter, so lang wie die Kronblätter. Beeren rundlich oder eiförmig-ellipsoid, bis 12 mm lang, gestielt, mattschwarz oder weiß, wohlschmeckend, würzig-süß, vom Kelch gekrönt und im Winter am Strauch bleibend.

Standort: Im Mittelmeergebiet in den Macchien teilweise bestandbildend. In Griechenland mitunter auch im Auwald zu finden.

Verbreitung: Von der Iberischen Halbinsel über Italien und die küstennahen Gebiete der Balkanhalbinsel bis Vorderasien beheimatet.

Blütezeit: Juli und August.

Allgemeines: Die Myrte gilt seit dem Altertum als Symbol für Liebe, Schönheit und Frieden. In der griechischen Mythologie war sie der Aphrodite geweiht. Mit Myrtenkränzen ehrte man die Sieger der Olympischen Spiele, die römischen Feldherren trugen bei ihren Triumphzügen Myrtenkränze. Bei den Juden war die Myrte ein Symbol des Friedens. Ein alter Brauch ist auch der Brautschmuck aus Myrtenzweigen.

Granatapfel *(Punica granatum L.)*

Granatapfelgewächse

Frucht teilweise geöffnet

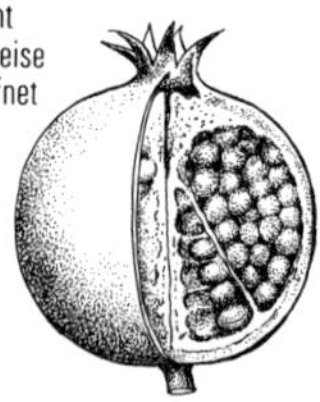

Merkmale: Aufrechter, sehr stark verzweigter, bis 2 m hoher Strauch oder kleiner, krummstämmiger, bis 5 m hoher Baum mit kahlen, in der Jugend schmalflügeligen, 4–6kantigen, mitunter verdornten Zweigen. Stamm später zerklüftet und gedreht. Laubblätter meist gegenständig, an den Langtrieben teilweise auch wechselständig, an den Kurztrieben büschelig gehäuft, 3–8 cm lang und 0,5–1,5 cm breit, ei-lanzettlich, ganzrandig, kurz gestielt, an der Spitze meist stumpf, von einem kräftigen Mittelnerv durchzogen. Blüten hochrot, etwa 3 cm im Durchmesser, sitzend, meist zu 1–3 an den Zweigspitzen angeordnet. Kelch und Achsenbecher korallenrot (granatrot), derbrandig. Kelchzipfel 5–9, dreieckig-lanzettlich, abstehend und leicht zurückgebogen, stumpf, am Rand etwas filzig. Kronblätter 5–8, zart, glockig zusammenneigend, verkehrt ei-länglich, mitunter etwas gezähnelt, 2–3 cm lang und 1–2 cm breit. Staubblätter sehr zahlreich, nach innen gekrümmt. Staubfäden orangerot. Griffel am Grund verdickt, etwas länger als die Staubblätter, mit kopfiger Narbe. Fruchtknoten aus 2 übereinander liegenden Stockwerken bestehend, unten 3fächrig, im oberen Teil 6–9fächrig. Frucht apfelähnlich, gefächert, 2–12 cm im Durchmesser, vom Kelch gekrönt, mit derber, dickledriger, rissiger, rötlichbrauner Schale. Samen eckig, purpurblau, mit saftigem rotem Samenmantel.

Standort: Verwildert an Felsen, Mauern und an trockenen Hängen. Häufig im Mittelmeergebiet angepflanzt und eingebürgert.

Verbreitung: Als Heimat dieser alten Kulturpflanze vermutet man Persien und die angrenzenden Gebiete. Heute ist sie im ganzen Mittelmeergebiet, nördlich auch im Wallis und in Südtirol, im Osten bis Vorderasien und China verbreitet.

Blütezeit: Juni bis September.

Myrten-
gewächse

Granatapfel-
gewächse

Blut-Johanniskraut, Mannsblut *(Hypericum androsaemum L.)* Johanniskrautgewächse

Merkmale: Immergrüner, kahler, 30–80(–100) cm hoher Strauch mit kriechenden bis aufsteigendem, dicht verzweigtem Stämmchen. Äste aufrecht bis ausgebreitet, locker verzweigt, mit 2 schmalen Längsleisten. Laubblätter einfach, gegenständig angeordnet, sitzend, 3–10 cm lang und 1,5–6 cm breit, schmal bis breit-eiförmig, am oberen Ende stumpf bis rund, am Grund meist herzförmig, häufig stengelumfassend, ledrig, oberseits dunkelgrün, unterseits blaugrün, durch Öldrüsen durchscheinend punktiert, ganzrandig. Blüten hellgelb, 15 bis 30 mm im Durchmesser, 5zählig, lang gestielt, einzeln oder zu wenigen in der Achsel lanzettlicher Tragblätter sitzend, zusammen endständige Scheindolden bildend. Kelchblätter ungleich groß, 5–15 mm lang und 3–6 mm breit, eiförmig, am oberen Ende spitz bis stumpf, auf der Außenseite spärlich drüsig behaart, nicht abfallend, an der reifen Frucht zurückgeschlagen. Kronblätter 6–11 mm lang und 4–6 mm breit, verkehrt-eiförmig, am oberen Ende stumpf bis rund, abfallend. Staubblätter zahlreich, in 5 am Grund verwachsenen Gruppen angeordnet, länger als die Krone. Frucht eine kugel- bis spindelförmige, zuerst rot-braune, später schwarz glänzende, kahle, 6–10 mm lange, fleischige Beere. Samen ca. 1 mm lang, ei- bis walzenförmig, durch grubenförmige Vertiefungen längsgestreift.

Standort: In lichten Wäldern und schattigen Gebüschen. Stellt keine besonderen Ansprüche an den Boden, liebt aber schattige Lagen vom Flachland bis in die Hügelregion.

Verbreitung: West- und Süd-Europa, Kleinasien. Von Portugal bis zur Türkei, nördlich im atlantischen Klima bis Irland; in Deutschland und den Niederlanden fehlend.

Blütezeit: Juni bis August.

Allgemeines: Aus den Blättern bereitete man früher Wundsalben.

Großkelchiges Johanniskraut, Immergrünes Johanniskraut *(Hypericum calycinum L.)* Johanniskrautgewächse

Merkmale: Immergrüner, sich durch unterirdische Ausläufer stark ausbreitender, dicht buschiger, kahler, 20–60 cm hoher Strauch mit kriechendem Wurzelstock. Äste aufsteigend bis aufrecht, 4kantig, mit 2 schmalen Längsleisten, grün-braun berindet. Laubblätter einfach, dicht kreuz-gegenständig angeordnet, kurz gestielt bis fast sitzend, 45–85 mm lang und 15–40 mm breit, schmal-elliptisch bis schmal-eiförmig, am oberen Ende stumpf, am Grund stark verschmälert, derb ledrig, oberseits dunkelgrün, unterseits blau-grün, durch Öldrüsen durchscheinend punktiert, ganzrandig. Blüten sehr groß, leuchtend goldgelb, 5–7 cm im Durchmesser, kurz bis lang gestielt, 5zählig, einzeln, seltener zu 2–3 an den Enden der Zweige sitzend. Kelchblätter ungleich groß, 16–20 mm lang und 8–12 mm breit, schmal verkehrt-eiförmig, am oberen Ende rund, nicht abfallend. Kronblätter 30–40 mm lang und 12–20 mm breit, verkehrt-eiförmig, am oberen Ende stumpf bis rund, gelappt, abfallend. Staubblätter sehr zahlreich, in 5 am Grund verwachsene Gruppen angeordnet, mit langen, zarten Staubfäden und rötlichen Staubbeuteln. Die Frucht ist eine breit birnenförmige, 10–14 mm lange, braunrote, im reifen Zustand hängende Kapsel. Samen ca. 2 mm lang, walzenförmig, braunschwarz, durch grubenförmige Vertiefungen längsgestreift.

Standort: In lichten Wäldern, auf steinigen Böschungen und an Flußufern. Liebt feuchte, sandige, nährstoffreiche Böden in schattigen Lagen. Von der Ebene bis in die Hügelregion vorkommend.

Verbreitung: Griechenland, Südost-Bulgarien, Türkei; häufig verwildert.

Blütezeit: Juli bis September.

Allgemeines: Geschätzte Zierpflanze.

reifende Frucht

Strauch-Eibisch *(Hibiscus syriacus* L.*)* Malvengewächse

Merkmale: Sommergrüner, buschiger, 50–300 cm hoher Strauch. Äste aufrecht bis ausgebreitet, dicht verzweigt, hellgrau berindet. Junge Zweige kurz flaumig behaart, später verkahlend. Laubblätter locker wechselständig angeordnet, mit 2–5 cm langen, kahlen Stielen, ungeteilt, 5–10 cm lang und 4–6 cm breit, ei- bis rautenförmig, 3lappig, grau-grün, kahl, bisweilen unterseits mit einigen Sternhaaren besetzt, mit 3–5 handförmig zusammenlaufenden Rippen, am Rand grob gezähnt. Nebenblätter borstenförmig. Blüten violett bis weiß, mit purpurfarbener bis dunkelroter Zeichnung im Zentrum, 4–6 cm im Durchmesser, breit glockenförmig, kurz gestielt, einzeln in den Achseln von Laubblättern an den Enden der Äste stehend. Kelch mit 7–9teiligem Außenkelch, 15–20 mm lang, glockenförmig; Kelchsaum 5teilig, ungefähr so lang wie die Röhre. Kronblätter frei, 4–5 cm lang und 2–3 cm breit, verkehrt-eiförmig, am oberen Ende rund. Staubblätter durch Aufspaltung sehr zahlreich, in 2 Kreisen angeordnet; Staubfäden zu einer Röhre verwachsen, den Fruchtknoten bedeckend. Frucht eine 5spaltige, 20–25 mm lange und 10–13 mm dicke, dicht mit gelben, einfachen und sternförmigen Haaren besetzte, grünlich braune Kapsel. Samen nierenförmig, am Rand mit zahlreichen weißen Haaren besetzt.

Standort: In lichten Wäldern und an Flußufern. Liebt humusreiche, feuchte Böden in sonnigen Lagen. Von der Ebene bis in die Hügelregion vorkommend.

Verbreitung: China, Indien. In Süd-Europa häufig verwildert.

Blütezeit: Juni bis Oktober.

Allgemeines: Der Strauch-Eibisch stammt wahrscheinlich aus China oder Indien (nicht Syrien!) und kam im 17. Jahrhundert nach Europa. Der großblütige Zierstrauch ist in zahlreichen Gartenformen im Handel.

Kleeblatt-Lederstrauch, Hopfenstrauch *(Ptelea trifoliata* L.*)* Rautengewächse

Merkmale: Etwa 1,5–5 m hoher Strauch mit anfänglich behaarten, später kahlen, olivgrünen bis zimtbraunen Zweigen. Äste mit grauer Rinde und zahlreichen Rindenporen. Rinde und Mark junger Triebe unangenehm riechend. Laubblätter 3zählig gefiedert; Teilblättchen sitzend, eiförmig bis elliptisch, das mittlere Blättchen 6–12 cm lang, ganzrandig oder undeutlich gekerbt, beidseitig verschmälert, auf der Oberseite glänzend, tiefgrün, kahl, unterseits heller, graugrün, zuletzt nur auf den Blattnerven mit einzelnen Haaren besetzt, im Licht deutlich drüsig punktiert. Blüten klein, etwa 1 cm im Durchmesser, 4–5zählig, grünlich-weiß, leicht duftend, in 4–8 cm breiten endständigen Doldenrispen angeordnet. Kelchblätter am Grund verwachsen. Kronblätter länglich, die Kelchblätter 3–4mal überragend, außen kurz behaart. Staubblätter 4, am Grund des Fruchtknotens entspringend, mit weichhaarigen Staubfäden. Mitunter sind in den Blüten entweder die Staubblätter zurückgebildet oder der Fruchtknoten reduziert. Früchte scheibenförmig, kreisrund, etwa 2–2,5 cm im Durchmesser, ringsum breit geflügelt, auffallend netznervig, reichlich drüsig und nach Hopfen duftend, den Ulmenfrüchten sehr ähnlich. In jedem Fruchtfach 1 Samen, dieser länglich, abgeflacht mit glänzender schwarzer Schale.

Standort: An Hängen, Waldrändern sowie in lichten Laubwäldern. Meist auf lockeren, nährstoffreichen und bisweilen trockenen Böden.

Verbreitung: Die Heimat des Strauches ist das atlantische Nordamerika von Long Island bis Florida. Seit 1704 in europäischen Gärten gezogen, vielerorts verwildert.

Blütezeit: Juni.

Allgemeines: Die aromatisch bitteren Flügelfrüchte des Hopfenstrauches oder der **Kleeulme** wurden bisweilen auch als Hopfenersatz verwendet.

Malven-
gewächse

Rauten-
gewächse

Buchsblättrige Kreuzblume *(Polygala chamaebuxus L.)* Kreuzblumengewächse

Merkmale: Niederliegender, 10 bis 30 cm hoher, reich verzweigter Halbstrauch mit graubrauner Grundachse und kräftigen Ausläufern. Pflanze dichtrasig mit verholzten Zweigen. Laubblätter ledrig, immergrün, meist sitzend oder sehr kurz gestielt, von elliptischer oder lanzettlicher Form, mit kurzer, aufgesetzter Stachelspitze, ganzrandig, kahl, oberseits glänzend, unterseits hellgrün, Blattrand umgerollt. Blütenstand 1–2blütig, blattwinkel- oder endständig. Blüten 13–15 mm lang, schmetterlingsförmig, gelb oder rötlich. 5 Kelchblätter, davon die 2 seitlichen kronblattartig ausgebildet (= Flügel). Flügel länglich-spatelig bis verkehrt-eiförmig, aufwärts gerichtet oder zurückgeschlagen, 10–12 mm lang, zur Zeit der Blüte gelblich-weiß, später häufig braunrot. 3 Kronblätter, das untere ausgesackt (= Schiffchen), mit 4lappigem Anhängsel. 8–10 Staubblätter. Frucht rundlich bis verkehrt-herzförmig, flachgedrückt, mit deutlichem Hautrand, dicht drüsig punktiert. Samen dunkelbraun, etwa 5 mm lang, eiförmig, mit weißen Borsten und 3lappigem Samenanhängsel. Auffällig unterschiedliche Farbvarianten!

Standort: In lichten Mischwäldern, trockenen Kiefernwäldern, im Legföhrengebüsch, auf Heiden, steinigen Magerrasen sowie im kalkhaltigen Felsschutt. Meist auf sonnigen, trockenen, mineralischen oder humosen Böden. Mit Vorliebe auf kalkhaltigem Gestein. Von der Ebene bis in die alpine Stufe (bis 2500 m), meist in Gesellschaft mit der Schneeheide.

Verbreitung: In der ganzen Alpenkette von Südfrankreich bis zu den Ostalpen, von Italien östlich bis zum Erzgebirge und zu den Karpaten und nördlich bis Thüringen.

Blütezeit: März bis April, oft mit einer zweiten Blüte im September oder Oktober.

Allgemeines: Die Verbreitung der Samen erfolgt durch Ameisen. Ein anderer gebräuchlicher Name ist **Alpen-Zwergbuchs.**

Mastix-Strauch *(Pistacia lentiscus L.)* Sumachgewächse

Merkmale: Immergrüner, kahler, dicht verzweigter, 1–3(–4) m hoher Strauch oder Baum mit brauner, schuppiger Rinde. Äste aufrecht bis ausgebreitet, rotbraun berindet. Laubblätter wechselständig angeordnet, mit 1–3 cm langen Stielen, (4–)8–12zählig, paarig gefiedert; Fiederblättchen 10–30 mm lang und 5–15 mm breit, lanzettlich bis schmal verkehrt-eiförmig, am oberen Ende spitz bis stumpf, kurz stachelspitzig, an der Basis verschmälert, sitzend, lederartig, kahl, oberseits dunkelgrün, unterseits hellgrün, ganzrandig. Blüten sehr klein, gelblich bis dunkelrot, 2–3 mm im Durchmesser, gestielt, einzeln in den Achseln kleiner, schuppenförmiger Tragblätter sitzend, zu seitenständigen, 8–15 mm langen, ährenförmigen Trauben angeordnet, 2häusig; männliche Blüten mit 4–5 in der unteren Hälfte verwachsenen Kelchblättern und 3–5 kurzen Staubblättern; weibliche Blüten mit 4–5 an der Basis verwachsenen, teilweise spärlich behaarten Kelchblättern und einem 3blättrigen, verwachsenen Fruchtknoten. Frucht eine kugel- bis birnenförmige, anfangs rote, später schwarze Steinfrucht von 3–4 mm Durchmesser.

Standort: In lichten Kiefern- und Laubwäldern und auf felsigen Hängen. Bevorzugt kalkhaltige, trockene, steinige Böden in heißen Lagen, vorwiegend in Meeresnähe. Von der Ebene bis in die untere Bergstufe.

Verbreitung: Gesamtes Mittelmeergebiet, Kanarische Inseln. Von Portugal über Italien bis Griechenland.

Blütezeit: April bis Juni.

Allgemeines: Der Mastix-Strauch zählt zu den typischen Hartlaubgewächsen der mediterranen Garigue und Macchie. Das in seiner Rinde gebildete Harz (vor allem von Sträuchern der griechischen Insel Chios) findet als Mastix Anwendung in der Medizin und bei der Herstellung von Likören und farblosen Lacken.

var. grandiflora

Kreuzblumen-
gewächse

Sumach-
gewächse

Blüten ♀

Gemeiner Perückenstrauch *(Cotinus coggygria* SCOP.*)* — Sumachgewächse

Merkmale: Sommergrüner, ausladender, 2–3(–5) m hoher Strauch. Äste bogenförmig ausgebreitet, kahl, braun-rot berindet, mit zahlreichen nierenförmigen Blattnarben besetzt. Laubblätter einfach, wechselständig angeordnet, lang gestielt, 3–8 cm lang und 2–5,5 cm breit, elliptisch bis breit-eiförmig, am oberen Ende stumpf bis rund, kahl, oberseits hellgrün, unterseits blau-grün, fiedernervig, ganzrandig, am Rand sehr schmal häutig. Blüten sehr klein, zum großen Teil unfruchtbar, gelblich-weiß, ca. 3 mm im Durchmesser, 5zählig, lang gestielt, einzeln in den Achseln kleiner, lanzettlicher Tragblätter sitzend, zu 15–20 cm langen, endständigen, rispenartigen Blütenständen angeordnet; die Stiele der sterilen Blüten sind im Herbst lang, purpurrot fedrig behaart und verleihen dem Fruchtstand ein perückenartiges Aussehen. Kelchblätter 1,5–2 mm lang, eiförmig bis lanzettlich, am oberen Ende stumpf, grünlich, an der Basis miteinander verwachsen. Kronblätter 1,5–2 mm lang und 0,4–0,8 mm breit, eiförmig, am oberen Ende rundlich, kahl. Frucht eine schief birnenförmige, leicht zusammengedrückte, 4–5 mm lange Steinfrucht.

Standort: Auf felsigen Hängen und in lichten Wäldern. Liebt trockene, kalkhaltige Böden in sonnigen Lagen. Von der Ebene bis in die Hügelregion vorkommend.

Verbreitung: Süd-Europa bis Mittel-China. Von der Iberischen Halbinsel über Süd-Frankreich und Mittel-Italien bis Kleinasien.

Blütezeit: Mai bis Juli.

Allgemeines: Dieser Strauch tritt vor allem auf dem Balkan in dichten Beständen auf. Wegen seiner perückenartigen Fruchtstände und seiner besonders schönen Herbstfärbung ist er als Zierstrauch weit verbreitet. Seine Blätter weisen einen hohen Gehalt an Tannin (Gerbstoff) auf und wurden in der Medizin als blutstillendes Mittel verwendet.

Gerber-Sumach *(Rhus coriaria* L.*)* — Sumachgewächse

Merkmale: Immergrüner, mehrstämmiger, locker verzweigter, 1–3 m hoher Strauch oder Baum. Junge Äste dicht, lang, abstehend zottig behaart, gelblich braun berindet; ältere Äste meist kahl, braunrot berindet. Laubblätter bis zu 18 cm lang, wechselständig angeordnet, lang gestielt, mit einer dicht zottig behaarten, in der oberen Hälfte geflügelten Mittelrippe, unpaarig gefiedert; mit 4–10 Paar Fiederblättchen. Diese sind 1–5 cm lang und 1–3,5 cm breit, eiförmig bis elliptisch, am oberen Ende spitz bis stumpf, an der Basis verschmälert, nahezu sitzend, oberseits dunkelgrün, spärlich kurz behaart, unterseits grau-grün, dicht, lang behaart, am Rand gekerbt bis gesägt und haben bisweilen 1–2 kleine Lappen am Blattgrund. Blüten sehr klein, gelblich bis grünlich, duftend, 4–5 mm im Durchmesser, 5zählig, sehr kurz gestielt, einzeln oder zu wenigen in den Achseln kleiner, grüner Tragblätter sitzend, zu end- oder seitenständigen, bis zu 10 cm langen, dicht behaarten, ährenförmigen Rispen angeordnet. Kelchblätter 1,5–2 mm lang, eiförmig, grünlich, dicht behaart. Kronblätter ungefähr doppelt so lang wie die Kelchblätter, schmal verkehrt-eiförmig, am oberen Ende rund bis stumpf, in der unteren Hälfte gewimpert. Frucht eine kugelförmige, leicht zusammengedrückte, rotbraune, dicht und lang behaarte Steinfrucht von 4–6 mm Durchmesser.

Standort: Auf felsigen Hängen und in lichten Wäldern. Liebt trockene, steinige, kalkreiche Böden in sonnigen Lagen. Von der Küste bis in die Hügelregion aufsteigend.

Verbreitung: Süd-Europa bis Persien.

Blütezeit: Juli bis September.

Allgemeines: Vor allem in Sizilien wird der Gerber-Sumach wegen seiner Verwendung als Gerb- und Färbemittel angebaut. Der ähnliche **Essigbaum** *(R. typhina)* hat größere Blätter mit schmäleren Fiedern.

Fruchtstände

Französischer Ahorn *(Acer monspessulanum L.)* Ahorngewächse

Merkmale: Laubabwerfender, 4–6(–10) m hoher Strauch oder Baum mit grau berindetem Stamm. Äste meist kahl, dicht beblättert, aufrecht bis ausgebreitet. Laubblätter einfach, kreuzgegenständig angeordnet, mit 2–7 cm langen, im Querschnitt rinnenförmigen, spärlich behaarten Stielen, 2–5 cm lang und 3–6 cm breit, etwas lederartig, oberseits kahl, dunkelgrün glänzend, unterseits in den Winkeln der Nerven dicht zottig behaart, matt grau-grün, 3lappig; seitliche Lappen waagrecht abstehend bis schräg nach oben gerichtet, alle am oberen Ende stumpf, ganzrandig. Blüten zwittrig, männlich oder weiblich, gelblich-weiß, 6 bis 7 mm im Durchmesser, sich erst nach dem Laub entfaltend, 4zählig, mit 1–2,5 cm langen, kahlen Stielen, zu wenigblütigen Doldentrauben angeordnet. Kelchblätter 4–5 mm lang und 2–3 mm breit, verkehrt-eiförmig bis elliptisch, am oberen Ende rund, grünlichweiß. Kronblätter 4–6 mm lang und 2,5 bis 4 mm breit, schmal verkehrt-eiförmig, am oberen Ende rund. Fruchtknoten kahl bis spärlich behaart. Griffel in 2 lange Narbenäste gespalten. Die Frucht zerfällt in 2 lang geflügelte Teilfrüchte; die Flügel sind olivgrün bis rötlich, 1,5–2 cm lang, halb-elliptisch, stehend parallel oder bilden zusammen nur einen spitzen Winkel.

Standort: In lichten Wäldern und an Felshängen. Mit Vorliebe auf kalkreichen Böden in heißen Lagen. Von der Ebene bis in die Gebirgsregion vordringend.

Verbreitung: Süd-Europa, West-Asien, Nord-Afrika. Von Spanien bis Griechenland, nordwärts bis ungefähr zum Mittel-Rhein.

Blütezeit: April bis Mai.

Allgemeines: *Monspessulanum* ist der alte lateinische Name für das heutige Montpellier, wo die Pflanze zum ersten Mal gefunden und beschrieben worden ist.

Tatarischer Ahorn *(Acer tataricum L.)* Ahorngewächse

Merkmale: Laubabwerfender, mehrstämmiger, 4–6(–10) m hoher Strauch oder Baum mit glatter, dunkelgrauer Rinde. Äste aufrecht bis ausgebreitet, rot-braun berindet. Junge Zweige lang zottig behaart, später verkahlend. Laubblätter einfach, kreuzgegenständig angeordnet, mit 2,5–4 cm langen, zottig behaarten Stielen, 6–9 cm lang und 2–4 cm breit, eiförmig bis rundlich, am oberen Ende spitz, an der Basis herzförmig, oberseits kahl, unterseits auf den Nerven dicht filzig behaart, fiedernervig, hellgrün, am Rand doppelt unregelmäßig gekerbt bis gezähnt. Blüten zwittrig oder männlich, unscheinbar, grünlich-weiß, 3–5 mm im Durchmesser, sich erst nach dem Laub entfaltend, 4zählig, mit kurzen, drüsig behaarten Stielen, einzeln in den Achseln kleiner lanzettlicher Tragblätter sitzend, zusammen vielblütige, lang gestielte Rispen bildend. Kelchblätter 2–3 mm lang, eiförmig bis verkehrt-eiförmig, am Rand dicht zottig behaart. Kronblätter 3–4,5 mm lang, schmal verkehrt-eiförmig, am oberen Ende rund, spärlich behaart, leicht nach innen gekrümmt. Staubblätter zu je 4 auf 2 Kreisen angeordnet. Fruchtknoten lang behaart. Griffel in 2 lang geflügelte Teilfrüchte zerfallend; Flügel weinrot, 2–3 cm lang, schief verkehrt-eiförmig, fast parallel stehend.

Standort: In lichten Wäldern, auf felsigen Hängen und an Flußufern. Liebt feuchte, kalkhaltige, nährstoffreiche Böden in warmen Lagen. Vom Tiefland bis in die Bergregion.

Verbreitung: Südost-Europa, Kleinasien, Mittel-Rußland. In Kultur weitverbreitet von England über Norwegen bis Nord-Rußland.

Blütezeit: Mai bis Juni.

Allgemeines: Der Tatarische Ahorn stammt aus dem nördlichen Asien. Er wird gern in Parks angepflanzt, da er im Frühsommer zur Zeit der roten Früchte wie im Herbst bei der Verfärbung des Laubes sehr schön aussieht.

Blütenstände

Merkmale: Immergrüner, dicht verzweigter, aufrecht wachsender, 2–10 (in Kultur bis 24) m hoher Strauch oder Baum mit schmal kegelförmiger Krone. Rinde zunächst silbergrau, glatt, später graubraun gestreift und gepunktet, rauh und eingerissen. Äste aufrecht, kahl, grün glänzend. Junge Triebe kahl oder spärlich flaumig behaart, hellgrün bis dunkel purpurrot. Knospen sehr klein, spitz, mit einer grünen, kegelförmigen Haube. Laubblätter einfach, wechselständig angeordnet, mit einem etwa 1 cm langen, abgeflachten Stiel, 3–12 cm lang und 1,5–3,5 cm breit, eiförmig bis länglich-elliptisch, am oberen Ende spitz, am Grund keilförmig verschmälert, derb ledrig, kahl, oberseits dunkelgrün glänzend, unterseits hellgrün, matt, am Rand gewellt, mit mehreren abstehenden, gelbgrünen Blattdornen besetzt; Wellung und Bestachelung je nach Alter der Pflanzen sehr veränderlich, bei alten Pflanzen sind die Blätter oft ganzrandig, unbewehrt und eben. Nebenblätter sehr klein oder fehlend. Blüten unscheinbar, zweihäusig (männliche und weibliche Blüten auf verschiedenen Pflanzen), weiß, duftend, 6–8 mm im Durchmesser, 4zählig, kurz gestielt; männliche Blüten meist zu 3 in kleinen Trugdolden, weibliche einzeln in den Blattachseln vorjähriger Triebe stehend. Kelchblätter grün, 1–1,5 mm lang, eiförmig bis dreieckig, am oberen Ende spitz, an der Basis miteinander verwachsen, fein behaart. Kronblätter 4–6 mm lang und 3–4 mm breit, schmal bis breit verkehrt-eiförmig, am oberen Ende stumpf bis rund, bisweilen ausgerandet, an der Basis untereinander und mit den 4 Staubblättern verwachsen. Frucht eine 4samige kugel- bis birnenförmige, korallenrote Steinfrucht von 7–10 mm Durchmesser, in milden Wintern bis zum Frühjahr an der Pflanze bleibend. Die Früchte werden gern von Vögeln gefressen, die so für eine weite Verbreitung der Samen sorgen.

Standort: In lichten Wäldern, in Gebüschen, an Waldrändern und Hecken. Bevorzugt feuchte, nährstoffreiche, kalkarme, sandige Lehmböden in warmen, halbschattigen und luftfeuchten Lagen. Vom Tiefland bis in die Bergregion vorkommend.

Verbreitung: Mittel- und Süd-Europa, Kleinasien, Persien bis China. Nördlich im Bereich des atlantischen Klimas bis Irland und Norwegen, südlich von der Iberischen Halbinsel ostwärts über Italien, die Alpen, den Balkan bis zum Schwarzen Meer. Ist in Deutschland vereinzelt im Alpenraum, in den Rheingegenden und an einzelnen Stellen der norddeutschen Küstenstriche (Insel Rügen) zu finden.

Blütezeit: April bis Juni.

Allgemeines: Die Gemeine Stechpalme kann sehr alt werden, nachgewiesen sind Angaben bis zu 300 Jahren. Vor allem ihre korallenroten Früchte haben diesen Strauch als Zierpflanze überaus beliebt gemacht. Im Handel werden heute zahlreiche Kultursorten angeboten, die sich einerseits durch verschieden geformte und gefärbte Blätter, andererseits durch eine unterschiedliche Wuchsform auszeichnen. Als Beispiele: »Aureomarginata« mit gelblichen Blättern, »Leucocarpa« mit grünlich weißem Laub, »Crispa« mit stark gedrehten, auffallend tief gebuchteten und dornig gezähnten Blättern, »J. C. van Tol« mit breitem Wuchs, abstehenden Ästen und purpurroten Trieben und »Pyramidalis« mit kugelförmig aufrechtem Wuchs und gelblich grünen Trieben. Vorsicht ist beim Umgang mit den Früchten geboten, da sie Giftstoffe enthalten. Die immergrünen Zweige der Stechpalme werden besonders in der Kranzbinderei und zum Dekorieren von Räumen bei Festlichkeiten benützt. Vor allem in England gehören fruchtende Zweige zum Schmuck des Weihnachtstisches. Das weiße Holz verwendet man zu Einlegearbeiten. Aus England stammt eine Hybride zwischen *Ilex aquifolium* und *I. perado* mit stärkerem Wuchs und nahezu runden Blättern.

Pfaffenhütchen, Gemeiner Spindelstrauch *(Euonymus europaeus* L.*)* Spindelbaumgewächse

Merkmale: Sommergrüner, sehr ausschlagfähiger, 1–7 m hoher Strauch oder kleiner Baum mit breit gewölbter Krone. Äste sehr dicht, sparrig abstehend, grau- oder rotbraun berindet. Jüngere Zweige grünlich braun, undeutlich 4kantig oder mit 2–4 Korkleisten, bisweilen auch geflügelt und mit zahlreichen Korkwarzen bedeckt. Knospen grün, 3–5 mm lang, eiförmig. Laubblätter einfach, 3–10 cm lang und 2–3,5 cm breit, länglich-lanzettlich oder länglich-eiförmig, am oberen Ende spitz bis stumpf, am Grund keilförmig, am Rand fein kerbig gesägt, kahl, oberseits blaugrün, unterseits heller, mit einem 5–12 mm langen, rinnigen Blattstiel. Laub im Herbst erst gelblich, dann leuchtend rot. Blüten zwittrig, aber mitunter auch eingeschlechtig, 4zählig, grünlich-weiß, 8–10 mm im Durchmesser, zu 3–9 in blattachselständigen, nickenden Trugdolden angeordnet. Kelchblätter 1–1,5 mm lang, kreisrund, kahl. Kronblätter 3–5 mm lang und 2–3 mm breit, dreieckig bis eiförmig, am Rand leicht fransig, oberseits undeutlich papillös. Staubblätter frei, mit gelben Staubbeuteln. Blütengrund mit einer breiten nektarabsondernden Scheibe (= Diskus). Frucht eine 4klappige Kapsel mit rundlichen Segmenten, 1–1,5 cm lang, rosen- oder karminrot, 2–4samig. Samen eiförmig, 6–7 mm lang, von einem orangefarbenen, fleischigen Samenmantel umgeben, nach dem Aufspringen der Kapsel an einem Faden aus der Frucht heraushängend, giftig!

Standort: Häufig in Au- und Laubwäldern, in Gebüschen, an Felsen, auf Weiden, an Ufern, in Hecken und an Mauern. Von der Ebene bis in Höhen von 1200 m anzutreffen. Liebt nährstoffreiche, kalkhaltige, gut durchfeuchtete und tiefgründige Lehmböden.

Verbreitung: Fast in ganz Europa. Nördlich bis Irland, Schottland, Südschweden und Dänemark, östlich bis Sibirien, im Süden von Spanien über die Balkanhalbinsel bis zum Kaukasus und westlich bis zum Atlantik verbreitet.

Blütezeit: Mai bis Ende Juni.

Allgemeines: Die Art gehört dem eurosibirischen Florenelement an und kommt in Mitteleuropa vor allem in Begleitung von Schlehdorn, Hundsrose, Liguster und Hartriegel vor. Im Volksmund gab man diesem Strauch den Namen »Pfaffenhütchen«, da seine Kapselfrucht mit den 4 zurückgeschlagenen, purpurroten Fruchtblättern an das Birett eines katholischen Priesters erinnert. Viele Vögel, wie beispielsweise Rotkehlchen, Drosseln oder Elstern zeigen eine große Vorliebe für die im Spätsommer aufspringenden Früchte. Die Samen dieser Art werden auf diese Weise durch Vögel sehr weit verschleppt. Die Samen keimen erst nach einer längeren Ruhepause von etwa 4–5 Jahren und müssen in dieser Zeit einer mehrmaligen Frostperiode ausgesetzt sein (Frostkeimer). Der Spindelstrauch vermehrt sich jedoch hauptsächlich vegetativ durch die Ausbildung zahlreicher Wurzelknospen. In wenigen Jahren können so große Flächen begrünt werden.
Wegen seiner vielen rosaroten Früchte und seinem bunten Herbstlaub ist er schon seit langer Zeit (1830) ein beliebter Zierstrauch für größere Gärten und Parkanlagen. Im Handel werden heute zahlreiche Zuchtformen angeboten. Die wichtigsten sind: »Albus« mit weißen Früchten, »Atropurpureus« mit schmal-lanzettlichen, purpurroten, im Herbst sich scharlachrot bis violett verfärbenden Blättern und dunkelroten Früchten, »Pumilus« mit zwergförmigem Wuchs und dicht stehenden, aufrechten Ästen und »Red Cascade«, eine hochwüchsige Art mit leicht überhängenden Trieben und zahlreichen gelben Früchten. Forstwirtschaftlich ist der Spindelstrauch ohne Bedeutung. Nur gelegentlich pflanzt man ihn zur Befestigung von Dünen und Böschungen. Sein helles, kernloses Holz ist sehr feinporig und wird zu Drechsler- und Schnitzarbeiten sowie zum Instrumentenbau verwendet. Früher fertigte man aus ihm auch Spindeln an, daher sein Name »Spindelstrauch«. Die aus seinem Holz hergestellte Holzkohle ist sehr weich und von gleichmäßiger Härte, sie findet daher vor allem als Zeichenkohle Verwendung. Mehrere Fossilfunde, auch aus Deutschland (z. B. bei Cannstatt) zeigen, daß dieser Strauch schon vor mehreren Millionen Jahren in Europa beheimatet war.

geöffnete Früchte mit heraushängenden Samen

Warzen-Spindelstrauch *(Euonymus verrucosus* L.*)*

Merkmale: Sommergrüner, 30 cm bis 2 m hoher Strauch mit lockeren, sparrig abstehenden Ästen. Rinde meist grau und feinrissig. Zweige fast stielrund oder stumpfkantig und dicht mit dunklen Korkwarzen besetzt. Laubblätter klein, bis 6 cm lang und 3,5 cm breit, länglich-elliptisch oder verkehrt-eiförmig, mit keilförmigem Grund und fein gesägtem Blattrand, vorne spitz zulaufend, auf dem Mittelnerv, an der Spreitenbasis und am Rand mit Haaren besetzt. Blattstiel oberseits rinnig, etwa 2–3 mm lang. Blüten in blattachselständigen, 1–3blütigen Trugdolden, diese auf etwa 3–4 cm langen Stielen. 4 nierenförmige, 1,5 mm lange Kelchblätter. Ebenso 4 Kronblätter, diese rundlich, 2–3 mm lang, am Rand leicht fransig, auf der Oberseite gegen den Rand zu papillös sowie dicht mit grünlich-rötlichen Punkten besetzt. Kapsel mit abgerundeten Kanten, 10–12 mm lang, rosenrot oder gelbrot. Samen kugelig, schwarz.

Standort: In Laub- und Nadelwäldern, in Gebüschen, an Waldrändern, auf Fels. Meist auf kalkhaltigen, tiefgründigen und gut durchfeuchteten Böden. Von der Ebene bis in die Bergstufe anzutreffen.

Verbreitung: In Europa zerstreut. In West- und Ostpreußen, Tirol, Schlesien, Böhmen sowie in der Steiermark, Kärnten, in Istrien, Dalmatien und Teilen von Rumänien.

Blütezeit: Von Mai bis Mitte Juni.

Allgemeines: Der Warzen-Spindelstrauch erträgt frostige Winterkälte ebenso gut wie starke Austrocknung im Sommer. Diese Anpassungsfähigkeit ermöglicht es ihm, weit in die östlichen Steppengebiete einzudringen. Als Zierstrauch ist er seit 1730 in Kultur. In der Wurzelrinde sind größere Mengen an Guttapercha enthalten, ein Stoff, der dem Kautschuk chemisch ähnlich ist und der deshalb in der Kabelindustrie als Isolationsmaterial häufig verwendet wurde.

Voralpen-Spindelstrauch, Breitblättriger Spindelstrauch *(Euonymus latifolius* [L.] MILL.*)*

Merkmale: Sommergrüner, bis 5 m hoher Strauch oder kleiner Baum mit langen, aschfarbenen, zuletzt feinrissigen Ästen. Zweige leicht abgeflacht, anfangs olivgrün, mit feinen Korkwarzen besetzt. Endknospen und Seitenknospen auffallend vergrößert, lang spindelförmig. Knospenschuppen mit hellem Hautrand. Laubblätter sehr groß, bis 14 cm lang und 6 cm breit, länglich-elliptisch bis verkehrt-eiförmig, am Grund keilförmig verschmälert, nach vorne in eine kurze Spitze ausgezogen, am Rand sehr fein gesägt, kahl, oberseits sattgrün, auf der Unterseite hellgrün. Blüten auf dünnen Stielen, in blattachselständigen, bis 15 cm langen Trugdolden. 5, seltener 4 kreisrunde Kelchblätter. Kronblätter ebenfalls rundlich, etwa 2,5 mm lang, hell grünbraun. Kapsel meist 4–5kantig, bis 1,5 cm lang und ungefähr 2 cm im Durchmesser, karmin- bis purpurrot. Samen weißlich, etwa 7 mm lang, vollständig in den orangefarbenen Samenmantel eingehüllt.

Standort: In lichten Laub- und Mischwäldern, in Schluchten, Gebüschen sowie an Waldrändern und auf Kahlschlägen. Meist auf humosen Böden und in schattigen Lagen. Vom Tiefland bis 1500 m in den Alpen aufsteigend.

Verbreitung: Von den Pyrenäen östlich über den gesamten Alpenraum bis in die Ostkarpaten verbreitet. Ebenso auch in den Illyrischen Gebirgen, auf dem Balkan, im Kaukasus, in Kleinasien und Nordpersien beheimatet.

Blütezeit: Mai und Juni.

Allgemeines: Das Holz des Strauches ist ziemlich hart und wurde früher zur Herstellung von Garnspindeln verwendet. Davon läßt sich wahrscheinlich auch der deutsche Name Spindelbaum ableiten. Die gesamte Pflanze, insbesondere die Frucht, enthält hochwirksame Giftstoffe, die chemisch den Wirkstoffen des **Fingerhutes** ähnlich sind und derzeit noch untersucht werden.

Gewöhnliche Pimpernuß *(Staphylea pinnata L.)* — Pimpernußgewächse

Merkmale: Strauch oder kleiner Baum von 1,5–5 m Wuchshöhe, mit kahlen, anfangs grünen, später glänzend braunen Zweigen, die mit zahlreichen, weißlichen Rindenporen besetzt sind. Laubblätter gegenständig, langgestielt, unpaarig gefiedert. Anzahl der Fiederblättchen meist 5–7, diese mit kurzem, behaartem Stiel oder mit Ausnahme des Endblättchens sitzend, elliptisch bis schmal-eiförmig, bis 18 cm lang, vorne in eine schmale Spitze ausgezogen, mit kleingezähntem Blattrand. Oberseite der Blätter sattgrün, auf den Nerven mit kurzen, weißlichen Haaren besetzt, auf der Unterseite bläulichgrün. Nebenblätter schmal, schon früh abfallend. Blüten in langgestielten, hängenden, traubigen Rispen. 5 Kelchblätter, diese kronblattartig ausgebildet, von länglich-lanzettlicher Form, 8–14 mm lang, gelblich-weiß, an der Spitze etwas rötlich überlaufen. Kronblätter länglich-lanzettlich bis verkehrt-eiförmig, die Kelchblätter nur wenig überragend, glockig zusammenneigend, gelblich-weiß. Kapselfrucht kugelig bis birnenförmig, 3–4 cm lang, häutig aufgeblasen, blaßgrün und zuletzt runzelig. Samen glänzend hellbraun.

Standort: Zerstreut in Mischwäldern, an Waldrändern, an steinigen Hängen, Ufern sowie in Hecken. Meist an sonnigen und trockenen Orten vom Flachland bis etwa 600 m in den Alpen aufsteigend. Kalkliebend.

Verbreitung: Von den Karpaten über die Balkanhalbinsel entlang dem Alpennordrand westwärts bis zum Schweizer Jura und zur Oberrheinischen Tiefebene verbreitet. Ebenso in den südöstlichen Kalkalpen und im Apennin noch vereinzelt zu finden.

Blütezeit: Mai und Juni.

Allgemeines: Blähfrüchte, die durch den Wind verbreitet werden. Gleichartige Bildungen findet man auch beim **Blasenstrauch,** bei der **Ballonpflanze** und beim **Blasenbaum.**

Gerberstrauch *(Coriaria myrtifolia L.)* — Gerberstrauchgewächse

Merkmale: Sommergrüner, ausgebreiteter und aufrechter Strauch von 1–3 m Wuchshöhe mit kahlen, rutenförmigen, drei- oder meist vierkantigen Zweigen. Laubblätter gegenständig, länglicheiförmig bis breit-lanzettlich, 2,5–6 cm lang und bis 3 cm breit, derb, spitz, ganzrandig, auf der Oberseite hellgrün, unterseits graugrün, mit 3 ziemlich stark ausgeprägten Blattadern. Blüten klein, zwittrig, grünlich, unscheinbar, meist zu Trauben vereinigt, diese endständig oder in den Blattachseln stehend. Stets 5 Kelchblätter. Ebenso viele Kronblätter; sie sind meist schuppenförmig, fleischig und bleiben lange erhalten. Die 5–10 Fruchtblätter sind nur wenig miteinander verwachsen und um die kegelförmige Blütenachse in einem Kreis angeordnet. Früchte beerenartig, länglich, zusammengedrückt; die einsamigen Teilfrüchte von den vergrößerten, fleischigen Blütenblättern umschlossen, stark giftig, zuerst grünlich, später schwarz.

Standort: An Hügeln, in Dickichten, Hecken und an Flußufern. Meist an trockenen Plätzen und auf kalkhaltigem Substrat wachsend. Von der Ebene bis etwa 900 m aufsteigend.

Verbreitung: Im westlichen Mittelmeergebiet. Von Marokko über die Iberische Halbinsel bis Italien und die Balkanländer. Sehr verbreitet in der Gegend von Nizza, in Ligurien, im Apennin bei Parma und in Friaul.

Blütezeit: April bis Juni.

Allgemeines: Der Gerberstrauch ist reich an Gerbstoffen (Tanninen) und diente seit alters her zum Gerben von Leder und zum Schwarzfärben von Textilien. Meist werden die Blätter und die jungen Triebe zusammen mit Eichenrinde angesetzt. Die Blätter enthalten ein toxisches Narkotikum, das bei Weidetieren Vergiftungen verursachen kann. Der Strauch ist ziemlich winterhart. In Kultur findet man häufiger den **Japanischen Gerberstrauch.**

Pimpernuß-
gewächse

Gerber-
strauchgew.

Gemeiner Stechdorn, Christus-Dorn *(Paliurus spina-christi* MILL.*)* Kreuzdorngewächse

Merkmale: Dichter, aufrechter oder ausgebreiteter, bisweilen auch überhängender, bis 3 m hoher Strauch mit grau- oder rot-brauner Rinde. Knospen von 2 unterschiedlich großen, behaarten Knospenschuppen eingehüllt. Laubblätter wechselständig, fast zweizeilig, meist kurz gestielt, 2 bis 4 cm lang und 1,5–3,5 cm breit, schief-oval oder eirund, ganzrandig oder undeutlich gezähnt, oberseits sattgrün, unterseits hellgrün. Nebenblätter in kurze, rotbraune, ungleiche Dornen umgewandelt; der eine davon länger, gerade und schräg aufrecht abstehend, der andere kürzer und zurückgebogen. Blüten klein mit je 5 Kelch-, Kron- und Staubblättern, grünlichgelb, in achselständigen, wenigblütigen Trugdolden. Kelchblätter radförmig ausgebreitet, die Kronblätter meist eingerollt. Frucht halbkugelig, trocken, 2–3 cm im Durchmesser, gelbbraun mit ledriger Außenhaut und holzigem Kern, am Grund vom Achsenbecher umgeben und ringsum geflügelt. Dieser häutige Saum ist gewellt und braunrot.

Standort: In Laubwäldern, Gebüschen, Hekken sowie auf Buschweiden. Überwiegend an steinigen und trockenen Orten auf Kalk und Urgestein.

Verbreitung: Vorwiegend in Südeuropa. Von Italien über die Balkanhalbinsel, Kleinasien bis nach China vorkommend.

Blütezeit: Von Mai bis August.

Allgemeines: Der Christus-Dorn bildet im Balkan oft ausgedehnte Bestände, die dem Landschaftsbild einen äußerst trostlosen Anblick verleihen. Dieser gegen Tierverbiß äußerst widerstandsfähige Strauch tritt häufig die Nachfolge verwüsteter Eichenwälder an. Angeblich soll die Dornenkrone Christi aus den stacheligen Zweigen des Christus-Dorns geflochten worden sein. Diese Deutung liegt nahe, da der Strauch in der Umgebung von Jerusalem besonders häufig vorkommt.

Alpen-Kreuzdorn *(Rhamnus alpina* L.*)* Kreuzdorngewächse

Merkmale: Laubabwerfender, schlanker, vom Grund an ästiger, bis 3,5 m hoher Strauch mit wechselständigen, dornenlosen Ästen. Knospenschuppen lang kegelig, leicht gebogen. Junge Zweige glänzend, kahl, graubraun, etwas gestreift, mit deutlichen Rindenporen. Laubblätter 5–13 cm lang und 2–6 cm breit, breit-lanzettlich bis eiförmig, am Grund und an der Spitze abgerundet, fein gezähnt, unterseits auf den Nerven etwas behaart, mit 7–20 Seitenaderpaaren. Der Blattstiel ist etwa so lang wie die lanzettlichen Nebenblätter. Blüten in 5–8blütigen (meist 7blütigen), blattachselständigen Büscheln, 4zählig, gelbgrün, zweihäusig (d. h. entweder nur männliche oder weibliche Blüten an einer Pflanze). Kelchblätter dreieckig, die freien Zipfel etwa so lang wie der Achsenbecher. Kronblätter kürzer als der Kelch, sehr klein, herzförmig, auf der Unterseite grünlich, oberseits bräunlich, bei den weiblichen Blüten bisweilen fehlend. Frucht bis 10 mm im Durchmesser, schwarzblau, eiförmig bis kugelig, glänzend gelb, mit 3 schwachen Längsfurchen.

Standort: An Waldrändern, an Bachläufen, als Unterwuchs in lichten Laubwäldern, auf felsigen Hängen. Vorwiegend in der Hügel- und Bergstufe an sonnigen Stellen. Meist auf Kalk.

Verbreitung: Vorwiegend in den Gebirgen Südwesteuropas zu finden. Von Nordostspanien, nordwärts bis Mittelfrankreich, westlich über Norditalien, die Steiermark und Kärnten bis zum Balkan und Griechenland verbreitet.

Blütezeit: Mai bis Juli.

Allgemeines: Der deutsche Name Kreuzdorn bezieht sich auf die kreuzförmig angeordneten Sproßdornen. Die unreifen Früchte liefern Farbstoffe, die zur Herstellung von Aquarellfarben verwendet werden, wie etwa Saftgrün oder Chinesisches Grün. Ein sehr ähnlicher Strauch ist der **Illyrische Kreuzdorn** *(Rhamnus alpina ssp. fallax)* – Kärnten bis Griechenland.

Früchte

Blüten

Purgier-Kreuzdorn *(Rhamnus cathartica* L.) — Kreuzdorngewächse

Merkmale: In seiner Wuchsform vielgestaltiger, bis 3 m hoher Strauch oder seltener bis 8 m hoher, krummstämmiger Baum mit unregelmäßiger, lockerer Krone. Zweige rechtwinklig abstehend, gegenständig, glänzend, kahl, die Sprosse häufig in Dornen endigend. Die Rinde junger Zweige ist glatt, hellbraun, mit großen Rindenporen, später schwarzbraun, mit querrunzeligen Rissen. Knospen anliegend, ihre Knospenschuppen schwarzbraun und am Rand gewimpert. Laubblätter gegenständig, kreisrund bis elliptisch, in einen langen Stiel verschmälert, bisweilen auch breit-keilförmig. Blätter 3–6 cm lang und 1–3,5 cm breit, mit 3–4 stark gebogenen Nervenpaaren, am Rand fein und regelmäßig gesägt, anfangs dünn und weich, später derb. Blüten zu 2–8 in blattachselständigen Trugdolden, unscheinbar, 4zählig, gestielt und angenehm duftend. Kronblätter meist doppelt so lang wie die dreieckigen und spitzen Kelchblätter, von lineal-lanzettlicher Form, etwa 5 mm lang. Frucht kugelig, erbsengroß, bitter, zuerst grün, später schwarz. Samen dreikantig.

Standort: In Laubwäldern, Gebüschen, an Waldrändern, Feldrainen und felsigen Hängen sowie in Flußniederungen. Verbreitet an sonnigen und trockenen Orten, mit Vorliebe in Südlagen. Gern auf Kalk. In den Alpen bis 1500 m.

Verbreitung: Fast ganz Europa. Nördlich bis Norwegen und Schweden, südlich bis Spanien, Sizilien, Griechenland und Algerien, östlich bis Westsibirien.

Blütezeit: Von Mai bis Juni. Fruchtreife im August bis September.

Allgemeines: Die ungenießbaren Früchte des Purgier-Kreuzdorn haben eine purgative, d. h. abführende und blutreinigende Wirkung, die auf ähnliche chemische Stoffe zurückzuführen ist, wie sie in der Rinde des **Faulbaums** *(Rhamnus frangula)* enthalten sind.

Faulbaum, Pulverholz *(Rhamnus frangula* L.) — Kreuzdorngewächse

Merkmale: Dornloser, 1–3 m hoher, locker verzweigter Strauch oder schmächtiger Baum mit glatter Rinde, schlanken, fast waagrecht abstehenden und locker beblätterten Zweigen; diese leicht brüchig. Rinde in der Jugend grün, später graubraun mit langen quergestellten, grauweißen Rindenporen. Knospen behaart, ohne Knospenschuppen. Laubblätter wechselständig, breit-elliptisch bis verkehrt-eiförmig, etwa 2–7 cm lang und 5 cm breit, mitunter auch kleiner, vorne zugespitzt oder gestutzt, ganzrandig und leicht gewellt, mit 7–9 gegen den Blattrand zu stark gebogenen Nerven. Blüten zwittrig, in 2–6blütigen, blattachselständigen Trugdolden angeordnet, 5zählig, trichterförmig, grünlich-weiß. Kelchblätter dreieckig, spitz und fast so lang wie die Kelchröhre. Kronblätter etwas kleiner als die Kelchblätter, aufrecht, weißlich. Früchte kugelig, zuerst rot, zur Reifezeit schwarzviolett, mit 2–3 Samen, diese flach, dreieckig-linsenförmig.

Standort: In lichten Laubwäldern, feuchten Gebüschen, an Wasserläufen, auf Mooren. Von den Niederungen bis in mittlere Gebirgslagen. Meist auf feuchten, kalkfreien Lehmböden.

Verbreitung: Fast ganz Europa. Nordwärts bis Irland, Skandinavien und Lappland, im Osten bis Westsibirien reichend und südlich bis Spanien, Italien, Griechenland und Kleinasien.

Blütezeit: Von April bis August.

Allgemeines: Aus dem Holz des Faulbaums stellte man früher eine aschearme, feinpulverige Holzkohle her, die man Schwarzpulvergemischen beimengte; daher ist in manchen Gegenden auch der Name Pulverholz gebräuchlich. Die Rinde, deren fauliger Geruch zum Volksnamen Faulbaum führte, wird seit dem 16. Jahrhundert als Droge verwendet. Nach mehrjähriger Lagerung der Rinde werden die – zuerst giftigen – Inhaltsstoffe zur Herstellung von Abführ- und Wurmmitteln verwendet.

Zwerg-Kreuzdorn *(Rhamnus pumilus* TURRA.*)*

Kreuzdorngewächse

Merkmale: Niederliegender, 5–20 cm hoher, stark verzweigter Zwergstrauch mit gedrungenem Stamm und querrunzeliger, dunkelgrauer Rinde. Äste knorrig, unregelmäßig gebogen, brüchig, dem Boden eng angeschmiegt, Zweige ohne Dornen, wechselständig, in der Jugend feinflaumig behaart. Laubblätter an den Zweigenden gehäuft, wechselständig, dünn, 1,5–3 cm lang, kurz gestielt, eilanzettlich bis schmal verkehrt-eiförmig, mit 4–9, meist aber 7–8 Seitenaderpaaren, die zuerst gerade verlaufen und erst gegen den Blattrand zu schwach gebogen sind. Der Blattrand ist fein und scharf gezähnt. Nebenblätter lineal und länger als der Blattstiel. Blüten klein, unscheinbar, 4zählig, auf 4–7 mm langen Stielen, zwittrig, mitunter aber auch eingeschlechtig, grünlich. Kelchblätter dreieckig, etwa so lang wie die Kelchröhre. Kronblätter schmal und unauffällig, bei den weiblichen Blüten oft fehlend. Frucht kugelig, blauschwarz mit saftigem Fruchtfleisch. Meist 3 Samen.

Standort: An Felswänden, zwischen Felsblökken sowie auf Geröllfeldern. Vom Hügelland bis 2600 m in den Alpen aufsteigend. Mit Vorliebe auf Kalk.

Verbreitung: Von den Pyrenäen ostwärts über die Alpenkette bis Kärnten anzutreffen. In Italien bis in den mittleren Apennin verbreitet.

Blütezeit: Von Mitte Mai bis Ende Juli, in Höhenlagen auch später.

Allgemeines: Der Zwerg-Kreuzdorn ist ein typischer Felsspaltenbewohner, dessen Zweige sich wie ein Gitterwerk gleichmäßig nach allen Seiten ausbreiten. Das Wachstum des Strauches geht sehr langsam vor sich, wie sich an den geringen Abständen der Jahresringe zeigen ließ. Der Zuwachs in einem Jahr beträgt 0,15 mm. Die recht appetitlich aussehenden Beeren sind ebenso wie die Rinde schwach giftig.

Felsen-Kreuzdorn *(Rhamnus saxatilis* JACQ.*)*

Kreuzdorngewächse

Merkmale: Niederliegender oder aufstrebender, bis 1,5 m hoher Strauch mit zahlreichen, sparrig abstehenden, meist dornigen Ästen. Einjährige Zweige leicht behaart, mit rotbrauner, später silbergrauer oder olivbrauner, rissiger und leicht abblätternder Rinde. Laubblätter klein, 1–3 cm lang und 0,5–1,5 cm breit, länglichelliptisch bis länglich-eiförmig, vorne zugespitzt, am Grund leicht keilig, mit 2–4 bogig gekrümmten Seitenaderpaaren, oberseits hellgrün, Blattstiel 4–10 mm lang, so lang wie die früh abfallenden Nebenblätter. Blüten in wenigblütigen, blattachselständigen Büscheln, 4zählig, unscheinbar, gelblichgrün. Frucht kugelig, 5–7 mm im Durchmesser, auf dem erhöhten Fruchtboden sitzend, glänzend schwarz. Samen braun, ringsum mit klaffender und verdickter Furche.

Standort: In Laub- und Kieferwäldern, in Gebüschen, Hecken, auf Kahlschlägen, an trockenen, felsigen Hängen. Von der Ebene bis in Höhen von etwa 1300 m zu finden.

Verbreitung: Von Nordspanien über Südfrankreich, Mittel- und Norditalien bis Niederösterreich sowie von der Steiermark über die Balkanhalbinsel bis Rumänien und Bulgarien verbreitet. Die Nordgrenze wird in Süddeutschland erreicht.

Blütezeit: April bis Mai. Im Gebirge auch noch im Juni.

Allgemeines: Der Felsen-Kreuzdorn ist wie sein nächster Verwandter, der **Purgier-Kreuzdorn,** sowohl in seiner Wuchsform als auch in der Laubblattform überaus veränderlich. Aus den unreifen Beeren, die auch als Gelbbeeren oder Avignonkörner bezeichnet werden, gewinnt man ein zitronengelbes Pulver (Rhamnetin), das hauptsächlich zum Färben von Baumwolle verwendet wird.

Gemeiner Judendorn *(Ziziphus jujuba* MILL.*)* Kreuzdorngewächse

Merkmale: Sparriger, ästiger Strauch oder bis 8 m hoher Baum mit sehr biegsamen, dünnen, zickzackförmig wachsenden Zweigen. Knospen rotbraun mit 2 oder mehreren undeutlich bewimperten Schuppen. Junge Triebe olivgrün oder bräunlich, mit vielen feinen Rindenporen besetzt. Laubblätter wechselständig, länglich-eiförmig bis lanzettlich, 2–6 cm lang und 1,5–3 cm breit, vorne stumpf mit aufgesetztem Stachelspitzchen, gegen den Grund zu verschmälert, am Rand stumpf gesägt bis gekerbt; mit 2–5 mm langem Blattstiel. Blätter meist deutlich dreinervig. Nebenblätter in 2 Dornen umgewandelt, die sehr ungleich sind, der eine schlank und bis 3 cm lang, der andere kürzer und hakig gekrümmt, bisweilen auch fehlend. Blüten gelb, zu 2–5 in blattachselständigen, büscheligen und sehr kurz gestielten Trugdolden angeordnet. Fruchtknoten meist 2fächrig, seltener 3–4fächrig, mit meist 2spaltigem Griffel. Steinfrucht kugelig bis länglich-eiförmig, 2 bis 3 cm lang, zuerst dunkelrot, später braunschwarz, fleischig, eßbar, mit hartem Kern. Am Grund oft vom Achsenbecher umgeben.

Standort: An sonnigen, steinigen Hängen, an Waldrändern und in Gebüschen. Im Mittelmeerraum ist der Judendorn häufig angepflanzt und verwildert.

Verbreitung: Von Süd-Europa und dem östlichen Mittelmeergebiet durch ganz Vorderasien bis China, Korea und Japan verbreitet. In Südtirol und in der Südschweiz teilweise eingebürgert.

Blütezeit: April und Mai.

Allgemeines: Der Judendorn oder die **Jujube,** wie seine andere deutsche Bezeichnung lautet, wird bereits seit der Römerzeit in Südost-Europa angepflanzt. Die süßen, bräunlichen, dattelähnlichen Früchte sind eßbar, werden aber wegen des hohen Zuckergehaltes meist zu kandierten Früchten verarbeitet.

Selbstkletternder Wilder Wein *(Parthenocissus quinquefolia* [L.] PLANCH.*)* Weinrebengew.

Merkmale: Schlanke, holzige Kletterpflanze, die sich häufig 6–12 m hochrankt. Frühjahrstriebe zunächst hellrot, später dunkelgrün; ältere Zweige bisweilen mit Luftwurzeln. Ranken mit 5–12 Verzweigungen und je einer Haftscheibe, Blätter und Ranken regelmäßig zweizeilig angeordnet und nach oben an Größe zunehmend. Laubblätter 3–7zählig, gefingert oder gefiedert, meist aber 5zählig; Blättchen oval-elliptisch bis verkehrt-eilänglich, mit grobkerbig gesägtem oder gezähntem Rand, die einzelnen Zähne sind breit und scharf zugespitzt; auf der Oberseite matt dunkelgrün, unterseits weißlichgrün; das Laub verfärbt sich im Herbst tiefrot. Blüten sehr klein, unscheinbar, grünlich, mit 5 ausgebreiteten Kronblättern. Blüten in kleinen Trugdolden angeordnet, diese den Laubblättern gegenüberstehend. Beeren erbsengroß, kugelig, etwa 6 mm im Durchmesser, blauschwarz, mit 2–3 herzförmigen Samen.

Standort: Häufig an Mauern, Zäunen, Ruinen, Gartenlauben oder auf Friedhöfen angepflanzt. Raschwüchsig und anspruchslos, braucht aber sonnige Lagen.

Verbreitung: Stammt aus dem östlichen Nordamerika; von Kanada bis Florida und Mexiko zu finden. Diese dekorative Kletterpflanze wurde 1622 in Europa eingeführt und ist heute in Mittel- und Südeuropa sehr verbreitet.

Blütezeit: Juli.

Allgemeines: Zweigstücke, die bei Gartenarbeiten in den Boden gelangen, regenerieren sehr rasch, dadurch kommt es häufig zur Verwilderung des Strauches. Die lichtfliehenden Ranken legen sich, sobald sie in die Nähe eines Gegenstandes kommen, seitlich an, bilden Haftscheiben und sondern einen zähflüssigen, später erstarrenden Kitt aus, der eine untrennbare Verbindung mit der Unterlage herstellt, so daß beim Entfernen der Ranken das Mauerwerk beschädigt wird.

Kreuzdorn-
gewächse

Weinreben-
gewächse

Merkmale: Etwa 10–20 m hoch kletternder Strauch mit tiefgreifendem, reich verästeltem Wurzelstock und holzigem, bis 1,5 m im Umfang messendem Stamm mit bräunlicher, sich in Streifen ablösender Rinde. Zweige rotbraun bis braungelb, meist kahl, nur selten filzig behaart, mit feinen Furchen und kleinen, punktförmigen Rindenporen. Knospenschuppen nur 2, diese dünnhäutig und hellbraun. Laubblätter im Umriß rundlich-herzförmig, meist deutlich 3–5lappig, mit einer engen Einbuchtung am Blattstiel, 5–15 cm im Durchmesser, am Grund herzförmig, die Lappen grob-gezähnt, sich teilweise sogar dekkend, oberseits kahl, unterseits weißwollig bis fast filzig; den meisten Blättern steht eine Ranke gegenüber. Blattstiel 4–10 cm lang. Blüten in zusammengesetzten, dichten Rispen angeordnet; schwach duftend. Kelch kurz, 5lappig. Kronblätter etwa 5 mm lang, gelbgrün, ebenso wie die Kelchblätter früh abfallend. Früchte länglich bis kugelig, 6–20 mm lang, dunkelblau, violett, grün oder gelblich, saftig, süß oder säuerlich, teilweise bereift. Samen stets 3–4, birnenförmig, hartschalig, auf einer Seite mit 2 länglichen Furchen oder Gruben.

Standort: Zerstreut in den Auenwäldern der Ebene und des Hügellandes. Meist auf trockenen oder mäßig feuchten Böden.

Verbreitung: Mittelmeergebiet, Mittelfrankreich, Südwest-Schweiz, Oberrheinische Tiefebene, Flußgebiet der Donau und des Neckars, ebenso im südlichen Rußland und in Kleinasien angepflanzt. Wild in Mitteleuropa nur im Bereich der großen Ströme Rhein und Donau.

Blütezeit: Juni bis August.

Allgemeines: Die Echte Weinrebe oder der **Weinstock** ist eine alte Kulturpflanze, die schon seit mehr als 5000 Jahren bekannt ist. So fand man bei Ausgrabungsarbeiten in den Trümmern der babylonischen Stadt Ur und in den Ruinen altminoischer Städte, deren Alter man auf 3500 v. Chr. datiert, Samen der Weinrebe. Auch im alten Ägypten war der Wein

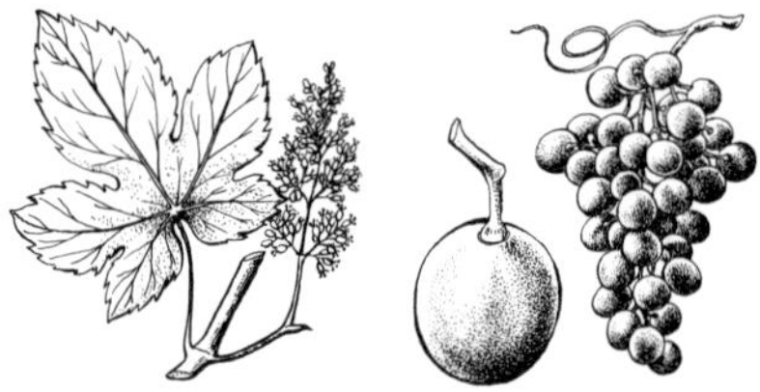

schon bekannt, wie Krüge und Fresken beweisen. In der griechischen Mythologie war die Weinrebe dem Gott Dionysos geweiht, und im alten Rom feierte man zu Ehren Jupiters die *vinalia*-Feste. In der christlichen Religion galt der Weinstock stets als Symbol gottgefälligen Lebens; schon in der Genesis heißt es, daß Noah nach der Sintflut einen Weinstock pflanzte. An der Entstehung der weit über 100 Kultursorten waren sowohl Arten aus dem asiatischen Raum als auch Wildarten aus dem Mittelmeergebiet beteiligt. Auch die am Oberrhein und in den Auwäldern der Donau vorkommende Wild-Rebe war an zahlreichen Bastardbildungen beteiligt. Gewöhnlich unterscheidet man zwischen Wald-Rebe und Kultur-Rebe, wobei man sie meist als Unterarten einordnet. Die Hauptanbaugebiete der Weinrebe liegen heute im Mittelmeergebiet, am Schwarzen Meer, in Kalifornien und Südafrika. Stark gefährdet war der Weinbau in Europa durch die 1868 aus Amerika eingeschleppte Reblaus. Da zur damaligen Zeit noch keine wirksamen Insektizide zur Verfügung standen, führte man ebenfalls aus Nordamerika reblausresistente Arten ein, die man aber aufgrund der minderen Qualität ihrer Trauben nur als Pfropfunterlagen verwendete. Später versuchte man auch diese Resistenzeigenschaften durch Kreuzungen auf europäische Arten zu übertragen. Trotzdem kann man die Weinrebe als Paradeobjekt für das Studium von Pflanzenkrankheiten bezeichnen. Häufig beobachtet man auf den Blättern neben gelblichen Flecken, die eine Folge zu hohen Kalkgehalts des Bodens sind, auch einen weißlichen Belag, der durch Pilze hervorgerufen wird und als Falscher Mehltau bekannt ist. Seine Bekämpfung erfolgt meist mit kupferhaltigen Spritzmitteln. Die Weinrebe liebt lockere, tonige und silikatreiche Böden. Die Bodenbeschaffenheit prägt den Geschmack des Weins.

Kornelkirsche *(Cornus mas L.)*

Hartriegelgewächse

Merkmale: Mittelgroßer, 2–5 m hoher, laubabwerfender Strauch oder bis 10 m hoher Baum mit dünner, rissiger, kleinschuppiger und abblätternder Rinde. Junge Zweige meist kantig, olivgrün oder braunrot, fein behaart. Laubblätter gegenständig, auf langen, oberseits rinnigen Stielen, oval bis eiförmig-elliptisch, am Grund abgerundet, vorne spitz zulaufend, 4–10 cm lang, auf der Oberseite mattgrün, angedrückt behaart, mit 3–4 Paar bogig aufsteigenden, erhabenen Seitennerven. Blattunterseite hellgrün, in den Nervenwinkeln stark behaart. Die Blüten erscheinen bereits vor dem Laubaustrieb, auf etwa 5 mm langen, behaarten Stielen, in kugeligen, 10–25blütigen Trugdolden, am Grunde mit 4 elliptischen, gelblichgrünen Hüllblättern. Kelchblätter kurz, dreieckig und spitz. Kronblätter lanzettlich, 2–3 mm lang, spitz, goldgelb. Fruchtknoten becherförmig und anliegend behaart. Frucht kirschähnlich, hängend, glänzend, scharlachrot, länglich-elliptisch, bis 15 mm lang, eßbar, von süßsaurem Geschmack. Steinkern ellipsoid.

Standort: Häufig in trockenen Laubwäldern, Gebüschen, auf sonnigen, steinigen Hängen, auf Felsen, vielfach als Heckenpflanze. Von der Ebene bis in die Bergstufe. Meist auf Kalk.

Verbreitung: In fast ganz Europa. Nördlich bis Belgien, Rheinland, Thüringen, östlich bis Rußland, südlich bis zum Peloponnes, Mittelitalien und westlich bis zum Rhônetal.

Blütezeit: März bis April, in milden Wintern schon im Februar. Fruchtreife ab August.

Allgemeines: Die Kornelkirsche, auch **Herlitze** oder **Dürlitze** genannt, besitzt ein starkes Ausschlagsvermögen und ist deshalb als Heckenpflanze sehr beliebt. Ihr Holz ist dicht, feinfaserig, zäh und nur schwer spaltbar, eine Eigenschaft, die sich schon die Griechen und Römer zur Herstellung von Lanzenschäften zunutze machten.

Roter Hartriegel *(Cornus sanguinea L.)*

Hartriegelgewächse

Merkmale: Etwa 2–4 m hoher Strauch mit rutenförmig aufsteigenden, teilweise auch überhängenden Ästen. Rinde durch Längs- und Querrisse in kleine Felder geteilt, unangenehm riechend. Einjährige Zweige angedrückt, kurzhaarig, glänzend rot oder rotbraun, später verkahlend und von olivbrauner Farbe. Knospen ohne Knospenschuppen. Laubblätter gegenständig, auf oberseits rinnigen, kurzhaarigen, 10 mm langen Stielen, oval oder elliptisch, am Grunde abgerundet, vorne zugespitzt, bis 10 cm lang, oberseits hellgrün, unterseits mattgrün und locker kraushaarig. Blätter mit 3–5 Paar erhabenen, gebogenen Seitennerven. Blüten in schirmförmigen, 6–8 cm breiten Trugdolden, diese an den Zweigenden stehend. Blüten erst nach dem Laubaustrieb erscheinend. 4 sehr kurze und spitze Kelchblätter. Ebenfalls 4 Kronblätter, diese lineal-lanzettlich, 4–6 mm lang, weiß, unterseits behaart. Frucht kugelig, 5 bis 8 mm lang, glatt oder undeutlich gerippt, schwarzblau mit hellen Punkten. Der Steinkern ist kugelig.

Standort: Als Unterwuchs in lichten, feuchten Laub- und Mischwäldern, in Gebüschen, Auen, an Flußufern, auf trockenen Hängen, in Mooren. Meist auf lockeren, kalkreichen Böden. Von der Ebene bis 1200 m aufsteigend.

Verbreitung: In fast ganz Europa. Nördlich bis Irland, Südnorwegen, Dänemark, östlich bis Rußland, im Süden noch in Griechenland, Sizilien und Zentralspanien beheimatet.

Blütezeit: Von Mai bis Ende Juni, häufig im Herbst mit einer Nachblüte.

Allgemeines: Der Name Roter Hartriegel bezieht sich auf die Härte des Holzes und die rote Herbstfärbung des Laubes und der jungen Triebe. Der Strauch wird häufig als Rohbodenpionier und Bodenfestiger angepflanzt. Die Früchte werden wegen ihrer zusammenziehenden Wirkung gegen Durchfall verabreicht.

unteres Blatt

Merkmale: Immergrüne, mit Haftwurzeln kletternde, verholzte Pflanze. Stamm verzweigt, am Boden kriechend oder an einer Stütze emporwachsend; bei älteren Exemplaren verläßt er sie und treibt freie Zweige. Laubblätter wechselständig, ledrig, in der Jugend behaart, später kahl, auf der Oberseite dunkelgrün, glänzend, mit fächerstrahliger Nervatur. Blätter sehr unterschiedlich gestaltet; im Schatten tief oder seicht 3–5eckig gelappt, mit herzförmigem Grund, meist weiß geadert, stark glänzend, sehr derb. Die oberen Blätter, im vollen Sonnenlicht, eirautenförmig bis elliptisch, ungelappt, lang zugespitzt, ganzrandig, in der Farbe mattgrün. Blätter an den nichtblühenden Zweigen zweizeilig angeordnet. Blüten zwittrig, 5zählig, unscheinbar, grünlich, zu einfachen, halbkugeligen Dolden vereinigt. Tragblätter klein und häutig. Blütenstiel mit Sternhaaren besetzt, bis 2 cm lang. Kelchsaum sehr kurz mit 5 deutlichen Zähnen. 5 dickfleischige Kronblätter, diese außen braun, innen grün, eiförmig, spitz, 3–4 mm lang, bald abfallend. Ebenso 5 Staubblätter. Fruchtknoten mit deutlichem, 4 mm breitem, scheibenförmigem Nektarium (Zuckerabsonderndes Gewebe zur Insektenanlockung). 3–5 kurze Griffel, bis zur Spitze zu einer Säule verwachsen. Frucht kugelig, erbsengroß, etwa 10 mm im Durchmesser, mit 3–5 Samen; diese nierenförmig, dunkelbraun, zuletzt blauschwarz, dreikantig, spitz.

Standort: Häufig in steinigen Wäldern, an Felsen, an alten Bäumen, in Gebüschen, an Schutthängen, an den Mauern alter Gebäude, Ruinen und Schlösser, auf Friedhöfen und in Gärten. Von der Ebene bis 1800 m aufsteigend. Mit Vorliebe auf Kalk. Ähnlich wie die Buche bevorzugt der Efeu ein mildes, ozeanisches Klima.

Verbreitung: In West-, Mittel- und Südeuropa verbreitet. Nördlich noch bis Großbritannien, Norwegen und Südschweden anzutreffen. Östlich bis Rußland, zum Schwarzen Meer, im Süden bis Griechenland und Sizilien beheimatet.

oberes Blatt

Früchte

Fehlt in Nordafrika und Kleinasien.

Blütezeit: Gewöhnlich im Spätherbst, von August bis September. Die Früchte reifen erst im darauffolgenden Jahr.

Allgemeines: Der Efeu ist der einzige einheimische Wurzelkletterer, bei dessen Wurzeln es zu einer Arbeitsteilung in Nähr- und Haftwurzeln gekommen ist. Man kennt Exemplare, die über 400 Jahre alt sind und einen Stammdurchmesser von fast 1 m erreichen. Zu den berühmtesten und wohl auch ältesten Efeubäumen zählt der Wittenberger Efeu, der angeblich schon zu Zeiten Martin Luthers wuchs. Als Schattenpflanze erfreut sich der Efeu bei Gärtnern allgemeiner Beliebtheit. Er eignet sich bestens zum Bewuchs von Mauern und Gitterwerken, als Einfassungspflanze und auch als Ampelpflanze fürs Zimmer. Allerdings erträgt er auf Dauer keine hohen Temperaturen. Die im Fachhandel angebotenen Zuchtformen werden ausschließlich vegetativ vermehrt, da sich auf diese Weise Blattform und Blattmusterung besser erhalten lassen. Meist geschieht diese Art der Vermehrung durch Ableger. Zu diesen Abarten gehören der **Baumartige,** der **Fußförmige** und der **Zwerg-Efeu.** Die Beeren dieses Herbstblühers werden von Vögeln wegen ihres Harzgehaltes meist verschmäht; für den Menschen sind sie zudem noch giftig. Der Efeu gehört zu jenen Pflanzen, die eng mit der Geschichte der Menschheit verbunden sind. Bereits im Klassischen Altertum fanden Efeublätter auf ornamentalen Darstellungen reichlich Verwendung. Bei den Griechen war der Efeu vielen Gottheiten geweiht. Dionysos wurde auf wunderbare Weise durch einen Efeu errettet. In älteren Darstellungen trägt er einen Efeukranz. Man gab ihm deshalb auch den Beinamen *Kissostephanos,* der Efeubekränzte. In der Heilkunde bereitet man aus Holz und Blättern krampflösende Mittel gegen Keuchhusten.

Haftwurzeln

Strauch-Birke *(Betula humilis* SCHRANK.*)* Birkengewächse

Merkmale: Niedriger, 0,5–3 m hoher, reichästiger Strauch mit brauner Rinde. Junge Zweige anfangs behaart, reichlich mit Harzdrüsen besetzt. Laubblätter rundlich bis eiförmig, deutlich länger als breit, oft etwas asymmetrisch, 1–4 cm lang und 0,5–2,5 cm breit, stumpf oder leicht zugespitzt, grob und ungleich, einfach bis doppelt gesägt, jederseits mit 4–6 Seidenaderpaaren, auf beiden Seiten hellgrün, auf der Unterseite in den Nervenwinkeln mit einzelnen Haaren oder kahl, Blattstiel nur 2–5 mm lang. Alle Kätzchen aufrecht, die männlichen meist etwas schlanker als die weiblichen. Fruchtkätzchen kurz gestielt, eirund bis zylindrisch, 10 bis 15 mm lang und etwa 5–8 mm im Durchmesser. Seitenlappen der Fruchtschuppen fast gleich lang mit dem Mittellappen, nur wenig abstehend. Fruchtflügel viel schmäler als die einsamige Nußfrucht.

Standort: Auf Moorwiesen, in Erlenbrüchen, in Flach- und Hochmooren.

Verbreitung: Mitteleuropa. Besonders am Nordrand der Alpen, aber auch in Norddeutschland, Polen und teilweise auch in Mittelrußland. Die Strauch-Birke besitzt heute 4 vollständig getrennte Verbreitungsgebiete, deren Verteilungsbild erst nach der letzten Eiszeit entstand. **Blütezeit:** April und Mai.

Allgemeines: Als sich nach dem Ende der letzten Eiszeit das Klima allmählich verbesserte, breiteten sich in den größtenteils waldfreien Gebieten Mittel- und Nordeuropas als erste Gehölze Birken und Kiefern aus. Man bezeichnet diese Zeit (etwa 10 000 v. Chr.) auch als Birken-Kiefernzeit, wobei das damalige Waldbild etwa dem heutigen in Westlappland glich. Ausschlaggebend für diese Dominanz der Birke dürfte ihre große Winterhärte, ihre Anspruchslosigkeit in bezug auf die Bodenbeschaffenheit und der Verbeitungsmechanismus ihrer geflügelten Früchte sein.

Zwerg-Birke *(Betula nana* L.*)* Birkengewächse

Merkmale: Kleiner, niederliegender oder sich nur wenig über den Boden erhebender Zwergstrauch. Äste knorrig, mit braun- oder schwarzgrauer, wenig abblätternder Rinde. Junge Zweige dicht und kurz samthaarig, später meist verkahlend. Laubblätter sehr kurz gestielt, fast kreisrund, etwas breiter als lang, an der Spitze abgerundet oder gestutzt, mit tief gekerbtem Blattrand, 4 bis 12 mm lang und 5–15 mm breit, mit unterseits deutlich hervortretendem Adernetz, jederseits mit 2–4 Seitenaderpaaren, oberseits dunkelgrün, unterseits hellgrün, etwas klebrig. Die unscheinbaren, eingeschlechtigen Blüten sitzen in getrennten, kätzchenartigen Blütenständen auf der gleichen Pflanze (= einhäusig). Männliche Kätzchen ungestielt, aufrecht und walzenförmig, etwa 0,5–1,5 cm lang, mit braunen Tragblättern, Staubbeutel gelb. Weibliche Kätzchen aufrecht. Fruchtknoten eiförmig-länglich, hellbraun, 7–10 mm lang und 5 mm im Durchmesser. Fruchtschuppen keilförmig, ungeteilt oder bis zur Mitte gelappt. Fruchtflügel viel schmäler als die Frucht.

Standort: Zerstreut oder sehr selten in Hochmooren, Moorwiesen und Torfbrüchen.

Verbreitung: In Skandinavien, Schottland und den arktischen Gebieten der Sowjetunion. In Deutschland vereinzelt im Alpenvorland und im norddeutschen Flachland. Ebenso an einigen Stellen im Erzgebirge, Böhmerwald sowie in Westpreußen zu finden.

Blütezeit: April und Mai.

Allgemeines: Die Zwerg-Birke gehört zu jenen Arten, die einen deutlich nördlichen Ausbreitungsschwerpunkt haben, aber auch an wenigen Orten in den Alpen vorkommen. Die Entfernung zwischen den einzelnen Verbreitungsgebieten beträgt oft mehr als 1000 km. Vermutlich standen diese Gebiete in einer kühleren Klimaperiode in Verbindung, was eine Nord-Süd-Ausbreitung möglich machte.

Herbstfärbung

Grün-Erle *(Alnus viridis* [CHAIX] DC.*)* — Birkengewächse

Merkmale: Vielästiger, 0,5–2,5 m hoher, seltener bis 5 m hoher Baum. Rinde glatt, an älteren Ästen bräunlich oder aschgrau. Junge Zweige behaart, etwas kantig, olivgrün oder rötlichbraun. Knospen purpurrot, glänzend und lang zugespitzt, sitzend und leicht klebrig. Laubblätter eiförmig, kurz zugespitzt, gestielt, am Grund abgerundet, am Rand mit sehr feinen, scharfen Zähnen, in der Jugend klebrig, ausgewachsen, beidseitig kahl, bis 6 cm lang und 4,5 cm breit, mit 5–8 Seidenaderpaaren. Männliche Kätzchen weißlich behaart, im Frühjahr zur Zeit des Laubaustriebs blühend, ungestielt, lebhaft gelb gefärbt, bis 6 cm lang. Tragblätter anfangs grün, später violett-braun. Weibliche Blütenstände zart, in den Knospen überwinternd, erst mit den Laubblättern hervorbrechend, aufrecht, rötlich-grün, etwa 1 cm lang, aus 5–8 Einzelblüten zusammengesetzt. Die Fruchtzapfen sind 10–15 mm lang, anfangs grün und sehr klebrig, verbleiben meist bis zum Frühjahr an der Pflanze und werden dann fast schwarzbraun und holzig.

Standort: In Kiefernwäldern, an Abhängen, in Gräben, Lawinenzügen, an Bächen und in Auwäldern. Meist auf sauren und feuchten Böden; bevorzugt in schattigen Nordlagen. Besonders auf Urgestein. In den Alpen von 1300–2000 m sehr häufig anzutreffen.

Verbreitung: Alpen, nördliches Alpenvorland, in den Gebirgen Zentraleuropas, den Karpaten sowie auf einigen Gebirgsstöcken des Balkans.

Blütezeit: April und Mai.

Allgemeines: Das Holz der Grün-Erle ist gegen Wasser sehr widerstandsfähig und wurde in früheren Zeiten zu Bauzwecken nach Venedig geliefert. An den Wurzeln des Strauches kann man mitunter apfelgroße Wucherungen entdecken. Es handelt sich um Pilze, die freien Luftstickstoff binden und ihn für die Pflanze nutzbar machen. Deshalb kann die Erle auf nährstoffarmen Böden wachsen.

Torf-Gagelstrauch, Brabanter Myrte *(Myrica gale* L.*)* — Gagelstrauchgewächse

Merkmale: Ästiger, aromatisch duftender, 0,5–2 m hoher Strauch. Äste aufrecht, dunkelbraun, spärlich flaumig behaart, mit goldglänzenden Harzdrüsen besetzt, manchmal auch kahl, dicht beblättert, Blätter wechselständig, sommergrün, derb bis lederig, 2,5–6 cm lang und 1–2 cm breit, länglich verkehrt-eiförmig bis lanzettlich, in eine Stachelspitze auslaufend, oberwärts gesägt, am Grund keilförmig verschmälert, oberseits dunkelgrün, glanzlos, unterseits grauflaumig und mit stark hervortretendem Mittelnerv, mit gelben, ölführenden, aromatisch duftenden Drüsen; Blattstiel 1–5 mm lang. Blüten meist eingeschlechtig und zweihäusig, seltener einhäusig verteilt, sehr selten auch zwittrig, windbestäubt, in aufrecht stehenden Kätzchen, die vor den Laubblättern erscheinen. Männliche Blüten in 1–1,5 cm langen Kätzchen ohne Blütenhülle, mit am Rand braun gewimperten Tragblättern und meist 4 Staubblättern; Staubfäden kurz, am Grund verwachsen; Pollenkörner etwa 30 μ, an den Polen abgeplattet, mit 3 Keimporen; die männlichen Kätzchen verdorren nach der Blüte und fallen ab. Weibliche Blüten in kurzen, 5–6 mm langen Kätzchen, mit hellbraunem Tragblatt und 2–4 kleinen Vorblättern; Fruchtknoten einfächerig, aus 2 Fruchtblättern bestehend, mit 1 Samenanlage; Narben fadenförmig und purpurrot. Trokkene Steinfrucht mit drei Spitzen, mit gelben Harzdrüsen besetzt. Same oben spitz.

Standort: Die Art wächst vorwiegend auf Heidemooren, in Pfeifengraswiesen und moorigen Waldwiesen, sowie in feuchten Kiefernwäldern und am Rande von Gräben.

Verbreitung: Nur im nordwestlichen Teil Europas: nördlich bis zu den Orkney-Inseln, in Skandinavien, in den küstennahen Gebieten Westeuropas südwärts bis zum Golf von Biskaya.

Blütezeit: April bis Mai, vor der Belaubung.

Blüten ♀, darunter ♂ vorjährige Fruchtzapfen

unreife Fruchtzapfen

Birken-
gewächse

unreife Fruchtstände

Gagelstrauch-
gewächse

Blütenstände ♀

Merkmale: Sommergrüner, ausladender, 1–5 (in Kultur bis 10) m hoher, mehrstämmiger Strauch oder kleiner Baum mit meist buschförmiger Krone. Rinde der älteren Äste rötlich bis weißlich grau, glatt, glänzend, mit braunen Korkwarzen, in kleinen, schmalen Streifen abrollend. Junge Triebe grau, dicht mit rotbraunen Drüsenhaaren besetzt. Knospen grünlich bis braun, glatt, eiförmig, abgerundet, 4–8 mm lang. Laubblätter einfach, wechselständig, teilweise auch zweizeilig angeordnet, 7–10 cm lang und 4–6 cm breit, rundlich bis breit-eiförmig, am oberen Ende in eine deutliche Spitze ausgezogen, am Grund herzförmig, am Rand doppelt gesägt und unregelmäßig schwach gelappt, oberseits dunkelgrün, zerstreut behaart, unterseits hellgrün, besonders auf den Nerven flaumig weichhaarig, krautig, mit 5–8 Paaren von Seitennerven. Blattstiel dick, dicht drüsenhaarig, etwa 1–2 cm lang. Nebenblätter eiförmig, am oberen Ende stumpf, frühzeitig abfallend. Männliche Teilblütenstände aus einer breiten, kurz zugespitzten und auf der Innenseite 2 kleine Nebenschuppen tragenden Deckschuppe und meist 8 Staubblättern bestehend, zu 3–7 cm langen, länglich-walzenförmigen Kätzchen angeordnet. Kätzchen bilden sich bereits im Herbst an vorjährigen Zweigen und blühen erst im Frühjahr. Weibliche Kätzchen unscheinbar, braun, eiförmig, 3–5 mm lang, aufrecht sitzend, von Knospenschuppen umschlossen bleibend, nur die roten Narben etwa 2 mm herausragend. Fruchthülle aus 3 nur teilweise verwachsenen Vorblättern bestehend, glockenförmig, weit offen, unregelmäßig zerschlitzt, so lang wie oder nur wenig länger als die Frucht. Nuß anfangs gelblich, später mit Ausnahme des Scheitels braun, eirund, spitz, zweikantig, 1,5–2 cm lang, im Herbst abfallend, einzeln oder zu mehreren beisammen stehend, mit einem großen eßbaren Samen.

Standort: In Wäldern, Gebüschen, Hecken, an Bachufern. Von der Ebene bis in die Alpen zu finden (bis 1700 m). Bevorzugt nährstoffreiche Kalkböden, ist aber auch auf neutralen und humosen Böden in halbschattigen Lagen anzutreffen.

Verbreitung: Fast ganz Europa. Nördlich bis zu den Orkney-Inseln und Norwegen vorkommend. Im Süden von der Iberischen Halbinsel über Italien, den Balkan und Kleinasien bis zum Kaspischen Meer heimisch.

Blütezeit: Januar bis April, je nach Lage.

Allgemeines: Zahlreiche Funde aus dem Diluvium deuten darauf hin, daß die Haselnuß nach der letzten Eiszeit in Mitteleuropa eine dominierende Stellung einnahm. Die Kultur der Haselnußsträucher ist schon uralt, so erwähnen fast alle alten Kulturvölker des Abendlandes diesen Strauch. Auch bei den Ausgrabungen in Pompeji wurden Haselnüsse gefunden, die zeigen, daß sich diese Nüsse bereits zur damaligen Zeit einer großen Beliebtheit erfreuten. Zweige der Haselnuß spielten auch im Aberglauben eine bedeutende Rolle als Fruchtbarkeitszweig, Wünschelrute oder als Schutz gegen Blitzschlag. Gebündelt benützte man ihre Zweige zum Dachdecken. Größere Kulturen findet man heute noch in Anatolien, Süditalien und Spanien. Das aus den Nüssen gewonnene Öl wird als Speiseöl oder zur Farbenherstellung verwendet. Gemahlene Nüsse nimmt man zum Backen wie zum Würzen von Fleischgerichten. Da dieser Strauch bereits im zeitigen Frühjahr blüht, ist er eine wichtige Bienenpflanze. Die Haselnuß ist weitgehend gegen Autoabgase resistent und wird daher vielfach als straßenbegleitendes Gebüsch angepflanzt. Mit der Wald-Haselnuß nah verwandt ist die **Lambertsnuß** *(C. maxima Miller)*. Diese Art unterscheidet sich von der Wald-Haselnuß durch eine längere, röhrenförmige, die Nuß völlig einschließende Fruchthülle und durch größere, 2–2,5 cm lange Nüsse. Wegen ihrer wohlschmeckenden Früchte wird sie häufig in Südosteuropa kultiviert, während ihre geringe Frostresistenz einen Anbau in Nordeuropa kaum möglich macht. Als Ziersträucher werden im Handel zahlreiche Sorten angeboten, die sich sowohl in ihrer Wuchsform als auch in der Farbe ihres Laubes unterscheiden, wie zum Beispiel die Varietät *contorta* mit korkenzieherartig verdrehten Zweigen.

Blütenstände ♂

Stumpfblättrige Weide *(Salix retusa L)* — Weidengewächse

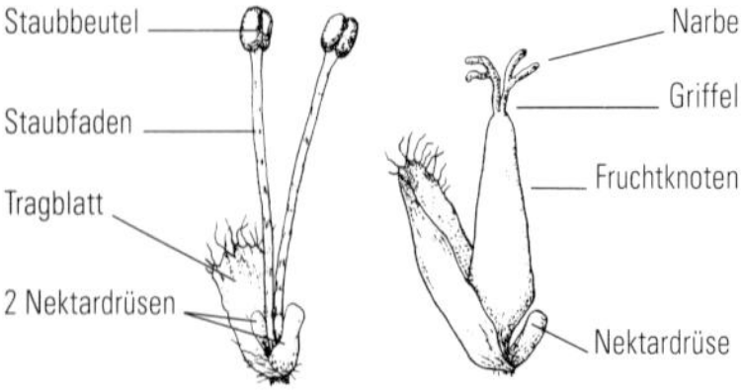

Merkmale: Äste meist an Felsen geschmiegt, oberirdisch; Zweige dunkel- bis rötlich-braun, knotig, junge Triebe gelbgrünlich, kahl. Blätter dicht stehend, länglich verkehrt-eiförmig, bis 25 mm lang, am Blattgrund keilförmig in den Stiel zusammenlaufend, vorn breit abgerundet oder die Spitze ausgerandet. Blatt ganzrandig, seltener kleindrüsig gesägt; Blattnerven bogenförmig vom Grund bis zur Spitze verlaufend. Beide Blattseiten grün, wenig glänzend bis matt, kahl, Unterseite etwas heller. Keine Nebenblätter. Kätzchen aufrecht stehend, kurz gestielt, endständig, mit 12 bis 20 Blüten. Männliche Blüten mit langen allseitig abstehenden Staubfäden; weibliche Blüten locker um die 2 cm lange Kätzchenachse verteilt. Fruchtknoten kurz gestielt, ei-kegelförmig, Griffel kurz, Narbenäste seitlich gebogen. Tragblätter einfarbig hell, am Vorderrand mit spärlichen Haaren, sonst kahl. 2 Nektardrüsen, die hintere keulenförmig, die vordere sehr klein, hinter dem Tragblatt verborgen.
Standort: Steinige Rasen, Schutthalden, an Felsen geschmiegt.
Verbreitung: Alpen, Voralpen und Jura. Pyrenäen, Apenninen, von den Seealpen bis Niederöstereich; Bayerische Alpen, Tirol, im Schweizer Jura von 1200 bis 1700 m.
Allgemeines: In den Karpaten wird die Stumpfblättrige Weide durch die nah verwandte Salix Kitaibeliana WILLD, vertreten (aufgerichteter, buschiger Wuchs, größere, schmalere Blätter). Im Herbst färben sich die Blätter der Stumpfblättrigen Weide leuchtend gelb und verbreiten einen penetranten Geruch nach Baldrian.

Quendelblättrige Weide *(Salix serpyllifolia SCOPOLI)* — Weidengewächse

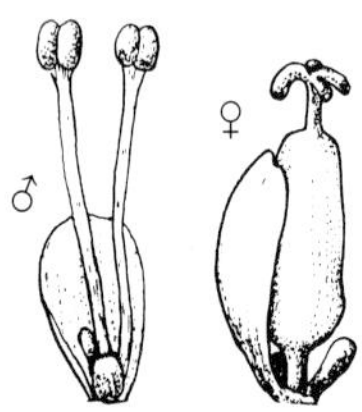

Merkmale: Reich verzweigter, flach an den Untergrund gedrückter Spalierstrauch mit dicht beblätterten, braunglänzenden Zweigen. Blätter sehr klein, bis 1 cm lang, manchmal ähnlich wie bei der Stumpfblättrigen Weide, aber kleiner und schmal elliptisch, manchmal leicht verkehrteiförmig, Spitze stumpf, nur selten etwas ausgerandet, ganzrandig, kahl; Blattnerven bogenförmig vom Blattgrund bis zur Spitze durchlaufend Oberseite dunkelgrün, etwas glänzend, Unterseite etwas heller, matt. Blattstiel 1 mm lang. Kätzchen sehr klein, mit wenigen Blüten, jeweils von einem Laubblättchen unterlegt oder ähnlich wie bei der Krautweide, von zwei Blättchen rosettenartig umfaßt. Männliche Kätzchen mit 2 bis 6 Blüten; Staubfäden kahl, Tragblatt einfarbig, kahl, 2 Nektardrüsen. Weibliche Kätzchen mit 2 bis 7 Blüten; Fruchtknoten deutlich gestielt, leicht konisch, gegen oben etwas verjüngt, kahl, Griffel so lang wie der Fruchtknotenstiel, Narbe 4teilig, seitlich gebogen.
Standort: Im Hochgebirge, über 2000 m, auf humusarmen, oft basenreichen Rohböden, in Schutthalden, auf Felsblöcken und exponierten Graten.
Verbreitung: Endemit der Alpen; Zentralalpen der Schweiz (im Kanton Wallis bis 3180 m Höhe!); Allgäuer-, Bayerische- und Berchtesgadener Alpen, Österreich, Südtirol, Karawanken.
Blütezeit: Juli bis August, nach der Blattentfaltung
Allgemeines: Die Quendelblättrige Weide ist in Europa die am höchsten hinaufsteigende Weide. Sie gleicht einigermaßen der Stumpfblättrigen Weide, unterscheidet sich von dieser durch kleinere, schmale Blätter und armblütige, der Krautweide ähnliche Kätzchen.

♀

Kätzchen ♂

Äste und Zweige z. T. im Boden, Blätter bilden einen niedrigen Rasen; Zweige über dem Boden, rundliche Blätter einige cm gestielt. Spalierweiden

Kraut-Weide *(Salix herbacea* L.*)* Weidengewächse

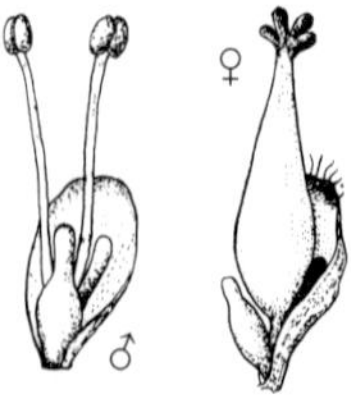

Merkmale: Niederliegender Zwergstrauch (Spalierstrauch) mit größtenteils unterirdischem Stamm; nur die jüngsten, beblätterten Zweiglein erreichen die Oberfläche des Bodens und bilden einen satten Blätterrasen. Die Rinde der Zweige ist braun, kahl und matt, junge Triebe sind oft zerstreut behaart. Blätter fast kreisrund, um 20 mm lang, 17 mm breit, am Grunde keilförmig in den Blattstiel zusammenlaufend, der Rand ist gesägt bis gekerbt. Blattflächen beiderseits grün glänzend, kahl, das Nervennetz in der Durchsicht hell erscheinend (Lupe!). Keine Nebenblätter. Die Kätzchen erscheinen erst nach der Blatt-Entwicklung. Männliche und weiblche Kätzchen sind sehr klein, mit wenigen Blüten, von zwei Laubblättern rosettenartig umfaßt. Männliche Blüte mit 2 Staubgefäßen, sie überragen die einfarbigen Tragblätter deutlich. Weibliche Blüten mit kurzgestielten kahlen, spindelförmigen Fruchtknoten; diese sind in den kurzen Griffel verjüngt, Narbenäste meist seitwärts gebogen. Am Grund 2 Nektarien. Die Kätzchen beider Geschlechter sind armblütig, sie enthalten 5–6 Blüten.

Standort: In den Alpen oberhalb der Waldgrenze von 1700–2300 m auf feuchten, meist sauren kalkfreien Böden, in alpinen Rasen, oft in Nordlage, in Mulden mit langer Schneebedeckung (Schneetälchen).

Verbreitung: Arktisch-alpine Weide. Nordeuropa (Arktis, Skandinavien, Island, Spitzbergen, Schottland). Pyrenäen, Zentralmassiv-Alpen, Apennin, Balkan-Gebirge, Karpaten, Ural, Altai, Ostsibirien.

Blütezeit: Juni bis August, nach Blattentfaltung.

Netzblättrige Weide *(Salix reticulata* L.*)* Weidengewächse

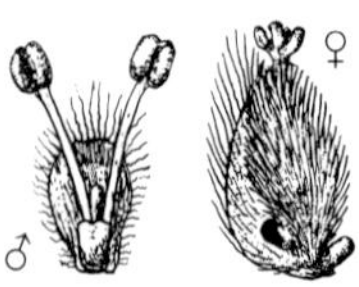

Merkmale: Niederliegender Spalierstrauch mit sparrig abstehenden Ästen, die sich auf der Bodenoberfläche ausbreiten und Wurzeln treiben. Zweige gelbbraun bis dunkelbraun, kahl. Über dem Boden sind vor allem die lang gestielten Blätter und die aufgerichteten Kätzchen sichtbar. Die Blätter sind breitelliptisch bis rundlich, ca. 3 cm lang, granzrandig, oberseits mit tief eingesenktem Nervennetz (Name!). In der Jugend ist die Blattoberseite dicht grau behaart, später wird sie mattgrün, dann sattgrün, glänzend, kahl. Die Unterseite ist heller, mit vorspringendem Nervennetz, kurz behaart. Der Blattstiel ist über 1 cm lang, rötlich und flaumig behaart. Nebenblätter fehlen. Die Kätzchen erscheinen erst nach der Blattentfaltung. Die aufrecht stehenden, 2 cm lang gestielten zylindrischen Kolben sind von rötlicher Farbe. Männliche Kätzchen mit deutlich herausragenden Staubfäden; weibliche Blüten kurz, Fruchtknoten gedrungen, dicht behaart mit fast griffelloser Narbe. Das Tragblatt ist purpurrot, dicht bärtig behaart. 2 schlauchförmige Nektarien.

Standort: Voralpen und Hochalpen oberhalb der Waldgrenze. Kalkliebend; vorwiegend auf steinigem, feuchtem Ruheschutt im Kalk. Gelegentlich findet man die Art auch in tieferen Lagen.

Verbreitung: Arktisch-alpine Weide. In der Arktis von Europa bis Asien mit Ausnahme von Island und Spitzbergen.Gebirge von Skandinavien und Schottland, Pyrenäen, Alpen, Jura, Gebirge der Balkanhalbinsel, Karpaten, Ural, Altai, Gebirge von Ostsibirien. Fehlt im Kaukasus und im Himalaya.

Blütezeit: Juli bis August, nach der Blattentfaltung.

Allgemeines: Die Netzblättrige Weide ist ein Kalkzeiger!

♂

♂

Äste im moorigen Boden oder in nassen Hochmooren verborgen, Zweige mit Blättern und Kätzchen emporragend

Heidelbeerblättrige Weide *(Salix myrtilloides* L.*)* — Weidengewächse

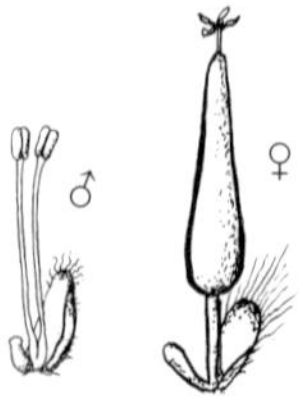

Merkmale: Kleiner, reich verzweigter Strauch, Äste im Boden, nur die Zweige 20 bis 30 cm lang über das Sphagnum-Moos emporragend. Die einjährigen Triebe braun, kahl, etwas glänzend. Blätter 1 bis 3 cm lang, kurz elliptisch bis rundlich, mit 6 bis 8 Seitennerven, ganzrandig, bläulichgrün, Blattstiel bis 5 mm lang, keine Nebenblätter. Kätzchen um 2,5 cm lang, an beblätterten Kurztrieben. Männliche Kätzchen aufgerichtet. Staubfäden kahl. Weibliche Kätzchen bis 2 cm lang, etwas lockerblütig. Fruchtknoten lang gestielt, kahl, länglich ei-kegelförmig, grün. Griffel deutlich abgesetzt, kurz, Narben vierästig. Tragblatt einfarbig, dünnhäutig, gelblichgrün, oft purpurn gesäumt, spärlich behaart, schwach bärtig. Nektardrüse keulenförmig.

Standort: Auf Hochmooren, in Torfsümpfen und in sumpfigen Wiesen, Nur auf sauren Böden.

Verbreitung: Nordeuropa, Osteuropa, zerstreut und sehr selten in Mitteleuropa (Skandinavien, Polen, Rußland, Preußen, Schlesien, Böhmen); Bayern (bei Dietramszell), Schweiz: westlichster Fundort.

Blütezeit: Mai bis Juli, mit Blattaustrieb.

Allgemeines: Diese Weide ist in Mitteleuropa wegen der zunehmenden Entwässerung der Torfmoore an manchen ursprünglichen Standorten verschwunden. Der Name »Heidelbeerblättrig« ist irreführend: das bläulichgrüne Blatt gleicht eher der Moorbeere (*Vaccinium uliginosum* L.)!

Moor-Weide, Kriech-Weide *(Salix repens* L.*)* — Weidengewächse

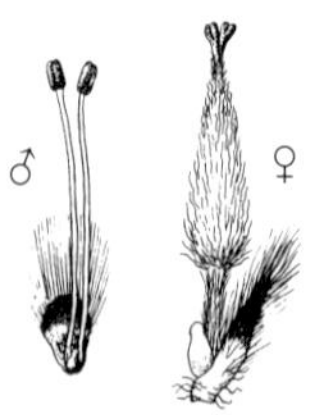

Merkmale: Die Äste sind im Boden ausgebreitet, unterirdisch kriechend. Die über dem Boden aufragenden Zweige sind steif aufgerichtet, selten über 50 cm hoch, gelbbraun oder rötlich, kahl; nur die jüngsten Triebe sind kurz-flaumig. Die Blätter sind schlank lanzettlich, bis 5 cm lang, in der Mitte am breitesten, an Blattgrund und Spitze zugespitzt, ganzrandig. 4 bis 6 Paar Seitennerven. Blatt sattgrün, glänzend, zuerst behaart, Oberseite bald verkahlend, Unterseite langseidig behaart, spät verkahlend. Blattstiel bis 3 mm lang, Nebenblättchen sehr klein, nur selten vorhanden. Kätzchen eiförmig, männliche mit langen, kahlen Staubfäden; weibliche Kätzchen spitzeiförmig, bis 12 mm lang, Fruchtknoten lang gestielt, ei-kegelförmig, dicht behaart (es sind auch kahle Fruchtknoten gefunden worden). Griffel länglich, Narbenäste meist aufwärts gespreizt. Tragblatt deutlich zweifarbig, Basis hell, vorderer Teil schwarz, behaart, Spitze bärtig. Nektardrüse keulenförmig.

Standort: Von der Hügelstufe bis an die Waldgrenze, auf Flach- und Hochmooren, in Streuwiesen und Magerweiden, meist auf kalkhaltigem Boden.

Verbreitung: Fast ganz Europa, Westeuropa ostwärts bis Ostasien. Auf der Iberischen Halbinsel nur im Norden, in Skandinavien nur im Süden. In der Schweiz im Mittelland und im Jura und in den Voralpen, Bayern, Österreich.

Blütezeit: April bis Mai, knapp vor Blattaustrieb.

Allgemeines: Verschiedene Klone: in der Schweiz nur Moor-Weiden mit behaarten Fruchtknoten. Weiterhin werden als Subspecies unterschieden *ssp. galeifolia* mit zungenförmigen, verkehrt-lanzettlichen Blättern und *ssp. angustifolia* mit länglichen Blättern.
Diese Weide ist in Mitteleuropa selten geworden als Folge der Boden-Meliorationen.

Kätzchen ♂

Rosmarin-Weide *(Salix rosmarinifolia* (L.) CELAK*)* Weidengewächse

Merkmale: Kleiner, meist niederliegender, bis 80 cm hoher, kriechender Strauch mit unterirdischem Stamm, selten bis gegen 2 m hoch. Zweige aufrecht, dünn, kahl, meist braun, an der Basis oft mit zahlreichen kurzen Trieben, jüngste Triebe seidig behaart. Blätter bis 5 cm lang und 3–8 mm breit, etwa 5–10mal so lang wie breit, lanzettlich, mit 8–14 Nervenpaaren, in der Jugend auf beiden Seiten dicht seidig behaart; oberseits sattgrün bis dunkelgrün, leicht glänzend, meist ganz verkahlend; unterseits blaß- oder graugrün, matt, nur selten verkahlend; Blattrand fast glatt; Blattstiel bis 3 mm lang; Nebenblätter fehlen oder schwach entwickelt. Die kugeligen Blütenstände erscheinen meist vor den Blättern. Männliche Kätzchen bis 1,4 cm lang und etwa 1 cm breit. Tragblätter verkehrt-eiförmig, in der oberen Hälfte und am Rand lang seidig behaart; Staubfäden etwa 3–4mal so lang wie das Tragblatt, am Grund behaart; Staubbeutel ellipsoidisch, zuerst purpurn, dann gelb und zuletzt schwärzlich; Nektardrüse mehr als halb so lang wie das Tragblatt. Weibliche Kätzchen bis 3 cm lang und 2 cm breit; Tragblätter etwa 2/3 so lang wie der Fruchtknotenstiel; Fruchtknoten 2 bis 3 mm lang, dicht behaart; Griffel sehr kurz oder fehlend. Nektardrüse bis 1/3 so lang wie der Fruchtknotenstiel.

Standort: Von der Ebene bis ins Gebirge auf zeitweise staunassen oder wechselfeuchten Sand- und Tonböden, in Flachmooren, Streuwiesen und Weiden.

Verbreitung: Östliches Mitteleuropa und Osteuropa. Im Westen einzelne Vorkommen bis Belgien und Norditalien, im Norden bis Schweden. Trockengebiete von Süd- und Mitteldeutschland, Niederösterreich, Ungarn, Polen, Baltikum und Rußland.

Blütezeit: April bis Mai.

Sand-Weide (*Salix arenaria* L.) Weidengewächse

Merkmale: Kriechender, 0,2–1 m hoher Strauch mit niederliegenden Ästen und unterirdischem Stamm, Zweige dünn und aufrecht, grau bis rotbraun. Blätter 2–3 cm lang und 1–1,5 cm breit, etwa doppelt so lang wie breit, eiförmig, mit 4–6 seitlichen Nerven, beiderseits anliegend behaart und silbrig glänzend, ältere Blätter kahl; Blattrand nach unten eingerollt, mit vereinzelten Zähnen; Blattstiel bis 3 mm lang; Nebenblätter an Langtrieben meist vorhanden, lanzettlich, bis 1 cm lang. Die walzigen bis eiförmigen Blütenstände erscheinen kurz vor den Blättern. Männliche Kätzchen bis 1,5 cm lang und 0,5 cm breit; Tragblätter eiförmig bis rundlich, an der Spitze rotbraun,am Grund hell, besonders gegen die Spitze hin dicht und lang behaart; Staubblätter etwa 3mal so lang wie das Tragblatt. Staubfäden am Grund behaart; Nektardrüse länglich. Weibliche Kätzchen bis 3,5 cm lang und 1,5 cm breit, mit bis 1 cm langem Stiel; Tragblätter länglich verkehrt-eiförmig, etwa 2/3 so lang wie der Fruchtknotenstiel; Fruchtknoten dicht behaart, Griffel kurz oder fehlend.

Standort: In tiefen Lagen in Flachmooren, nassen Wiesen, auf torfigen Böden und auf Sanddünen.

Verbreitung: Als westeuropäische Pflanze vorwiegend in den Küstengebieten des Atlantik, der Nord- und Ostsee verbreitet. Vereinzelt tiefer in den Kontinent eindringend, z.B. vom Rheinland aufwärts bis in die Gegend von Bonn.

Blütezeit: April bis Mai.

Allgemeines: Die Sand-Weide wird oft als Unterart der **Kriechenden Weide** aufgefaßt (*S. repens subsp, arenaria).* Von der typischen Kriechenden Weide unterscheidet sie sich hauptsächlich durch die behaarten Staubfäden und Früchte.

Niederliegende Sträuchlein bis 30 cm hoch, Äste und Zweige über dem Boden. Alpenpflanzen. Kätzchen oft purpurn.

Kurzzähnige Weide, Mattenweide *(Salix breviserrata* FLODERUS*)* — Weidengewächse

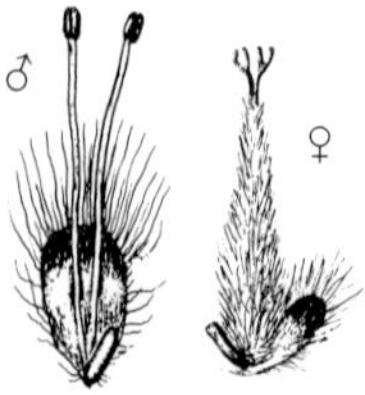

Merkmale: Niederliegendes, dicht verzweigtes Sträuchlein bis 30 cm hoch; Triebe meist bogig aufsteigend; Zweige kurz knotig, braun, leicht glänzend, Rinde aufreißend und abschilfernd. Blätter bis 3 cm lang, elliptisch oder verkehrt-eiförmig, am Grund keilförmig in den sehr kurzen Blattstiel zusammenlaufend, kurz zugespitzt, zuerst beidseitig dicht hellgrau filzig, später nur die Oberseite wirr spinnwebig behaart (Lupe!), die Unterseite oft kahl, glänzend. Blattrand sehr fein, regelmäßig gesägt. Nebenblätter selten vorhanden, klein. Kätzchen aufgerichtet, lang gestielt. Männliche Kätzchen eiförmig, bis 12 mm lang, Staubfäden kahl, sehr lang. Weibliche Kätzchen kurzzylindrisch bis 15 mm lang, Fruchtknoten sitzend, spindelförmig, dicht langseidig behaart, Griffel purpurn, Narbenäste gespreizt. Tragblatt zweifarbig, nur an der Basis hell, übriger Teil dunkel purpurn, Außenseite mit weißen Seidenhaaren, Spitze bärtig. Nektardrüse lang keulenförmig, purpurn.

Standort: Hochgebirge, Alpen und Dolomiten, auf Kalkschutt und auf saurem Boden, auf Moränen, in sonnigen Lagen.

Verbreitung: Endemit der Alpen. Pyrenäen, Apennin, von den Hautes Alpes bis zu den Niederen Tauern verbreitet.

Blütezeit: Juni bis Juli, nach Blattentfaltung.

Allgemeines: Die Art ist nahe verwandt mit der skandinavischen **Myrten-Weide** *(Salix myrsinites).*

Die Kurzzähnige Weide kann sich großflächig ausbreiten und wirkt als Schuttfestiger. Verwechslung mit der Alpenweide sind möglich.

Alpen-Weide, Myrten-Weide *(Salix alpina* SCOP.*)* — Weidengewächse

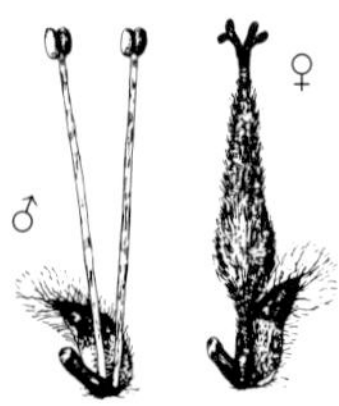

Merkmale: Niederes Sträuchlein mit bis 1 cm dicken, schwarzbraunen Ästen und bogig aufsteigenden Zweigen. Junge Zweige dünn behaart oder fast kahl, einjährige Zweige 1,5 mm dick. Blätter elliptisch, bis 3 cm lang, größte Breite in oder leicht über der Mitte, ganzrandig, manchmal mit kleinen Drüsen, Rand flach oder leicht umgebogen, Oberseite kahl, lebhaft grün, etwas glänzend. Unterseite zuerst entlang der Mittelachse seidig behaart, Rand bewimpet; Seitennerven an den Enden bogig verbunden. Blattstiel bis 3 mm lang, spärlich behaart; Nebenblätter selten. Kätzchen kurz zylindrisch, 15–20 mm lang; Kätzchenstiel spärlich behaart. Männliche Kätzchen mit kahlen, langen Staubfäden; weibliche Kätzchen etwas länger, Fruchtknoten deutlich gestielt, spindelförmig, hell-seidig behaart, Griffel lang, gespalten, purpurn, Narbenäste gespreizt. Tragblatt zweifarbig. Basis hell, vorderer Teil purpurn bis schwarz, seidenhaarig, Spitze bärtig. Nektardrüse lang keulenförmig, purpurn.

Standort: Alpen, von 1400–2000 m auf Kalk und Dolomitschutt, auf trockenem Rasen.

Verbreitung: Ostalpin-karpatische Weide. Ötztaler Alpen bis zum Wiener Schneeberg, Tatra und Karpaten.

Blütezeit: Juni bis Juli, nach Blattentfaltung.

Allgemeines: Die Alpenweide kann leicht mit der **Kurzzähnigen Weide** verwechselt werden. Deutliche Unterschiede: Blatt kahl, ganzrandig, Fruchtknoten deutlich gestielt! Kurzzähnige Weide: Blatt oberseits fein, spinnwebig behaart (Lupe!), unterseits meist kahl, Rand fein gesägt, Fruchtknoten sitzend.

Kätzchen ♂

Kätzchen ♂

Stink-Weide *(Salix foetida* SCHLEICHER EX DECANDOLLE*)* — Weidengewächse

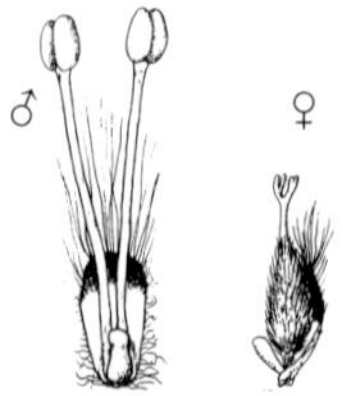

Merkmale: Meist aufrechter Strauch oder durch Schneedruck niederliegend, bogig aufsteigend; sparrig verzweigt, dunkelbraun, knotig; die jüngeren Triebe rötlichbraun, kahl. Blätter klein 1,5 bis 3 cm lang, elliptisch, Rand flach, regelmäßig fein gesägt, auf den Zahnspitzen auffällige, helle Drüsen (in trockenem Zustand dunkel)! Blatt steif, Oberseite sattgrün, glänzend, Unterseite heller, bläulichgrün, beidseitig kahl; der Blattstiel ist 3–5 mm lang, die Nebenblätter sind klein, gezähnt. Die Kätzchen sind kurz gestielt, 12 bis 15 mm lang. Männliche Kätzchen länglich eiförmig, von der Spitze her aufblühend, Staubfäden kahl; weibliche Kätzchen kurz zylindrisch, Fruchtknoten fast sitzend, spindelförmig, hellgrau wollig behaart, Griffel lang, Narbenäste aufwärts gespreizt. das Tragblatt ist zweifarbig, die Basis hell, der obere Saum schwarz, lang behaart, Spitze bärtig. Nektardrüse abgeflacht keulenförmig.

Standort: Im Hochgebirge auf kalkarmen Gletschervorfeldern und Moränen; an wasserzügigen Hängen oft ausgedehnte Gebüsche bildend.

Verbreitung: Alpin pyrenäische Weide. Von den Seealpen bis Unterengadin; vor allem in den inneren Alpenketten (Wallis, Berner Oberland, Engadin); Österreich bei Obergurgl, Vent. Paznaun, Fimbertal; Südtirol im Vinschgau, bei Sulden.

Blütezeit: Juni bis Juli (je nach Schneebedeckung!) kurz nach Blattausbruch.

Allgemeines: Diese alpine Weide trägt ihren Namen »Stinkweide« zu Unrecht: die ganze Pflanze duftet balsamisch, sogar noch in getrocknetem Zustand. Seltener findet man Exemplare mit prächtig rot-violetten Kätzchen.

Waldsteins Weide *(Salix waldsteiniaina* WILLD.*)* — Weidengewächse

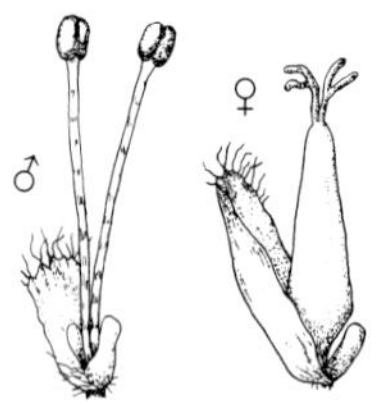

Merkmale: Kleiner Strauch, 50 cm bis knapp 1 m hoch, meist dichte Horste bildend, Blätter in Büscheln an den Zweigenden.Die Äste sind bräunlich-oliv, glatt, kahl, junge Triebe gelbgrün, an der Basis flaumig bis zottig behaart, später verkahlend. Die Blätter der Kurztriebe sind elliptisch, ganzrandig und vorne meist abgerundet. An Langtrieben sind die Sommerblätter verkehrt-eiförmig, 3,5 bis 4 cm lang mit größter Breite über der Mitte, oft schief zugespitzt. Der Rand ist flach, unregelmäßig drüsig gesägt oder ganzrandig. Die Oberseite ist auffällig gelblichgrün und stark glänzend, die Unterseite hell bläulichgrau. Nebenblätter sind sehr klein, meistens fehlend. Die lang gestielten Kätzchen sind schlank zylindrisch, 2,5 bis 3 cm lang. Männliche Kätzchen mit kahlen Staubfäden; weibliche Kätzchen mit sehr kurz gestieltem, spindelförmigem, wollig behaartem Fruchtknoten, Griffel mittellang, Narbenäste gespreizt. Das Tragblatt ist zweifarbig, Basis hell, vorderer Teil braun, außen straff, hell behaart, Spitze lang bärtig, Nektardrüse flach, gestutzt, Zur Reifezeit verlängert sich das Kätzchen auffällig stark.

Standort: Subalpin bis alpin, auf kalkreichen Lehmböden, Schuttstauer auf Rieselschutt. In Nordlagen an lang schneebedeckten Hängen.

Verbreitung: Gebirgspflanze der Ostalpen: in der Schweiz Glarner-, Schwyzer- und Graubündner-Alpen; Österreich in Tirol, Südtirol in den Dolomiten, bis Krainer Schneeberg.

Blütezeit: Mai bis Juni, vor der Blattentfaltung.

Allgemeines: In den Südtiroler Dolomiten bildet Waldsteins-Weide ausgebreitete Gebüsche im Rieselschutt und vermag diesen zu stauen.

Kätzchen ♀

Kätzchen ♀, verblüht

Sparrige Sträucher, 50 cm oder 2 m hoch, von der Ebene bis in die Voralpen oder subalpin, vor allem im Oberengadin verbreitet.

Ohr-Weide *(Salix aurita* L.*)* Weidengewächse

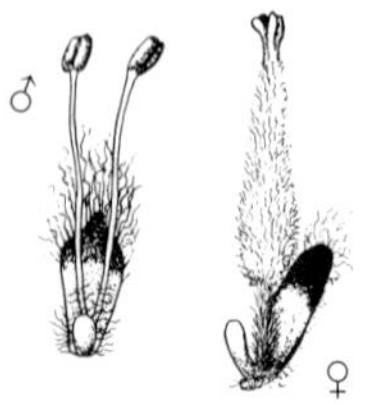

Merkmale: Bis 2 m hoher Strauch mit kurzen Ästen. Jüngste Triebe grau, kraus behaart, ältere Zweige rotbraun, kahl, oft glänzend. Das entrindete Holz 2–4jähriger Zweige mit zahlreichen scharfkantigen, 2 cm langen Striemen (Rinde an frischen Zweigen abheben). Blätter 2 bis 4 cm lang, verkehrteiförmig, am Grund keilförmig in den Blattstiel laufend, vorn breit abgerundet mit kurzer, schiefer, oft gefalteter Spitze, Rand wellig, unregelmäßig grob gesägt bis ausgebissen gezähnt; Oberseite trübgrün, mit tief eingesenktem Nervennetz, kahl, Unterseite mit vorspringendem Nervennetz, graugrün, dicht flaumig behaart, selten verkahlend; Blattstiel 5 mm lang, behaart; Nebenblätter groß, breit herzförmig, gezähnt. Kätzchen sehr kurz gestielt, länglich eiförmig, 1,5 cm lang. Männliche Kätzchen mit langen, nur an der Basis behaarten Staubfäden; weibliche Kätzchen mit lang gestieltem, spindelförmigem, dicht behaartem Fruchtknoten, Griffel kurz, Narbenäste klein, aufgerichtet. Tragblatt zweifarbig, Basis hell, vorn zuerst purpurn, später hellbraun, Spitze dicht behaart, bärtig, Nektarium keulenförmig.

Standort: Von der Ebene in Meereshöhe bis in die Voralpen (1800 m). Auf nassen, sauren Torf- und Lehmböden, in Mooren, Sümpfen und lichten Bruchwaldgesellschaften auf kalkfreien Böden mit wenig bewegtem Grundwasser.

Verbreitung: Fast ganz Europa von Skandinavien südwärts bis zu den Pyrenäen, Norditalien, Mazedonien. Im europäischen Teil Rußlands bis zum Ural weit verbreitet, fehlt auf der Krim und am Unterlauf von Wolga und Don.

Blütezeit: März bis Mai. Vor dem Blattaustrieb.

Allgemeines: Die Ohrweide ist ein zuverlässiger Zeiger für Staunässe und Versauerung.

Blaugrüne Weide, Hechtblaue Weide *(Salix caesia* VILL.*)* Weidengewächse

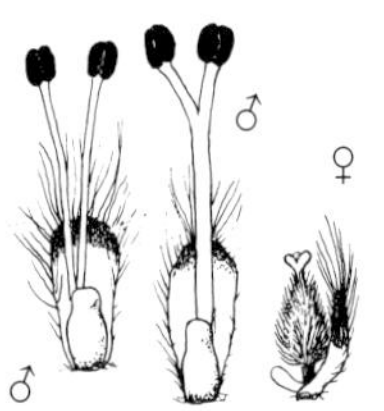

Merkmale: Sparriger Strauch, 40 bis 70 cm, nur selten über 1 m hoch. Wuchs aufrecht oder bogig aufsteigend; ältere Äste dunkelgrau, junge Zweige dunkelbraun, kahl. Blätter länglich elliptisch, 13 bis 30 mm lang, ganzrandig, meist mit kurzem aufgesetztem Spitzchen, Rand oft leicht umgebogen, beidseitig bläulichgrün, matt, kahl, Blattstiel 2 mm lang, kahl; keine Nebenblätter. Kätzchen kurz gestielt, männliche länglich eiförmig, bis 1 cm lang, die Staubfäden zum Teil frei oder unterschiedlich, manchmal bis zum Staubbeutel zusammengewachsen; Staubbeutel vor der Blütezeit rot, blühend dunkelblauviolett, trocken bräunlich. Weibliche Kätzchen von gleicher Größe; Fruchtknoten fast sitzend, länglich eiförmig gedrungen, dicht hellgrau behaart, Griffel kurz, Narbenäste kurz. Nektardrüse flach, länglich, gestutzt.

Standort: In Hochtälern der Alpen, auf kiesigen Anschwemmungen der Flüsse und Bäche, zum Teil an Seeufern, bildet manchmal dichte Gebüsche.

Verbreitung: Die Blaugrüne Weide ist eine ausgesprochene Alpenpflanze und kommt von der Dauphiné bis Vorarlberg, Tirol und Norditalien vor; in der Schweiz nur im Oberengadin.

Blütezeit: Juni, mit Blattaustrieb.

Allgemeines: Endemit der Alpen, kommt in keinem anderen Gebirge vor. Diese Weide ist an signifikanten Merkmalen gut zu erkennen: zusammengewachsene oder freie Staubfäden, blau-violette Staubbeutel, sehr kleine, gedrungene, behaarte Fruchtknoten mit kurzem Griffel, ähnlich der **Purpur-Weide!**

♂

Kätzchen ♀

Sommerblätter

1 bis ca. 3 m hohe Sträucher der Alpen; Blätter breit elliptisch, Rand meist gesägt.

Spieß-Weide *(Salix hastata L.)* — Weidengewächse

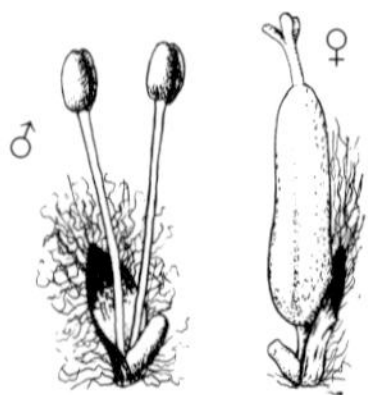

Merkmale: Aufrechter, manchmal bogig aufsteigender Strauch, um 1 m hoch. Die Äste sind graubraun, kahl, stark verzweigt, jüngere Zweige braun oder rötlich, kurz knotig, jüngste Triebe grünlich, manchmal flaumig behaart. Die Blätter sind elliptisch bis verkehrt-eiförmig, bis 7 cm lang, am Grunde keil- bis herzförmig, kurz zugespitzt oder stumpf, der Blattrand ist flach, unregelmäßig, nicht bis zur Spitze gesägt. Das ausgewachsene Blatt ist ganz kahl und in der Struktur dünn (Spätsommer-Blätter können steif und derb sein!). Blattoberseite graugrün, matt oder sattgrün glänzend; Unterseite graugrün, je nach der Dichte des Wachsbelages erscheint das völlig flache, feinste Nervennetz dunkel graviert (wichtiges Erkennungsmerkmal!). Die Haupt- und Seitennerven sind vorspringend. Die Nebenblätter sind meist gut ausgebildet. Die Kätzchen sind stark behaart und auffallend groß, zylindrisch. Männliche Kätzchen 3–4 cm lang, Staubfäden kahl, die weiblichen Kätzchen sind bis 5 cm lang. Der Fruchtknoten ist seitlich zusammengedrückt, kahl, aber von wolligen Haaren umgeben. Das Tragblatt ist zweifarbig, dicht kraushaarig, an der schwarzen Spitze bärtig. Nektardrüse keulenförmig. Zur Blütezeit durchbrechen die Staubfäden und die Narben den krausen weißen Haarpelz des Kätzchens und verleihen ihm ein besonders hübsches Aussehen.

Standort: Von der Bergstufe bis ins Hochgebirge (bis 2400 m) auf feuchten Böden in Hochstaudengebüschen und Grünerlenbeständen, auf Schutthalden.

Verbreitung: Eurosibirische Weide. Im Norden geschlossenes Areal; in europäischen und asiatischen Gebirgen: Sierra Nevada, Pyrenäen, Alpen und Voralpen, Französ. Zentralplateau, Vogesen, Harz, Apennin, Sudeten.

Blütezeit: Juni bis Juli, mit Blattaustrieb.

Hegetschweilers Bastard-Weide — Weidengewächse
(Salix x hegetschweileri HEER/LAUTENSCHLAGER)

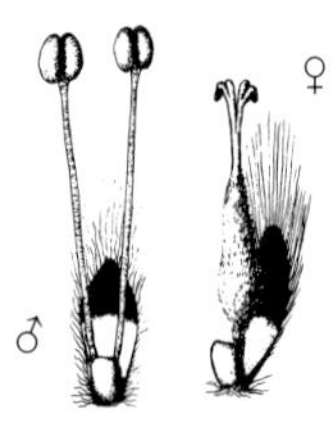

Merkmale: Bastardform, ohne signifikante Merkmale! Strauch 2 bis 3 m hoch, dicht verzweigt. Äste bräunlich oder gelblichgrau mit dünner Rinde. Die letztjährigen Langtriebe braun, matt oder schwarz, stark glänzend, jüngste Triebe kahl oder kurz grau behaart. Blätter elliptisch bis verkehrt-eiförmig, Blattrand mehr oder weniger stark gesägt oder ganzrandig, nur mit kleinen rundlichen Drüsen. Oberseite sattgrün, glänzend Unterseite hell grünlich-grau oder bläulich, die Blattspitze selten grün, meistens von gleicher Farbe wie die ganze Unterseite. Nebenblätter bis 1,5 cm lang, herzförmig, mit gezähntem Rand, seltener sehr kleine, nur 1,5 mm lange, früh vertrocknende keilförmige Nebenblätter. Die Kätzchen erscheinen knapp vor dem Ausbruch der ersten Blätter. Männliche Kätzchen länglich eiförmig, weibliche Kätzchen kurz zylindrisch, Fruchtknoten kurz gestielt, kahl oder hell behaart, Griffel kurz, Narbenäste gespreizt. Tragblätter zweifarbig: Basis hell, vorderer Teil dunkelbraun, bärtig behaart.

Standort: Flußalluvion bei Realp (Uri), 1400 m.

Verbreitung: Sehr selten.

Allgemeines: 1840 von Heer entdeckt, beschrieben als Salix Hegetschweileri. Seither umstritten. 1993 von Lautenschlager am selben Fundort als Hybride von S. bicolor x S. nigricans ssp. alpicola erkannt.

♂

Kätzchen ♂

♀

2–3 m hoher aufrechter Strauch, Blattform verschiedenartig, Unterseite graugrün, Spitze grün.

Schwarz-Weide *(Salix nigricans* SMITH*)* — Weidengewächse

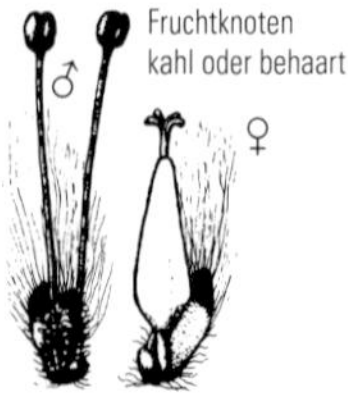

Merkmale: Großer, bis 3 m hoher Strauch, selten baumförmig. Junge Triebe meist dicht grauhaarig, ältere Zweige und Äste kahl, Blätter in Form und Größe sehr veränderlich, meist um 6 cm lang, in der Regel elliptisch, Rand deutlich gesägt, zugespitzt. Oberseite dunkelgrün, zerstreut behaart oder kahl, Unterseite graugrün, mit Wachsbelag, matt, die äußerste Blattspitze immer deutlich reingrün; auf den vorspringenden Blattnerven deutlich, sonst spärlich behaart. Blattstiel 1 cm lang, dicht behaart. Nebenblätter meist groß, herzförmig, gezähnt, bis 1 cm lang. Blatt beim Trocknen meist schwarz werdend. Kätzchen kurz gestielt, eiförmig bis spitzeiförmig; männliche Kätzchen mit langen, am Grunde behaarten Staubfäden, weibliche Kätzchen mit kahlem Fruchtknoten, dieser so lang wie die Nektardrüse, Fruchtknoten schlank ei-kegelförmig, Griffel so lang wie der Fruchtknotenstiel, Narbenäste gespreizt. Tragblatt zweifarbig, an der Basis hell, vorderer Teil braun bis schwarz, lang bärtig, trocken in der ganzen Länge braun. Nektardrüse kurz, gestutzt.

Standort: Hügelstufe bis Bergregion (bis ca. 1000 m, darüber die Subspecies *alpicola*). Auf feuchtem, meist kalkhaltigem Boden, an schlammigen und kiesigen Bach- und Flußufern und Auenwäldern, aber trockenere Gebiete bevorzugend! In Waldschlägen, Torfmooren und Sumpfwiesen.

Verbreitung: Eurosibirische Weide. Nordeuropa, Nordrußland, Nordwestdeutschland, weiter südlich in den Voralpen und am Alpenfuß ein geschlossenes Areal bildend (Jura, Vogesen, Schwarzwald, Schwäbische Alb; wahrscheinlich in den Karpaten und in Kroatien).

Blütezeit: April bis Mai, in Berglagen bis Juni; mit Blattaustrieb.

Alpen-Schwarzweide — Weidengewächse
(Salix nigricans Subspecies alpicola BUSER EM. LAUTENSCHALGER*)*

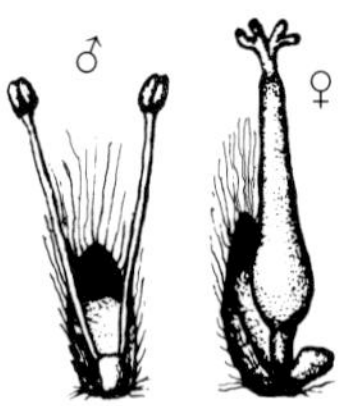

Merkmale: Strauch selten über 2 m hoch, aufrecht, locker verzweigt; jüngste Triebe zuerst flaumig, verkahlend, im Sommer oft rot; letztjährige Langtriebe dunkel purpurn bis tiefschwarz, stark glänzend, glatt, kahl, mit weißen Korkwarzen, mehrjährige Äste mit dünner, hellgrauer Rinde. Entrindetes Holz 2 bis 4jähriger Zweige mit kurzen, bis 5 mm langen Striemen. Blätter meist elliptisch, weniger variabel wie die Stammart, kurz zugespitzt, Rand deutlich gesägt, beidseitig kahl! Oberseite dunkelgrün, stark glänzend, Unterseite mit graugrünem Wachsbelag, die Spitze rein grün, das Nervennetz vorspringend, oft dunkel. Blattstiel 1 cm lang, Oberseite leicht flaumig; Nebenblätter gut ausgebildet, herz- bis nierenförmig mit drüsigen Zähnchen. Beim Trocknen werden die Zweige längsfurchig, die Blätter meist schwarz. Kätzchen gestielt, kleiner als die Stammart, 8 bis 15 mm lang. Männliche Kätzchen mit sehr langen, kahlen Staubfäden, weibliche Kätzchen mit deutlich gestielten, kahlen, ei-kegelförmigen Fruchtknoten, Griffel abgesetzt, Narbenäste aufwärts gespreizt. Tragblatt zweifarbig, Basis hell, vorderer Teil braun, lang, dicht behaart, Spitze bärtig. Nektardrüse klein.

Standort: Subalpin bis alpin, von 1550 bis 2100 m; in Flußalluvionen, auf Gletschervorfeldern, Moränenschutt, vorwiegend auf Silikatunterlage.

Verbreitung: Innere Alpenketten; Savoyen; Schweiz: (Wallis, Uri, Graubünden); Österreich: (Ötztal, Vent, Defereggental); Südtirol.

Blütezeit: Juni, mit Blattaustrieb.

Allgemeines: Signifikante Unterschiede gegenüber der Stammart Schwarzweide: Subalpine Lage über 1500 m; tiefschwarze, stark glänzende letztjährige Langtriebe; kahle Sommerblätter.

Kätzchen ♂

Kätzchen ♀, fruchtend

Kahle Weide *(Salix glabra* SCOPOLI*)* — Weidengewächse

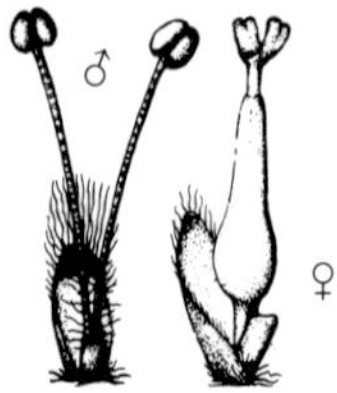

Merkmale: Aufrechter oder manchmal bogig aufsteigender, bis 1,5 m hoher Strauch mit kurzen Ästen und bräunlichen Zweigen. Alle, auch die jüngsten Triebe sind kahl. Die Blätter sind verkehrt-eiförmig, um 7 cm lang, beidseitig kahl, am Grund kurz in den Stiel zusammenlaufend, Rand regelmäßig gesägt mit Drüsen auf den Zahnspitzen, ältere Blätter grob buchtig gesägt, wellig, Oberseite sattgrün, lackartig glänzend, Unterseite mit weißlichem, mattem Wachsbelag, Haupt- und Seitennerven vorspringend. Blattstiel 1 cm lang, kahl. Nebenblätter klein, eiförmig, gezähnt, nicht immer vorhanden. Beim Trocknen wird das Blatt glanzlos, oft schwärzlich. Die Kätzchen sitzen an beblätterten Kurztrieben, sie sind ca. 1 cm lang gestielt. Männliche Kätzchen spitz-eiförmig, um 2 cm lang, seitwärts orientiert, Staubfäden im unteren Teil locker behaart, lang; weibliche Kätzchen zylindrisch, bis 3 cm lang, aufgerichtet, Fruchtknoten kahl, so lang gestielt wie die Nektardrüse, eikegelförmig, Griffel kurz, Narbenäste wenig gespalten, Tragblatt fast einfarbig hell, nur der vorderste Teil purpurn oder braun, Außenseite kurz behaart, Spitze dünn bärtig. Nektardrüse breit, gestutzt.

Standort: Gebirgspflanze, auf Kalkgestein oder Dolomit vorkommend. In Hochstaudenfluren, steinigen Hängen oder Geröllhalden, machmal zwischen Legföhren.

Verbreitung: Ostalpen-Weide. Westlich bis zur Schweiz (Tessin), auf dem Grenzgrat gegen Italien; Allgäuer- und Bayerische Alpen, bis Niederösterreich, Kroatien und Krain. Hauptverbreitung: nördliche und südliche Kalkalpen; westwärts bis Piemont.

Blütezeit: Mai bis Juni, kurz nach Blattaustrieb.

Tauern-Weide *(Salix mielichhoferi* SAUTER.*)* — Weidengewächse

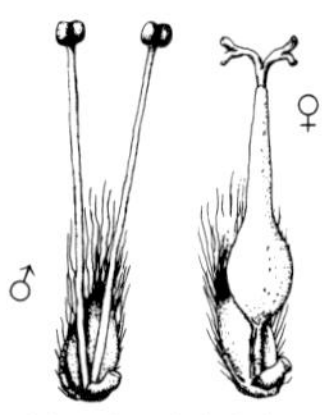

Merkmale: Aufrechter Strauch, 2 bis 3 m hoch werdend, Wuchs gedrungen. Junge, diesjährige Triebe, gelbgrün bis rot, glänzend, zuerst leicht flaumig, verkahlend, einjährige Zweige ockerbraun bis oliv, matt, Blattnarben breit vorspringend; Äste mit heller, längsgefurchter Rinde. Frisch entrindete, 2- bis 4jährige Zweige zeigen deutliche, bis 5 mm lange Holzstriemen. Die Blätter sind elliptisch bis lanzettlich, um 5 cm lang, mit der größten Breite meist leicht über der Mitte, länglich zugespitzt, bogig in den Blattstiel laufend, Rand etwas knorpelig gesägt bis gezähnt mit Drüsenspitzen; Oberseite grün, kahl, glänzend, Unterseite ebenfalls grün glänzend, ohne Wachsbelag! Blattstiel 5 mm lang, behaart; Blätter an den Zweigenden büschelig gehäuft. Nebenblätter nur an Langtrieben: klein; Kätzchen kurz gestielt; männliche spitzeiförmig bis 25 mm lang, Staubfäden sehr lang, an der Basis leicht behaart; weibliche Kätzchen zylindrisch, um 30 mm lang, Fruchtknoten lang gestielt, kahl, aus fast kugelförmiger Basis verjüngend bis zum Griffel, Narbenäste gespreizt; Tragblatt zuerst hell mit zerstreuten purpurnen Zellen, später hell, die Spitze braun, hell behaart, lang bärtig; die Nektardrüse lang keulenförmig.

Standort: Feuchte Rasen, quellige oder sumpfige Hänge, in Dolomitschutt.

Verbreitung: Ostalpen. Österreich in Tirol, Salzburg, Steiermark. Südtirol in den Dolomiten: Falzaregopaß, Arabba bis Pordoi-Joch, zum Teil eingestreut in die Bestände der Waldsteins-Weide.

Blütezeit: Mai bis Juni.

Allgemeines: Fehlt in den Zentral- und Westalpen.

Blätter

Kätzchen ♀

Blätter

Kätzchen ♀

Aufrechter, bis 3 m hoher dichtbuschiger Strauch der Berggebiete Europas, Endemit, zum Teil auch an wenigen Orten in den Alpen.

Zweifarbige Weide *(Salix bicolor* WILLD.*)* — Weidengewächse

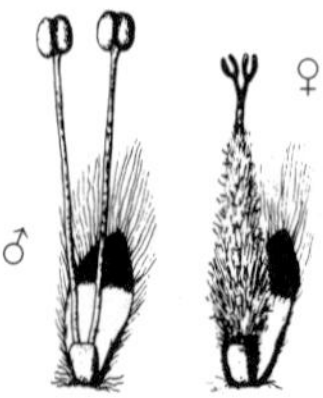

Merkmale: Aufrechter 2 (bis 3) m hoch. Äste graubraun, jüngere Triebe gelblichgrün, sonnseitig meist rötlichbraun, halbmatt, kahl. Frisch entrindetes Holz mit zerstreuten 2 bis 3 mm langen Striemen. Blätter verkehrt-eiförmig, bis 7 cm lang, vorderer Teil etwas breiter, Spitze oft zurückgebogen (trocken: gefaltet), ganzrandig, meist mit kleinen Drüsen, beidseitig kahl; Oberseite sattgrün glänzend, Unterseite mit dichtem, bläulichem Wachsbelag bis zur Spitze, Seitennerven in regelmäßigen Abständen. Blattstiel bis 1 cm lang, Nebenblätter sehr klein: 1,5 mm lang, schmal keilförmig, drüsig, früh vertrocknend. Kätzchen gestielt, seitenständig; männliche Kätzchen spitz-eiförmig, Staubfäden an der Basis oft kurz zusammengewachsen und spärlich behaart; weibliche Kätzchen zylindrisch bis 4 cm lang, zur Fruchtzeit deutlich verlängert; Fruchtknoten kurz gestielt, ei-kegelförmig, dicht hell seidig behaart, Griffel länglich, Narbenäste oft umgebogen. Tragblatt zweifarbig, Basis hell, Spitze hellbraun, Außenseite weiß behaart, bärtig. Nektardrüse flach, gestutzt.

Standort: Endemisch in Europas Berggebieten, seltener in den Alpen. Auf feuchten Hochstaudenfluren, auch auf Uferdämmen.

Verbreitung: Entdeckt am Brocken im Harzgebirge, dort heute ausgestorben. Mittelgebirge: Pyrenäen, Plateau Central, Vogesen, Sudeten, Karpaten; in den Alpen noch wenig bekannt. Schweiz: 2 Fundorte im Gotthardgebiet; Südtirol im Berggebiet nördl. des Pustertals.

Blütezeit: Mitte bis Ende Mai.

Allgemeines: Die Zweifarbige Weide wurde oft verwechselt mit der ähnlichen *Salix phylicifolia* des Nordens und **Hegetschweilers Bastardweide**.

Breiter, bis 4 m hoher Strauch in nassem Gelände der Hügel- und Bergstufe

Aschgraue Weide, Grau-Weide *(Salix cinerea* L.*)* — Weidengewächse

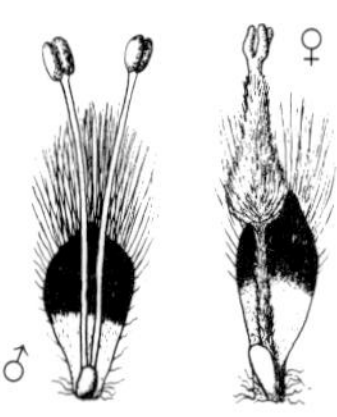

Merkmale: Hoher Strauch mit dicken Ästen, in die Breite wachsend, oben abgeflacht. Jüngere Triebe zimtbraun bis schwärzlichgrau, kurz samtig behaart. Frisch entrindetes Holz mit langen Striemen. Blätter länglich elliptisch, verkehrt-eiförmig bis lanzettlich, 6 bis ca. 10 cm lang; Spitze kurz, oft schief, Rand wellig, zum Teil umgebogen, unregelmäßig kleingesägt, drüsig, am Grund meist kurz zusammengezogen. Zuerst beidseitig kurz behaart, später die Oberseite meist kahl, trüb graugrün, matt, Mittelnerv eingesenkt; Unterseite dicht grau weich flaumig, das Nervennetz deutlich vorspringend. Blattstiel 8 mm lang, kurz behaart, Nebenblätter halbherzförmig, bis 5 mm lang. Kätzchen kurz gestielt, spitz-eiförmig bis kurz zylindrisch; männliche Kätzchen mit langen Staubfäden, an der Basis etwas behaart; weibliche Kätzchen mit auffällig langem Fruchtknotenstiel, dicht behaart, Fruchtknoten kegelförmig, Griffel kurz, Narbenäste aufwärts gespreizt. Tragblatt zweifarbig, Basis hell, vorderer Teil braun bis schwarz, Spitze bärtig, Nektardrüse keulenförmig.

Standort: Hügel und Bergstufe (in den Alpen wahrscheinlich fehlend!). Auf staunassem Boden (Staunässe-Zeiger).

Verbreitung: In fast ganz Europa von Skandinavien südwärts bis Nord- und Ostfrankreich, Deutschland, Österreich, Schweiz, Italien, Korsika und Griechenland.

Blütezeit: März bis April, kurz vor Blattaustrieb,

Allgemeines: Die Grau-Weide ist schon von weitem an ihrer Getalt zu erkennen, große Sträucher, leicht kuppelförmig, aber oben abgeflacht, trüb graugrün, *Salix atrocinerea Brotero,* ähnliche Weide; Blätter mit 10 bis 12 Seitennerven, Unterseite auf den Blattnerven mit zum Teil fleischroten Haaren. In Westfrankreich, Spanien, Portugal, Brit. Inseln.

♀

♀

Kätzchen ♀

♀

Lappländische Weide *(Salix lapponum L.)* Weidengewächse

Merkmale: Kleiner, etwa 1 m hoher, aufrechter, selten niederliegender Strauch mit graubraunen Ästen; junge Triebe behaart, später mehr oder weniger verkahlend. Blätter dick, etwa 3,5 cm lang und etwa 1,2 cm breit (selten bis 7 cm lang und 2,5 cm breit), lanzettlich oder verkehrt-eiförmig, vor allem auf der Unterseite filzig behaart (Haare etwa 5 mm lang), oberseits graugrün, fast ganzrandig; Blattstiel meist etwa 0,6, selten bis 1,5 cm lang; Nebenblätter in der Regel fehlend, schmal, früh abfallend. Die Blütenstände erscheinen kurz vor dem Blattaustrieb, Männliche Kätzchen etwa 2,5 cm lang und 1,5 cm breit, sitzend; Tragblätter etwa 2 mm lang, lanzettlich bis verkehrt-eiförmig, oberseits braunschwarz, lang behaart; Staubfäden bis 6 mm lang, kahl; Staubbeutel anfangs purpurn, später gelb und nachher braun werdend; Nektardrüse bis 2 mm lang, schmal. Weibliche Kätzchen bis 9 cm lang und 1,5 cm breit, auffallend dichtblütig, an höchstens 1 cm langen Stielen; Fruchtknoten bis 6 mm lang, fast sitzend, lang und dicht behaart; Griffel bis 3 mm lang.

Standort: In der Tundra und Waldtrundra, nur auf sauren Böden vorkommend. In Mooren, auf sumpfigen Wiesen, an Bachufern und an quelligen Stellen.

Verbreitung: Nordeuropa und Nordasien. Schottland, Skandinavien, Halbinsel Kola, Baltikum, Nord- und Westrußland. In Mitteleuropa zerstreut in Ostpreußen verbreitet. Frankreich: Auvergne.

Blütezeit: Mai bis Juli.

Allgemeines: Die Lappländische Weide ähnelt der **Schweizer Weide** *(S. helvetica)*.

Woll-Weide *(Salix lanata L.)* Weidengewächse

Kätzchen goldgelb behaart

Merkmale: Niedriger, sparriger Strauch von gedrungenem Wuchs mit dicken und knorrigen Ästen, diese dicht weißwollig behaart. Blütenknospen auffallend groß und dick, dicht wollig behaart. Blätter 3–7 cm lang, breit elliptisch bis verkehrt eiförmig oder fast rundlich, am Grund keilförmig verschmälert oder fast herzförmig, spitz, derb, fast ganzrandig oder etwas gewellt, selten fein drüsig gezähnt, in der Jugend auf beiden Seiten dicht weiß wollig behaart, später verkahlend, oberseits trübgrün bis olivgrün, unterseits bläulichgrün und deutlich netznervig; Blattstiel 0,5–1,5 cm lang; Nebenblätter in der Regel groß, ganzrandig, bleiben nach dem Laubfall an den Trieben haften. Die großen, elliptischen Blütenstände sind dicht goldgelb behaart und erscheinen vor den Blättern. Männliche Kätzchen bis 5 cm lang; Tragblätter dunkelbraun, lang goldgelb behaart; Staubfäden kahl, Staubbeutel ellipsoidisch, gelb; eine längliche Nektardrüse vorhanden. Weibliche Kätzchen bis 8 cm lang; Fruchtknoten kurzgestielt, kahl, mit langem Griffel; Narben auffallend groß, ungeteilt.

Standort: Vor allem im Gebirge an frischen bis nassen Stellen. Entlang von Wasserläufen auf Schotterböden sowie auf frischen Wiesen.

Verbreitung: Arktische Pflanze. Im Norden nimmt sie ein geschlossenes Areal ein, das einen großen Teil des Tundragebietes umfaßt. Island, Schottland, Gebirge Skandinaviens, Halbinsel Kola. (Im Hochgebirge Südnorwegens wird die Woll-Weide durch die nahverwandte *Salix glandulifera* vertreten.)

Blütezeit: Mai bis Juli.

Allgemeines: Die Woll-Weide ist mit ihren weißwollig behaarten Ästen und goldseidigen Kätzchen eine der schönsten Weiden.

Kätzchen ♀

Kätzchen ♀, fruchtend

Kätzchen ♀

Alpen-Weide, selten über 80 cm hoch; oft niedrige, ausgebreitete Gebüsche in Grobschutt.

Schweizer Weide *(Salix helvetica* VIL.*)* Weidengewächse

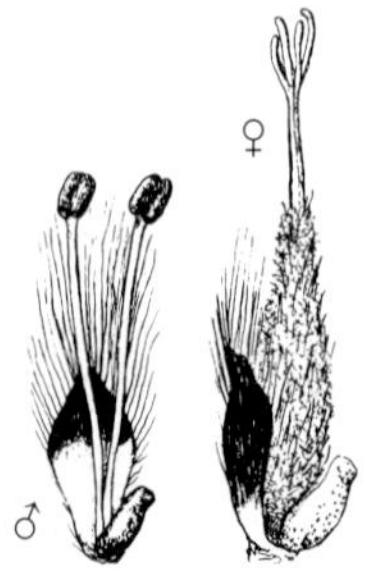

Merkmale: Selten über 80 cm hoher Strauch, oft bogig aufsteigend. Äste dick, kurz, Zweige kurz knotig, braun, leicht glänzend, jüngste Triebe zerstreut kurz flaumig. Langtriebe manchmal straff aufgerichtet. Blätter schmal elliptisch bis lanzettlich, bis 5 cm lang; größte Breite leicht über der Mitte; kurz zugespitzt, Rand leicht umgebogen, mit zerstreuten Drüsenzähnchen, am Grund keilförmig in den Blattstiel laufend; Oberseite zuerst meist locker flaumig, verkahlend, später kahl, sattgrün glänzend mit eingesenkten Blattnerven. Unterseite dicht angedrückt weißfilzig, die Blattnerven vorspringend. Blattstiel 5 bis 10 mm lang, flaumig, oft verkahlend. Nebenblätter klein oder fehlend. Kätzchen zylindrisch; männliche mit langen, kahlen Staubfäden, Staubbeutel oft orange bis rötlich; weibliche Kätzchen dicht weiß behaart, die schwarzen Spitzen der Tragblätter gut erkennbar. Fruchtknoten deutlich gestielt, kegelförmig, dicht wollig behaart, Griffel lang, Narbenäste gespreizt, oft orange. Tragblatt zweifarbig, Basis hell, vorderer Teil schwarz, hell behaart und bärtig. Nektardrüse länglich, flach, gestutzt.

Standort: Hochgebirge auf feuchtem kalkfreiem Blockschutt, oft in Nordlage. Bildet oft ausgedehnte Bestände.

Verbreitung: Alpin-pyrenäische Weide, auf 1700 bis 2300 m Höhe. Pyrenäen, Französische Alpen, Schweiz, Österreich.

Blütezeit: Juni bis Juli, mit Blattaustrieb.

Seidenhaarige Weide *(Salix glaucosericea* FLODERUS.*)* Weidengewächse

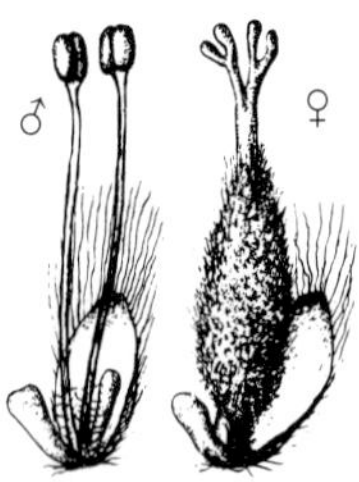

Merkmale: Meist aufrechter, seltener bogig aufsteigender kleiner Strauch, bis 1 m hoch. Die Äste sind hellgrau, die jüngeren Zweige hellbraun, zuerst behaart, verkahlend, leicht glänzend. Die Blätter sind lanzettlich, 4 bis 5 cm lang, etwas dick, weich, der Rand flach, ganzrandig, Oberseite grün bis oliv, Unterseite etwas heller, beidseitig mit längs gerichteten Seidenhaaren bedeckt. Der Blattstiel ist bis 8 mm lang, flaumig, Nebenblätter sind selten vorhanden. Kätzchen 1 bis 2 cm lang gestielt; die männlichen mit langen, an der Basis behaarten Staubfäden, weibliche Kätzchen mit kurz gestieltem, spindelförmigem, dicht weißbehaartem Fruchtknoten, Griffel länglich, Narbenäste aufwärts gespreizt. Das Tragblatt ist einfarbig, hell, am oberen Rand manchmal mit gelblichem Saum, weiß behaart, Spitze bärtig. Männliche Blüte mit 2 Nektardrüsen, die vordere kleiner; weibliche Blüte nur mit hinterer länglicher Nektardrüse.

Standort: Alpenweide, bis 2500 m aufsteigend. Auf sonnigen Rasen und auf Schuttfeldern, Moränen und Alluvionen, seltener zusammen mit der Schweizer Weide.

Verbreitung: Von den Hautes-Alpes ostwärts bis zu den Hohen Tauern endemisch verbreitet; am häufigsten in den Zentral- und Südalpen.

Blütezeit: Juni bis Juli, nach der Blattentfaltung.

Allgemeines: gegenüber *S. helvetica* Blatt dikker, weich, beidseitig mit längsgerichteten Seidenhaaren.

Kätzchen ♀

Kätzchen ♀

Kätzchen ♀

Sal-Weide, Palm-Weide *(Salix caprea* LINNE*)* Weidengewächse

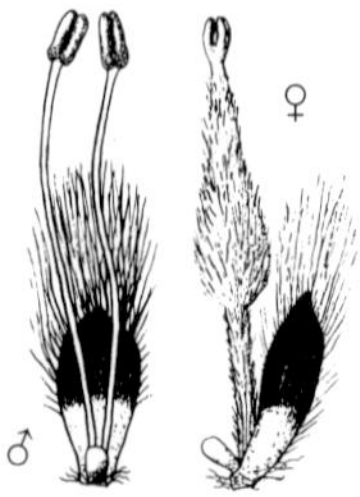

Merkmale: Großer, bis zu 9 m hoher mehrstämmiger Strauch oder Baum. Am Stamm und an dickeren Ästen beobachtet man dunkle rautenförmige Aufbrüche in ganzen Reihen, sie bilden ein gutes Merkmal für diese Weide! Junge Triebe sind dick, von oliver bis rötlicher Farbe, zuerst kurzhaarig, später verkahlend. Das entrindete Holz ist meistens glatt, nur ausnahmsweise mit einzelnen Striemen. Die Blätter sind breitelliptisch, bis doppelt so lang wie breit, kurz, schief zugespitzt. Der Blattrand ist unregelmäßig schwach gesägt bis ganzrandig, an Kurztrieben meist glatt und wellig.Die Blattoberseite ist lebhaft grün bis oliv, kahl, leicht glänzend bis matt; nur der Hauptnerv ist leicht vorspringend und angedrückt behaart. Die Blattunterseite mit ihrem stark vorspringenden Nervennetz ist dauernd dicht weißlich behaart, im Griff weich! Der Blattstiel ist 1 cm lang, behaart, Nebenblätter sind meist vorhanden, 1 cm lang, herz- bis nierenförmig, gezähnt. Die Kätzchen erscheinen vor den Blättern; sie sind auffallend groß, vor dem Aufblühen sind sie in einen weißen Haarpelz gehüllt, der von den langbärtigen Tragblättern stammt und die jungen Blüten vor Frostschäden schützt. Die Kätzchen sind sehr kurz gestielt, die männlichen sind eiförmig, 2–3 cm lang, dichtblütig, die weiblichen sind länglicheiförmig, bis 4 cm lang. Der Fruchtknoten ist lang gestielt und dicht behaart; das Tragblatt ist zweifarbig, am Grund hell, die Spitze dunkelbraun bis schwarz, dicht und lang weiß behaart, bärtig. der Griffel ist sehr kurz, die Narbenäste sind aufgerichtet, zusammenneigend. Am Blütengrund sitzt eine kurze Nektardrüse.

Standort: Die Salweide ist außerordentlich genügsam und kommt von der Hügelstufe bis in die alpine Region vor (2000 m). Man findet sie in lichten Bergwäldern; in Kiesgruben und Kahlschlägen gehört sie zu den Erstbesiedlern. Sie bevorzugt helle Standorte auf mäßig feuchtem, gut durchlüftetem Boden.

Verbreitung: Eurasiatische Weide. In ganz Europa von Skandivanien südwärts bis zu den Pyrenäen, im Apennin und der südlichen Balkanhalbinsel, sowie im Kaukasus. Im Mittelmeergebiet nur in höheren Gebirgslagen. Auf Island fehlt die Sal-Weide.

Blütezeit: März bis Mai, je nach Höhenlage.

Allgemeines: Die Sal-Weide kann ein Alter von 560 und mehr Jahren erreichen. Im zeitigen Frühjahr stellen die blühenden Kätzchen mit ihrem Blütenstaub und dem Blütensaft aus den Nektarien die erste Futterquelle für die Bienen dar. Die Kätzchen stehen daher unter Naturschutz. Die Sal-Weide läßt sich nicht durch Stecklinge vermehren. Ihre Verbreitung ist also auf die winzigen Flugsamen angewiesen, die als Lichtkeimer bei etwas Feuchtigkeit auf offenen, sandigen Böden rasch keimen. In Gärtnerkreisen werden mit Hilfe der Sal-Weide Bastarde mit anderen Weiden gezogen, z. B. die häufig in Gärten gepflanzte *Salix x smithiana,* eine Kreuzung von Sal-Weide mit Korb-Weide. Der Name Sal-Weide stammt vom mittelhochdeutschen Wort »salaha« ab, welches »Weide« bedeutet. je nach Gegend heißt die Sal-Weide auch Katzelbaum, Palm-Katzelbaum oder Bullesbaum. Palmweide wird sie vor allem in den katholischen Gegenden Mitteleuropas genannt, denn ihre Kätzchentriebe werden zum Ausschmücken der »Palmbuschen« in den Kirchen am Palmsonntag verwendet.

Kätzchen ♂

♀

Bleiche Weide, Gelb-Weide *(Salix starkeana* WILLD.*)* Weidengewächse

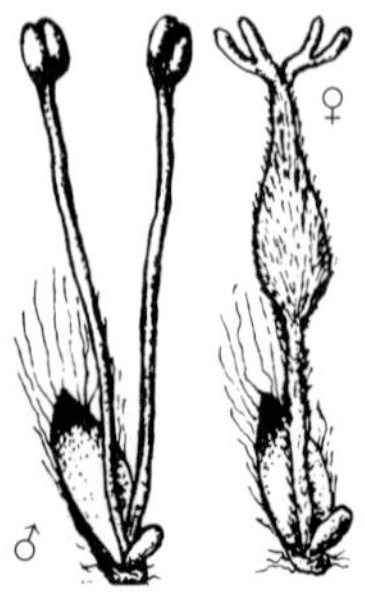

Merkmale: Niedriger, kaum 1 m hoher Strauch mit dünnen Ästen. Junge Triebe kahl oder schwach behaart. Zweige lang und dünn, gelb oder braun, kahl, selten schwach behaart, meist glänzend. Blätter bis 6 cm lang, breit elliptisch, größte Breite oft leicht über der Mitte, kurz zugespitzt oder Spitze gefaltet, Rand flach, unregelmäßig gebuchtet oder gezähnt, am Grund allmählich in den Blattstiel verschmälert, Oberseite dunkelgrün, glänzend, zerstreut kraus behaart, verkahlend; Unterseite mattgrün bis blaugrün, kahl; Blattstiel 5 mm lang; Nebenblätter kräftig entwickelt, 5 mm lang, grob gezähnt. Die Kätzchen sitzen an den Triebenden aufgereiht, kurz zylindrisch. Männliche Kätzchen mit kahlen Staubfäden, weibliche mit sehr lang gestieltem, dicht hellgrau behaartem Fruchtknoten, kurzem Griffel und gespreizten Narbenästen. Tragblatt zweifarbig, Basis hell, gegen die Spitze zu braun, bärtig. Nektardrüse groß, keulenförmig.
Standort: Feuchte Waldlichtungen, Waldränder, Sumpfwiesen und in moorigen Zwergstrauchgesellschaften.
Verbreitung: Eurosibirische Pflanze. Von Skandinavien ostwärts bis zum nördlichen Ural, Sibirien und zur Mongolei. In Mitteleuropa von der Oder an ostwärts sowie in kleinen, isolierten Vorkommen in Süddeutschland.
Blütezeit: April bis Mai, vor dem Blattausbruch.
Allgemeines: Die Bleiche-Weide gedeiht im Gegensatz zu den meisten anderen Weiden auch an schwach schattigen Standorten.

Amerikaner-Weide *(Salix cordata* MÜHLENBERG*)* Weidengewächse

Merkmale: In Europa sind nur männliche Exemplare bekannt! Der Strauch bleibt niedrig, breitet sich mit starken Ästen im Gelände aus. Die frühzeitig verkahlenden Triebe sind braun, lang und äußerst zäh, knickfest, so daß sie sich ausgezeichnet zum Flechten eignen. Die Blätter sind lanzettlich, bis 15 cm lang, am Grund abgerundet, lang zugespitzt, Rand flach, buchtig gesägt mit Drüsen, diese (ähnlich wie bei der Bruch-Weide) in die Buchten gerückt. Die Oberseite ist lebhaft grün, nur der Hauptnerv behaart, Unterseite bläulichgrün, kahl; der Blattstiel ist 15 mm lang, etwas flaumig. Die Blätter sind am Trieb in regelmäßigen Abständen verteilt. Männliche Kätzchen 1 cm lang gestielt, zylindrisch, die Staubfäden kahl, straff abstehend, erinnern an die Purpur-Weide, sie sind aber nicht zusammengewachsen!
Standort: In Europa nur gepflanzt und verwildert.
Verbreitung: Zerstreut.
Blütezeit: April bis Mai.
Allgemeines: Diese Weide wird in Amerika für Flechtarbeiten sehr geschätzt, die Ausfuhr war verboten. Im Jahr 1880 wurden männliche Triebe (nach der Überlieferung) in einem Korb eingeflochten und in diesem Zustand nach Europa geschmuggelt. Hier wurde die Weide aus Stecklingen kultiviert und als vorzügliches Flechtmaterial bald verbreitet. Sämtliche, heute in Europa zerstreuten Sträucher stammen von diesem vor mehr als hundert Jahren eingeführten Trieb und sind deshalb alle nur männlich.
Der deutsche Name erinnert an die romantische »Entführung« aus Amerika.

♀

♂

Schlucht-Weide, Gebirgs-Weide, Großblättrige Weide *(Salix appendiculata* VILL.*)* — Weidengewächse

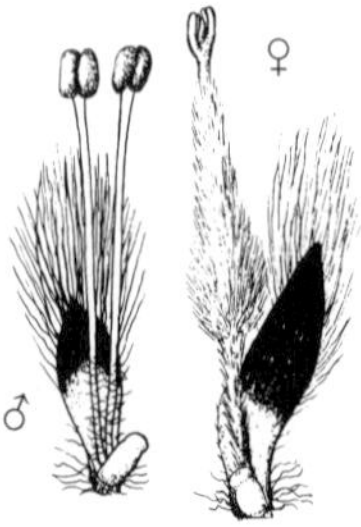

Merkmale: Großer, bis 6 m hoher Strauch mit kurzen, sparrig abstehenden, grauen Ästen; jüngste Triebe meist kahl, seltener schwach behaart. Zweige gelblich bis rotbraun. Blätter bis 12 cm lang, etwa 3mal so lang wie breit, lanzettlich bis verkehrt-eiförmig, oberhalb der Mitte am breitesten; oberseits kahl, lebhaft grün, das Nervennetz eingesenkt; unterseits fast filzig, vor allem auf dem stark vorspringendem Nervennetz borstig behaart, graugrün bis bäulichgrün; Blattrand umgebogen, unregelmäßig gezähnt, oft wellig oder glatt. Blattstiel bis 1 cm lang. Nebenblätter immer vorhanden, auffallend groß, herz- bis nierenförmig, 1–2 cm im Durchmesser, grob gezähnt. Die Kätzchen erscheinen erst kurz nach dem Blattausbruch. Männliche Kätzchen aufrecht, bis 2,5 cm lang, fast sitzend oder kurz gestielt; Tragblätter an der Basis hell, Spitze dunkel, lang bärtig. Staubfäden sehr lang, am Grunde behaart. Nektardrüse eiförmig. Weibliche Kätzchen aufrecht, kurz zylindrisch, Fruchtknoten lang gestielt, dicht hell behaart.

Standort: Von der Bergstufe bis über die Waldgrenze bis 2100 m, auf feuchten, meist kalkhaltigen Böden. Hochstaudengebüsche und Hochstaudenwälder (z. B. Bergahorn-Buchenwald), in Lawinenrunsen, meist in Nordlagen. In Schluchten steigt die Art tief in die untere Bergstufe herab.

Verbreitung: Jura, Schwarzwald, Alpenvorland und Alpen von der Dauphiné bis Niederösterreich und Kroatien.

Blütezeit: April bis Mai, kurz nach dem Blattaustrieb.

Laggers Weide, Flaum-Weide *(Salix laggeri* WIMMER*)* — Weidengewächse

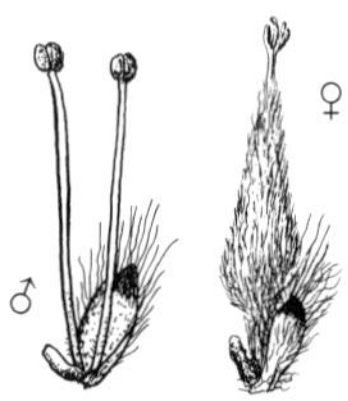

Merkmale: Sparriger Strauch 1–3 m hoch. Die Äste sind kurzknotig, graubraun, die letztjährigen Triebe schwarz, matt, kurz grau behaart. Diesjährige junge Triebe gelblichgrün, dicht weißlich behaart; an der Basis zum letztjährigen Trieb weiß bärtig. Blätter an den Langtrieben schlank lanzettlich, 12 cm lang, mit größter Breite im vorderen Teil, kurz zugespitzt. Der Rand ist wellig, leicht gebuchtet oder gesägt, am Grunde keilförmig zusammengezogen. Die Oberseite ist sattgrün, kahl, die Unterseite auf der ganzen Fläche dicht weißwollig, mit dem Altern verkahlend; zuletzt nur entlang der Mittelrippe behaart. Die Blätter an den Kurztrieben sind verkehrt-eiförmig, vorne breit abgerundet mit kurzer Spitze, bis 7 cm lang; der Rand ist feindrüsig, fast ganzrandig. Zur Blütezeit bilden die Erstblätter an den Triebspitzen dichte flaumige Büschel, Im Laufe des Wachstums erscheint die Blattoberseite zuerst kurz flaumig, nach dem Verkahlen lebhaft grün, glänzend. Die Unterseite hat stark vorspringende Blattnerven und ist dicht hellgrau behaart, im Griff weich! Die Kätzchen sitzen an 6 mm langen Stielen mit einigen flaumigen Blättchen. Männliche Kätzchen 15 mm lang, weibliche bis 25 mm, zylindrisch, dichtblütig, leicht gebogen. Der Fruchtknoten ist langgestielt und dicht behart, das Tragblatt 2farbig, vorderer Teil dunkelrot, Basis hell. Eine breite Nektardrüse.

Standort: Endemisch in den Alpen, an feuchten Stellen und im Gehängeschutt; 1500 bis 2100 m.

Verbreitung: Zerstreut von den Hautes-Alpes ostwärts bis Südtiroler Dolomiten (Massif du Pelvoux, Mt. Cenis, Wallis, Waadtländ. Alpen, Valsertal, Bergell, Oberengadin, Tessin, Ötztaler Alpen).

Blütezeit: Juni, mit Blattaustrieb.

Kätzchen ♂

Blatt-Unterseite

Kätzchen ♀

Purpur-Weide *(Salix purpurea* L.*)* — Weidengewächse

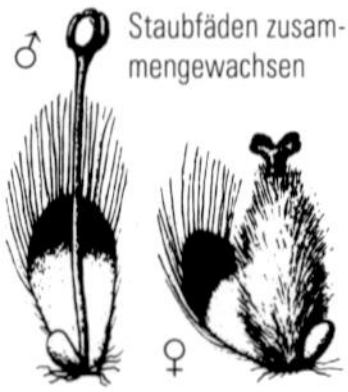

Merkmale: Großer, aufrechter Strauch, dicht buschig, bis 6 m hoch. Die Zweige sind dünn, biegsam und zäh, gelblichbraun oder purpurrot, kahl; die jüngsten Triebe manchmal kurz samtig behaart, verkahlend. Die Blätter sind schlank lanzettlich, an Langtrieben bis 12 cm lang, größte Breite im vorderen Drittel 12 bis 20 mm, an Kurztrieben bis 7 cm lang, und 2 cm breit. Das Blatt ist kurz zugespitzt und von der Mitte bis zur Spitze fein, scharf gesägt, gegen den Blattgrund ganzrandig, allmählich zusammenlaufend. Die Oberseite ist grün oder leicht bläulich, matt, der Hauptnerv gelb, Unterseite heller, graugrün, beidseitig kahl. Der Blattstiel ist 2 bis 5 mm lang, keine Nebenblätter vorhanden. Die Blattstellung am Trieb ist oft gegenständig. Die Kätzchen sind lang, schlank zylindrisch, oft gegenständig, bogenförmig. Männliche Kätzchen dichtblütig, die Staubfäden samt den Staubbeuteln vollständig zusammengewachsen. Staubbeutel zuerst purpurn, blühend gelb. Die weiblichen Kätzchen sind bis 4 cm lang; die kleinen, gedrungenen Fruchtknoten sind gedrängt sitzend, dicht behaart, Narbe fast ohne Griffel aufsitzend. Das Tragblatt ist zweifarbig, am Grund hell, der vordere Teil schwarz, lang behaart, bärtig. Nektarium kurz keulenförmig.

Standort: Von der Ebene bis ca. 1200 m, an Wasserläufen, in Niederterrassen.

Vorkommen: Eurasiatische Weide, in ganz Europa verbreitet. Fehlt in Skandinavien und im nördlichen Schottland (heute dort eingeführt).

Blütezeit: März bis April, mit Blattausbruch.

Allgemeines: Die Purpur-Weide ist anspruchslos und läßt sich leicht bewurzeln. Die oft auffallend roten Triebe und die zuerst purpurnen Kätzchen führten zu ihrem Namen. Im Sommer ist sie an ihren schlanken Blättern zu erkennen.

Alpen-Purpurweide, Schmalblättrige Purpurweide — Weidengewächse
(Salix purpurea ssp. angustior LAUTENSCHIAGER*)*

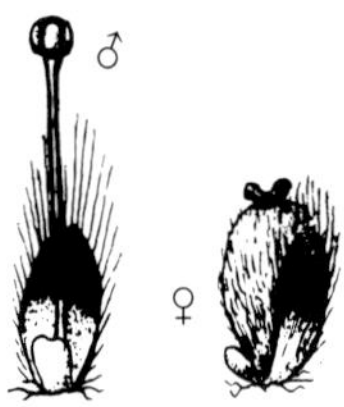

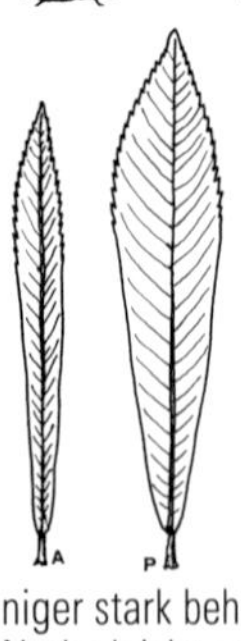

Merkmale: Zierlicher, aufrechter, locker verzweigter subalpiner Strauch, bis 3 m hoch. Die Blätter sind extrem schmal-lanzettlich, an Langtrieben bis 7 cm lang und maximal 8 mm breit, an Kurztrieben bis 3,5 cm lang;von der Mitte bis zur Spitze fein gesägt; sie sind oberseits blaugrün, unterseits heller graugrün, auf beiden Seiten kahl, matt. Blattstiel bis 3 mm lang, keine Nebenblätter. Kätzchen zylindrisch, ähnlich, aber kleiner, zierlicher als Stammart! Fruchtknoten weniger stark behaart, etwas schlanker eiförmig, Narbe leicht gestreckt.

Standort: Subalpine Flußalluvionen, Gletschervorfelder-Moränen; oberhalb von 1200 m vikarierend für die Stammart der Purpurweide.

Verbreitung: Extremstandorte. Frankreich: Mont Ventoux, Savoyen; Schweiz: Wallis, Uri, Berner Alpen, Graubünden; Österreich: Tirol; Südtirol: Dolomiten.

Blütezeit: Juni, mit Blattausbruch.

Allgemeines: Wimmer hat 1866 eine Zwergform der Purpurweide beschrieben als Varietät gracilis, die auf mageren Böden des Flachlandes vorkommt. Solche Kümmerformen können nach der Umpflanzung in eine bessere Unterlage sich oft zu normalen Purpurea-Weiden entwickeln. Die Alpen-Purpurweide dagegen behält ihre besonderen Merkmale, wenn sie ins Flachland gepflanzt wird!

Zeichnung der Blätter: links Alpen-Purpurweide, rechts Purpurweide.

Kätzchen ♂

Kätzchen ♀

Sträuchlein

Korb-Weide, Hanf-Weide *(Salix viminalis* L.*)* — Weidengewächse

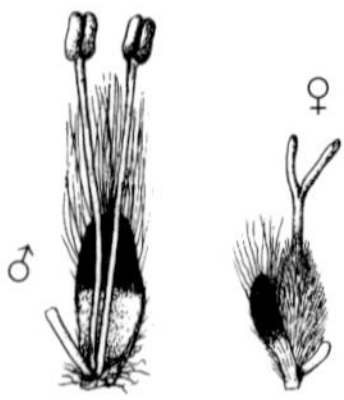

Merkmale: Großer Strauch, seltener bis 10m hoher Baum mit schlanken, aufrechten Ästen; junge Sprosse oft dicht filzig behaart; Zweige gelbgrün oder grau bis rotbraun, matt, in der Jugend grau behaart. Langtriebe oft über 2 m lang. Blätter bis 15 cm lang, lanzettlich bis lineal-lanzettlich, 2,5 cm breit, z. T. hängend, lang zugespitzt, am Grund ebensolang zusammenlaufend, Rand wellig umgebogen mit entfernt stehenden kleinen Drüsen, Oberseite trüb grün bis sattgrün, matt oder glänzend; Unterseite silbern glänzend, dicht mit kurzen silberweißen Härchen in Richtung der Seitennerven besetzt, die Seitennerven oft fast rechtwinklig vom Hauptnerv abzweigend; der Blattrand ist stark nach unten gebogen und bildet eine Rinne. Blattstiel bis 1 cm lang, kurz grauhaarig; Nebenblätter nur an Langtrieben, schmal lanzettlich, lang zugespitzt. Kätzchen zylindrisch, dick, bis 4 cm lang; männliche mit sehr langen, kahlen Staubfäden; weibliche Kätzchen straff aufrecht stehend, mit sitzendem, dicht hell behaartem, gedrungenem Fruchtknoten und sehr langem (5 mm), fadenförmigem Griffel und gestreckter gabelförmiger Narbe. Tragblatt zweifarbig, Basis hell, vorderer Teil schwarz, hell behaart und bärtig. Nektardrüse sehr lang, schlauchförmig.

Standort: Ebenen, in tieferen Lagen der Hügel- und Bergstufe auf nassen Böden und an Wiesenbächlein, häufig gepflanzt.

Verbreitung: Europa und Asien. Von Frankreich ostwärts bis zum Ural, im Süden z. T. bis an die Adria.

Blütezeit: März bis April, knapp vor Blattaustrieb.

Allgemeines: Für Flechtarbeiten sehr ertragreiche Weide; in Europa wahrscheinlich nicht heimisch, wurde eventuell von Fahrenden aus dem Osten mitgebracht.

Lavendel-Weide *(Salix elaeagnos* SCOPOLI*)* — Weidengewächse

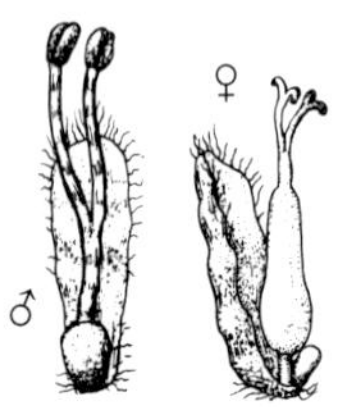

Merkmale: Stattlicher, bis 6 m hoher Strauch, selten hoher Baum, subalpin kleiner Pionierstrauch. Äste aufgerichtet, Zweige gelbgrün bis rostrot, jüngste Triebe zerstreut behaart. Blätter bis 15 cm lang, schmal lanzettlich, beide Enden lang zugespitzt, Rand stark umgebogen; Oberseite mit eingesenktem Mittelnerv, dunkelgrün, zuerst grau behaart, verkahlend, Unterseite mit stark vorspringendem Mittelnerv, dicht grau- bis weißfilzig. Blattstiel 5 mm lang, anliegend behaart. Nebenblätter sehr klein, selten vorhanden. Kätzchen kurz gestielt, länglich walzenförmig, waagrecht ausgestreckt oder nach unten gebogen. Männliches Kätzchen bis 2,5 cm lang, Staubfäden kahl, in der unteren Hälfte zusammengewachsen, oberer Teil frei; weibliches Kätzchen 3 bis 5m lang, Fruchtknoten gestielt, ei-kegelförmig, kahl, Griffel lang, mit der Narbe über das Tragblatt hervorragend. Tragblatt einfarbig, hellhäutig, kahl, leicht wellig, Vorderrand mit wenigen Härchen.

Standort: Von der Ebene bis in subalpine Flußalluvionen.

Verbreitung: Mittel- bis Südeuropa. Von Spanien ostwärts bis zu den Gebirgen der Balkanhalbinsel.

Blütezeit: März bis Mai, mit Blattaustrieb.

Allgemeines: In subalpinen Flußalluvionen bildet die Lavendel-Weide mit der Alpen-Purpurweide, der Reif-Weide, zusammen mit der Deutschen Tamariske und dem Gemeinen Reitgras die Pioniergesellschaft des *Salici-Myricarietum M. Moor.* Ein deutliches Merkmal der Lavendel-Weide zur Blütezeit sind die langen Griffel mit den Narben, die zwischen den dachziegelartig angedrückten Tragblättern des Kätzchens hervorhängen.

Kätzchen ♀, fruchtend

♂

Kätzchen ♀, fruchtend

Reif-Weide *(Salix daphnoides* VILL.*)* — Weidengewächse

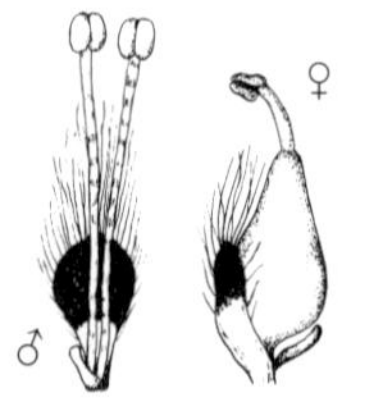

Merkmale: Zum Teil stattliche Bäume, auch strauchförmig. Die Borke ist hellgrau, leicht gelblich, etwas längsrissig. Jüngere Zweige braun bis purpurn, leicht glänzend, meist mit hellem, blaßblauem, abwischbarem Wachsbelag (bereift!). Die Zweige brechen leicht ab. Blätter lanzettlich, bis 8 cm lang, fein zugespitzt, Rand flach und regelmäßig kleindrüsig gesägt. Oberseite lebhaft grün, stark glänzend, kahl, mit hellgelb bis rötlichem Hauptnerv, Unterseite etwas heller, bläulichgrün, matt, kahl, der Hauptnerv stark vorspringend. Der Blattstiel ist bis 8 mm lang, an seinem Grund sind die beiden Nebenblättchen angewachsen, sie fallen deshalb mit dem Blatt zusammen ab. Die Reif-Weide weist besonders große Kätzchen auf. Männliche Kätzchen zuerst dichtwollige Bällchen bildend, aus diesem Pelz brechen die sehr langen, kahlen Staubfäden hervor; weibliche Kätzchen grünlich, der Fruchtknoten, fast sitzend, ist seitlich stark zusammengedrückt, an seiner Basis breit, allmählich schmäler werdend; der Griffel lang, meist seitlich gewendet, mit zwei nebeneinander liegenden Narben. Das Tragblatt ist zweifarbig, nur an der Basis hell, oberer Teil dunkelbraun bis schwarz, sehr lang bärtig. Nektardrüse lang, schlauchförmig.

Standort: Subalpine Flußalluvionen, mit den Flüssen ins Flachland verfrachtet.

Verbreitung: Mitteleuropäische Weide. Von Skandinavien südwärts bis Oberitalien und nördl. Balkanhalbinsel.

Blütezeit: März bis April, vor dem Blattaustrieb.

Allgemeines: Beste Erkennungsmerkmale sind der bläuliche Reif-Belag an jüngeren Trieben, die an der Blattstielbasis angewachsenen Nebenblätter und der sitzende, breit zusammengedrückte Fruchtknoten.

Mandel-Weide *(Salix triandra* L.*)* — Weidengewächse

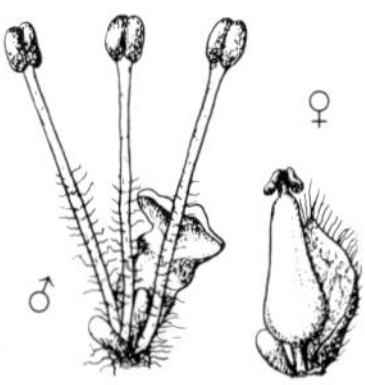

Merkmale: Bis 4 m hoher Strauch oder kleiner Baum. Die Borke älterer Äste löst sich in Fetzen ab, das darunter erscheinende Rindengewebe ist rost-rot. Junge Zweige kahl, an der Basis leicht abbrechend. Blätter lanzettlich bis 10 cm lang, am Grund kurz zusammengezogen, vorn lang zugespitzt; Rand flach, regelmäßig stark gesägt mit kleinen Drüsen. Oberseite sattgrün, leicht glänzend, Unterseite ebenfalls grün, weniger glänzend, beidseitig kahl. Blattstiel 1 cm lang, kahl, mit 2 stiftförmigen Drüsen. Nebenblätter nur an Langtrieben, sehr groß, nierenförmig. Die Kätzchen sitzen an den Kurztrieben, 2 cm lang gestielt, aufrecht stehend. Männliche Kätzchen bis 4 cm lang, leicht konisch, von der Basis her aufblühend, Blüte mit drei, im unteren Teil behaarten Staubfäden; weibliche Kätzchen bis 5 cm lang, sehr schlank; Fruchtknoten deutlich gestielt, kegelförmig kahl, Narbe fast ohne Griffel waagrecht ausgebreitet; Tragblatt einfarbig, häutig, fast kahl; die innere Nektardrüse breit, manchmal gespalten (nur bei männlichen Blüten eine zweite, unscheinbare vordere Nektardrüse vorhanden).

Standort: Vor allem im Flachland und in der Hügelstufe an Flußufern, an periodisch überschwemmten Bereichen.

Verbreitung: Eurasiatische Weide; in ganz Europa, außer Schottland, Nord-Irland, Nordskandinavien Südspanien und Sizilien.

Blütezeit: April bis Mai, mit Blattaustrieb.

Allgemeines: Im Hochwasserbereich von Bächen und Flüssen sind die Sträucher oft mit Getreibsel behangen. Die Ruten der Mandel-Weide werden gern zum Flechten verwendet; die regelmäßig geschnittenen Sträucher bilden verdickte, kropfige Stämme, sogenannte Kopfweiden (wie sie auch an einigen anderen Weiden, die zum Flechten benutzt und häufig geschnitten werden, auftreten.

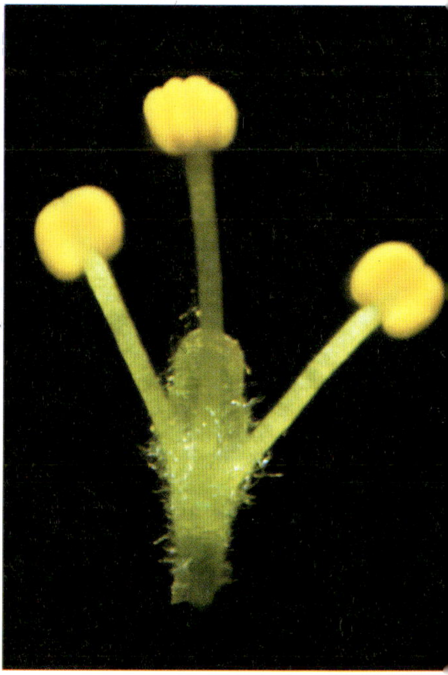

Baum, männliche Kätzchen mit mehr als 3 Staubfäden; Blätter steif, regelmäßig drüsig gesägt.

Lorbeer-Weide *(Salix pentandra* L.*)* — Weidengewächse

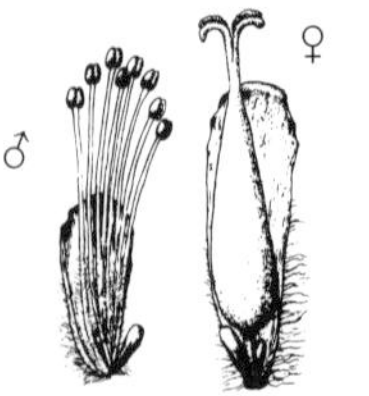

Merkmale: Baum bis 15 m hoch, selten Strauch, Stamm dunkelgrau, Borke längsrissig, jüngere Triebe gelblich bis rötlichbraun, glänzend, kahl. Blätter bis 8 cm lang, langzettlich, größte Breite oft über der Mitte, kurz zugespitzt, keilförmig in den Blattstiel laufend, Rand flach, regelmäßig fein, drüsig gesägt, Drüsen klebrig, bei Sonnenstrahlung balsamisch duftend. Oberseite lebhaft dunkelgrün, stark glänzend, Unterseite heller, bläulich-grün, beidseitig kahl. Blattstiel 1 cm lang, kahl, mit 2 bis 5 Drüsen; Nebenblätter selten, nur an Langtrieben. Kätzchen 2–3 cm lang gestielt, zylindrisch, männliche Kätzchen mit 4 bis 8 (bis 12!) in der unteren Hälfte behaarten Staubfäden, 2 Nektardrüsen; weibliches Kätzchen mit kurzgestieltem, kegelförmigem, kahlem Fruchtknoten, Griffel lang, gespalten, Narbenäste meist umgebogen. Tragblatt einfarbig hell, Außenseite im unteren Teil kurz kraushaarig, Spitze kahl, nicht bärtig; Tragblatt bei der männlichen Blüte halb so lang wie die Staubfäden, bei der weiblichen Blüte so lang wie der Fruchtknoten, nach der Blütezeit abfallend. Nektardrüsen bei beiden Geschlechtern je zwei, die hintere größer.

Standort: Im nördlichen Europa in den Bruch- und Auenwäldern, auf sandig-kiesigen, dauernd durchfeuchteten Anschwemmungen der Flüsse. In den Alpen an Flüssen und Dämmen, auf Alluvionen der Gebirgsbäche.

Verbreitung: Eurasiatische Weide; von England und Osteuropa bis Westsibirien. Selten in den Pyrenäen und Apenninen, im Kaukasus.

Blütezeit: Juni bis Juli, spätest blühende Weide der Alpen; nach der Blattentfaltung.

Allgemeines: In den Alpen (z. B. Engadin, um 1700 m) reifen die Früchte erst im Spätherbst und bleiben oft am Baum hängen, ihn mit den silbernen Haarbällchen schmückend. Die Keimung erfolgt erst nach der Winterruhe.

Große Bäume mit überhängenden Zweigen, Garten- und Parkbaum

Echte Trauer-Weide *(Salix babylonica* L.*)* — Weidengewächse

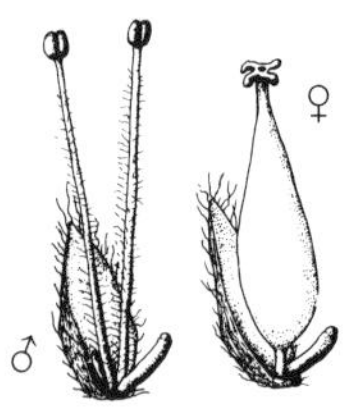

Merkmale: 10 – 20 m hoher Baum mit weit ausladenden Ästen, Zweige lang rutenförmig, dünn, hellgrau, kahl, überhängend. Blätter kurz gestielt, lanzettlich bis 17 cm lang, 2,5 cm breit, lang zugespitzt und am Grund ebenso zusammenlaufend, Rand knorpelig gesägt, Oberseite dunkelgrün, Unterseite graugrün, beidseitig kahl. Blattstiel 5 mm lang, Nebenblätter nur sehr selten. Kätzchen zylindrisch, 4–5 cm lang, hängend. Männliche Kätzchen mit 2 kahlen Staubfäden, weibliche Kätzchen mit kahlem Fruchtknoten und dicken Narben. Tragblatt einfarbig, hell, Außenseite locker behaart, Spitze nicht bärtig. Nektardrüsen: männlich 2, die hintere länglich, keulenförmig, die vordere klein; weiblich nur das hintere Nektarium.
Ziemlich häufig findet man Kätzchen mit männlichen und weiblichen Blüten!

Standort: Auf feuchten, lockeren Böden, entlang von Fließgewässern. Nur angepflanzt!

Verbreitung: Ostasiatische Weide; China, Japan (Westgrenze des ursprünglichen Areals im Gebiet Ost-Turkestans). Als Zierbaum über die ganze Welt verbreitet.

Blütezeit: April bis Mai, mit Blattaustrieb.

Allgemeines Die echte Trauer-Weide ist wenig winterhart. Sie wird deshalb meistens mit der **Silberweide** *(Salix x sepulcralis)* gekreuzt.
Die **Japanische Trauerweide** *(Salix elegantissima)* wird in Mitteleuropa seltener gepflanzt. Es ist ein Baum mit hängenden, braunglänzenden, peitschenartigen Zweigen. Die Blätter sind lanzettlich, bis 15 cm lang, 2 cm breit, lang zugespitzt und am Grund ähnlich zusammenlaufend, der Rand ist dicht, scharf gezähnt, die Oberseite lebhaft grün glänzend, die Unterseite blaugrün matt. Es sind nur weibliche Exemplare bekannt; die Kätzchen sind endständig, zylindrisch, Fruchtknoten in der unteren Hälfte behaart, sonst kahl, 2 Nektardrüsen.

♂

♀

♀

Hoher Baum der Auenwälder, meist an den Flußufern.

Bruch-Weide, Knack-Weide *(Salix fragilis L.)* Weidengewächse

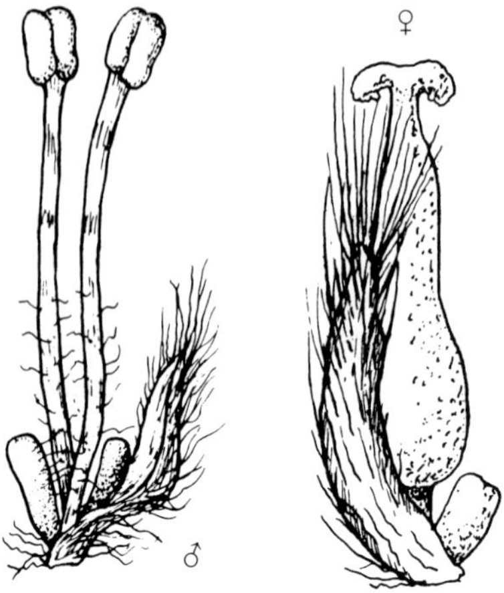

Merkmale: Baum bis gegen 20 m hoch, mit mächtigen Ästen und rissiger Borke, seltener Strauch. Die jüngeren Triebe meist rechtwinklig verzweigt, kahl, gelblich grau glänzend, an der Basis auffällig leicht, mit knackendem Geräusch abbrechend. Blätter schlank lanzettlich, bis 16 cm lang, 2 bis 2,5 cm breit, lang, fein zugespitzt, vollständig kahl. Der Blattrand ist buchtig gesägt mit Drüsen, die deutlich in die Buchten gedrängt sind (nicht auf den Spitzen sitzend)! Blattstiel 1 cm lang mit 2 bis 4 Drüsen. Nebenblätter klein, oft fehlend. Die Kätzchen sind 1 cm lang gestielt, die männlichen bis 6 cm lang, zylindrisch, die Staubfäden sind stark behaart; die weiblichen Kätzchen sind bis 7 cm lang, schlank zylindrisch, meistens hängend mit bewimperten jungen Blättchen; der Fruchtknoten ist sehr kurz gestielt, kahl, gedrungen spindelförmig, in den kurzen Griffel verjüngt, die Narbenäste sind dick, seitlich ausgebreitet. Das Tragblatt ist einfarbig, häutig, Außenseite stark behaart und Spitze lang bärtig. Männliche Blüte mit 2, weibliche mit 1 Nektardrüse.

Standort: Von der Ebene bis ins Hügelland entlang der Flüsse auf periodisch durch Hochwasser überfluteten, sandig-kiesigen, nährstoffreichen Schwemmlandböden. In alpinen Dörfern bis 1200 m gepflanzt zur Gewinnung von Flechtmaterial!

Verbreitung: Europäisch bis westasiatische Weide. Im Westen oft gepflanzt oder durch den Bastard *Salix x rubens* vertreten. Verbreitungsgebiet der reinen Form vom Schwarzwald ostwärts bis Rußland. Südgrenze im Mittelmeergebiet; in Skandinavien bis Mittelschweden, ostwärts bis Ob und Altai. In Nordamerika wird sie gepflanzt und ist teilweise verwildert.

Blütezeit: Ende März bis Anfang Mai,gleichzeitig mit Blattentfaltung.

Allgemeines: Die Bruch-Weide bildet häufig Bastarde mit der Silber-Weide. Ihre Blätter sind im Gegensatz zur Bruch-Weide oberseits sehr fein behaart (Lupe)!

Die Bruch-Weide eignet sich nicht zum Korbflechten und wurde deshalb vom Menschen nicht so weit verbreitet wie die Korb-Weide *(Salix viminalis)*, ist jedoch ein guter Uferbefestiger. In Nordamerika wurde sie eingeschleppt und verwilderte gebietsweise. Der Artname bezieht sich auf die an der Basis brüchigen Zweige. Auf das beim Brechen der Zweige entstehende knackende Geräusch weisen die Volksnamen **Knackwied, Prasselwied** und **Brastelfelber** hin.

Kätzchen ♀ fruchtend

oben: ♂

Hoher Baum in den Auenwäldern, Blätter silberweiß schimmernd.

Silber-Weide, Weiss-Weide *(Salix alba* L.*)* Weidengewächse

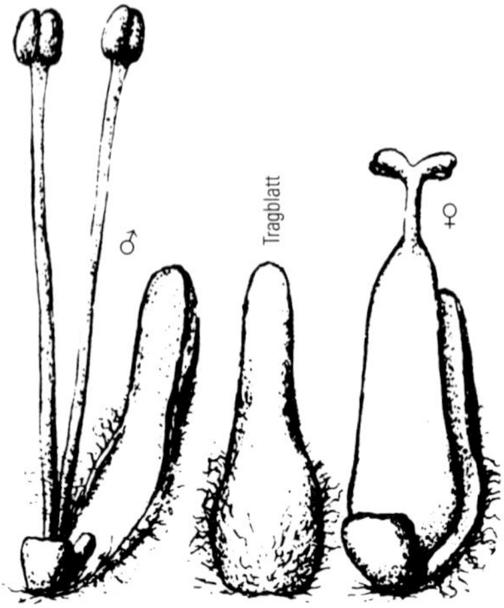

Merkmale: Großer, bis 25 m hoher Baum mit rissiger Borke und breit ausladenden Ästen. Verzweigung der jüngeren Triebe spitzwinklig. Triebe sind schmutzig-braun, kurz, manchmal angeklebt behaart, matt, im Laufe des Sommers verkahlend. Die Blätter sind schlank lanzettlich, 5 bis 9 cm lang, beidseitig zugespitzt. Der Blattrand ist feindrüsig gesägt, die Drüsen sitzen auf der Spitze der Zähnchen. Blattstiel bis 5 mm lang, behaart, am Blattgrund mit zwei kleinen, wenig auffälligen Drüsen. Die Blattoberseite ist grün, locker weiß-seidig behaart, Unterseite heller, dicht anliegend seidenhaarig, weiß-silbern glänzend. Die Kätzchen erscheinen nach Ausbruch der ersten, noch wenig behaarten Blätter. Männliche Kätzchen bis 2 cm lang gestielt, 3 bis 5 cm lang, meist überhängend. Staubfäden im unteren Teil behaart. Weibliches Kätzchen bis 5 cm lang, Fruchtknoten sehr kurz gestielt, dick, leicht konisch, kahl, Griffel mittellang, Narbenäste gespreizt, Tragblatt einfarbig hell, kahl, nur am Grund kurz kraushaarig, an der Spitze kahl. Männliche Blüten mit zwei Nektardrüsen, die vordere sehr klein, weibliche Blüten nur mit innerem Nektarium.

Standort: In den Auenwäldern des Tieflandes als Flußbegleiter, höchstens bis 800 m aufsteigend. Auf nährstoffreichen, periodisch überschwemmten Sandböden. Die Silber-Weide bildet in Auenwäldern zusammen mit Pappeln größere Bestände. Sie wächst meist in Höhe des mittleren Wasserstandes und bevorzugt kalkhaltigen Untergrund. Am Rande von Flüssen bildet sie mit Weiden und Pappeln die typische »Weichholz-Aue«. Diese wird auf überschwemmungsfreien Böden von der »Hartholz-Aue« (mit Eschen) abgelöst, sofern dieser Auwald nicht dem Kulturland weichen mußte.

Verbreitung: Eurasiatische Weide; fast im ganzen europäischen Raum, einschließlich Mittelmeergebiet verbreitet. Fehlte ursprünglich in Irland, Schottland und Skandinavien. In diesen nördlichen Gebieten wird die Silber-Weide jedoch häufig kultiviert.

Blütezeit: Ende April bis Mai, nach Blattaustrieb (etwa 3 Wochen nach der Bruch-Weide).

Allgemeines: Die Silber-Weide ist ein stattlicher Baum und kann bis 100 Jahre alt werden. Viele Stockausschläge sorgen für den Nachwuchs. Sie erträgt starken Schnitt, Steckhölzer bewurzeln gut. Die Langtriebe werden seltener für Flechtarbeiten verwendet, in der Nähe von Weinbergen liefert sie die Ruten zum Aufbinden der Reben-Schößlinge. Die Silber-Weide bastardisiert häufig mit der Bruch-Weide (siehe bei der Bruch-Weide)! Eine hübsche Gartenform ist die **Dotter-Weide** *(ssp. vitellina)* mit ihren gelborangen Trieben. Aus der Rinde der Silber-Weide wird das Heilmittel Cortex Salicis gewonnen, das gegen Kopfweh, Rheuma und fiebrige Erkrankungen verwendet wird. – Heute ist es meist durch synthetische Salicylsäure-Derivate (»Aspirin«) ersetzt.

♀

Merkmale: Sehr dichter, bis 1 m hoher Strauch oder bis 6 m hoher Baum mit kleiner, ziemlich offener und spitz zulaufender Krone. Rinde hellbraun, meist tief in kleine kantige Felder zerrissen. Äste kurz, dick, aufrecht, anfangs behaart, später verkahlend, olivgrün, vierkantig und dicht beblättert. Knospen zylindrisch, hell orangebraun, dicht behaart. Laubblätter gegenständig, auf kurzen Stielen, eirund bis länglich-elliptisch, im unteren Drittel am breitesten, ganzrandig, stumpf oder ausgerandet, am Rand löffelartig gewölbt, meist 1,5–3 cm lang und bis 2,5 cm breit, ledrig, hart, immergrün, oberseits glänzend dunkelgrün, unterseits matt bleichgrün, längs der Hauptnerven mit einem Streifen heller Pünktchen. Mittelader stark hervortretend. Ohne Nebenblätter. Blüten in blattachselständigen Knäueln, eingeschlechtig, einhäusig (d. h. rein männliche und weibliche Blüten auf einer Pflanze), meist eine weibliche Blüte in der Mitte und 5–6 männliche Blüten ringsum angeordnet, diese mit 4 Blütenhüllblättern, oder 2 + 2, dann ungleich (die jeweils gegenüberstehenden gleich), eiförmig, etwa 2 mm lang und von grünlichgelber Farbe. Ebenso 2 + 2 Staubblätter, diese vor den Blütenhüllblättern stehend, etwa 3 mm lang mit pfeilförmigen Staubbeuteln. Die weiblichen Blüten von Vorblättern umgeben, endständig, mit 4–8, meist aber 5–6 Blütenhüllblättern, weißlich. Zwischen den 3 Fruchtblättern rundliche höckerförmige Nektarien ausgebildet. Frucht verkehrt-eiförmig bis kugelig, 3fächrig, 7 bis 8 mm lang, mit ledrig runzeliger Oberfläche, zuletzt schwarzbraun. Samen länglich, dreikantig, glänzend schwarz.

Standort: Zerstreut in Laubmischwäldern, im Gebüsch, auf Felsschutt. Häufig in Gärten, Parks und auf Friedhöfen angepflanzt. Mit Vorliebe an warmen und trockenen Stellen. Von der Ebene bis in die Bergstufe verbreitet, im Schweizer Jura bis 800 m, in Griechenland am Olymp noch in 2000 m Höhe anzutreffen. Bevorzugt auf Kalk- oder Urgestein.

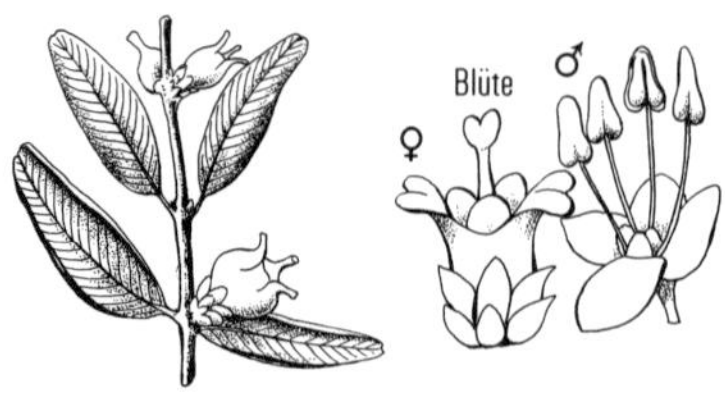

Verbreitung: Süd- und Mitteleuropa. Nördlich bis zum zentralen Bergland Frankreichs, in Deutschland nur im Moselgebiet und an einigen Stellen in Baden, vereinzelt in den östlichen Gebieten Österreichs, in den Illyrischen Gebirgen sowie auf der Balkanhalbinsel. Die gegenwärtige Verbreitung zeigt eine deutliche Aufgliederung in ein westliches und ein östliches Areal. In Italien kommt der Buchsbaum nicht vor. Dieses zweiteilige Gebiet kann man nur anhand der Florengeschichte erklären: es kam durch geologische Umgestaltungen und eiszeitliche Einwirkungen zu solchen zerteilten Verbreitungsgebieten.

Blütezeit: März und April.

Allgemeines: Schon bei Aristoteles und Theophrast wird der Name *pyxos* für den Buchsbaum verwendet. Der lateinische Zusatz *sempervirens* bezieht sich auf die immergrünen Blätter des Strauches. Das Holz ist sehr dicht und gleichmäßig gebaut, gelblich, feinfaserig und von hornartiger Beschaffenheit. Es wird hauptsächlich zur Herstellung von Blasinstrumenten (Flöten), Pfeifenköpfen und Werkzeuggriffen genutzt. Schon in der Ilias wird erzählt, daß das Joch der Maultiere des troischen Königs Priamos aus Buchsholz angefertigt war. Der Strauch erreicht bisweilen ein Alter von über 500 Jahren. Er erträgt sehr hohe Sommertemperaturen und längere Trockenperioden; zudem zeichnet ihn eine erstaunliche Widerstandsfähigkeit gegen Frost aus. Alle Teile der Pflanze sind giftig. Trotzdem stellte man aus ihren Bestandteilen früher Arzneimittel her, die vor der Entdeckung des Chinin zur Fiebersenkung eingesetzt wurden. Gegenwärtig wird der Strauch wieder häufiger angepflanzt. Mit seinem immergrünen Laub belebt er auch im Winter Gärten und Parks. Das dichte Zweigwerk läßt sich gut zu geometrischen Figuren zurechtschneiden.

Früchte

Merkmale: Kleiner (bis 1 m im Durchmesser), gabelästiger, fast kugeliger, wintergrüner, auf Bäumen schmarotzender Strauch. Kurzer, dikker Stamm mit gelblich-grünen Zweigen, die leicht in den Gelenken der Sproßverzweigungen abbrechen. Laubblätter gegenständig, sitzend, ledrig, parallelnervig, von zungenförmiger bis länglich-eiförmiger Form, gelbgrün, 2–5mal so lang wie breit, stumpf, nach dem Grund zu verschmälert, ganzrandig und kahl. Blüten unscheinbar, eingeschlechtig, zweihäusig (d. h. männliche und weibliche Blüten auf verschiedenen Einzelexemplaren), in Büscheln zu 3–5 in sitzenden Trugdolden angeordnet; diese in den Achseln kleiner Hochblätter stehend. Die männlichen Blüten ohne Kelch, mit gelbgrüner, vierteiliger Blütenhülle, größer und auffälliger als die weiblichen. Stets 4 Staubblätter, diese ohne Staubfaden, sitzend, mit den Blütenhüllblättern vollständig verwachsen. Bei der weiblichen Blüte kleine und schmale, 3- bis 4teilige Blütenhülle. Fruchtknoten unterständig mit kurzem Griffel. Narbe dick und polsterförmig. Scheinbeere (die Blütenachse ist an der Fruchtbildung beteiligt) erbsengroß, zuerst grün, später opalartig durchscheinend, weiß oder gelblich, mit zähem, schleimigem Fruchtfleisch. Meist 1–2 ovale oder kantige Samen.

Standort: Auf verschiedenen Laub- und Nadelhölzern schmarotzend. Von der Ebene bis in die Voralpen zu finden.

Verbreitung: Süd- und Mitteleuropa, nördlich bis Skandinavien, östlich bis Rußland, Asien und Westpersien.

Blütezeit: Von März bis Mai. Die Beeren reifen im November und Dezember.

Allgemeines: Unter Berücksichtigung der Anpassung der Mistel an bestimmte Wirtspflanzen und aufgrund von Besonderheiten der Pflanzengestalt unterscheidet man gewöhnlich 3 Rassen. Die **Laubholz-Mistel,** welche ausschließlich auf Bäumen wie Pappeln, Weiden, Birken, Hainbuchen, Kastanien und Linden vorkommt. Ferner die **Tannen-Mistel,** die nur bei der Weißtanne auftritt, und die **Föhren-Mistel,** die nur auf der Waldkiefer und der Fichte zu finden ist. Gemeinsam ist diesen Rassen ihre halbparasitäre Lebensweise. Die zu ihrer

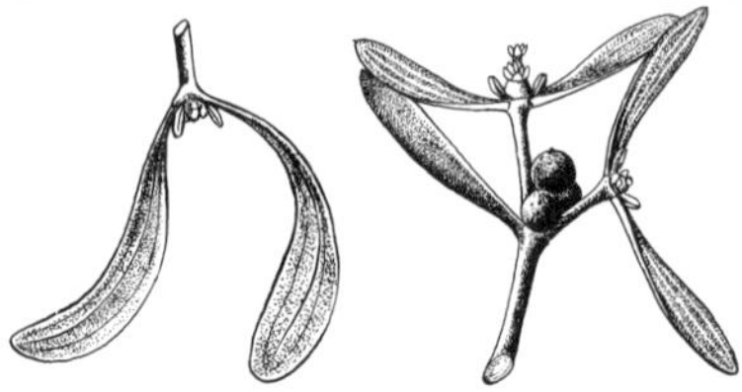

Entwicklung notwendigen organischen Baustoffe bilden sie wie alle anderen grünen Pflanzen mit Hilfe des Blattgrüns der Blätter und Zweige selbst. Da die Mistel ihre Wurzeln nicht in das Erdreich, sondern in die Rinde und das Holz der Wirtspflanze hineintreibt, beschafft sie sich auf diese Weise das notwendige Wasser und die darin gelösten Nährsalze. Die Beeren mit ihrem klebrig-schleimigen Fruchtfleisch werden gerne von Vögeln (Misteldrosseln) gefressen. Die unverdaulichen Samen werden dabei entweder beim Säubern des Schnabels an den Ästen angeleimt, oder sie passieren den Verdauungstrakt der Vögel und werden auf den Zweigen mit dem Kot abgesetzt. Die Keimlinge sind bereits in der Lage, mit ihrer Senkwurzel in die Wirtspflanze einzudringen. Der Schaden, den die Bäume erleiden, ist zwar nicht sehr groß, kann sich aber allmählich durch Holzentwertung, Entlaubung und Verkümmerung der Äste durch Wassermangel bemerkbar machen. Die Mistel spielte schon in der antiken und in der germanischen Mythologie eine große Rolle. Die goldene Zauberrute, aus einer Mistel gefertigt, öffnete dem Aeneas den Zugang zur Unterwelt. Die Druiden, die Priester der alten Gallier, schnitten die Mistel mit goldenen Sicheln von den Bäumen. Auch heute noch gilt sie als dämonenabwehrende und glücksbringende Pflanze. In England wäre ein Weihnachten ohne Mistelzweige undenkbar. In der Naturheilkunde steht dieser Halbschmarotzer seit dem Altertum in hohem Ansehen. Die moderne Arzneimittelforschung erbrachte den Beweis, daß Mistelextrakte bei erhöhtem Blutdruck eine normalisierende Wirkung ausüben, die Herztätigkeit stabilisieren, der Arterienverkalkung vorbeugen und bei rheumatischen Erkrankungen Linderung bringen. Neuerdings werden Wirkstoffe aus Misteln auch in der Krebstherapie mit Erfolg eingesetzt.

Blüten

Früchte

Europäische Riemenblume *(Loranthus europaeus* JACQ.*)* Mistelgewächse

Merkmale: Auf Bäumen schmarotzender, 20–50 cm hoher Strauch mit gabelig verzweigten, leicht zerbrechlichen, stielrunden, dunkelbraunen Zweigen. Laubblätter sommergrün, fast gegenständig, dick, kurz gestielt, verkehrt-eiförmig bis länglich-elliptisch, stumpf, in den Blattstiel verschmälert, ganzrandig, dunkelgrün. Blüten zweihäusig verteilt, die weiblichen in endständigen, lockeren Ähren, die männlichen in Trauben. Die Blütenachse täuscht unterhalb der Blüte (durch eine Wucherung) ein kelchähnliches Gebilde vor. Der eigentliche Kelch kurz und leicht gezähnt. 4–6 Blütenhüllblätter, die länglich, gelblichgrün, 3–4 mm lang und frei sind. Staubblätter so viele wie Blütenhüllblätter, vor diesen stehend und am unteren Teil eingefügt. Fruchtknoten unterständig. Griffel fädlich mit kopfförmiger Narbe. Scheinfrucht beerenartig, birnenförmig bis kugelig, etwa 10 mm lang, mit saftreichem und klebrigem Fruchtfleisch.

Standort: Zerstreut auf verschiedenen Eichenarten. In West- und Südeuropa bevorzugt auf der Flaum-Eiche *(Quercus pubescens)* oder auf der Zerr-Eiche *(Quercus cerris),* im ganzen gemäßigten Europa vereinzelt auch auf der Stiel-Eiche *(Quercus robur).* Mitunter auch auf Kastanien und Oliven schmarotzend.

Verbreitung: Von Südosteuropa über Österreich bis Böhmen, Mähren und Sachsen.

Blütezeit: Mai und Juni.

Allgemeines: Hinsichtlich ihres biologischen Verhaltens schließt sich die Riemenblume eng an die **Mistel** an. Auch sie ist ein Halbschmarotzer, der seinen Wasser- und Nährsalzbedarf über spezielle Saugorgane (Haustorien) deckt, die in die Wirtspflanze eindringen. Erwähnenswert ist auch die in Südosteuropa beheimatete **Wacholder-Mistel** *(Arceuthobium oxycedri),* die bevorzugt auf Wacholder-Arten (meist *Juniperus communis*) parasitiert.

Gemsheide *(Loiseleuria procumbens* [L.] DESV.*)* Heidekrautgewächse

Merkmale: Immergrüner, ausgedehnte Matten bildender Zwergstrauch, die niederliegenden Stämmchen sind bis 50 cm lang, oft wurzelnd, üppig verzweigt, die Zweige sehr dünn und dicht beblättert. Die derben Blätter sind sehr kurz gestielt, meist gegenständig angeordnet, bis zu 7 cm lang und 2 mm breit, länglich mit abgerundeter Spitze und deutlich eingerolltem Rand, unterseits bläulich-weiß mit hervortretender Mittelrippe. Die kleinen, 2–5 rosa Blüten stehen in endständigen Dolden auf vorjährigen Trieben. Die Blütenstiele sind bis 8 mm lang, die Tragblätter lederig, ausdauernd, den Blättern gleich, nur etwas kleiner und spitzer. Die 5 Kelchblätter sind nicht verwachsen, lanzettlich und rot gefärbt. Blütenkrone breit glockenförmig und tief 5spaltig, etwa 4 mm lang und 6 mm breit, abfallend. Die 5 Staubblätter sind kürzer als die Blütenkrone und stehen zwischen den Kronzipfeln, ihre Staubbeutel besitzen keine Anhängsel und öffnen sich durch Längsschlitze in ihrer ganzen Länge. Der Fruchtknoten ist oberständig. Die Frucht ist eine 2–3fächerige, kugelige und rötliche, bis 4 mm breite, fachspaltige Kapsel; Samen zahlreich.

Standort: Kalkfliehende Gebirgspflanze, auf Silikat oder Rohhumus wachsend, auf trockenem Geröll und felsigen Böden oder Torfmooren, oft an sehr exponierten Stellen zu finden, in den Alpen von etwa 1500–3000 m.

Verbreitung: In Nordeuropa, Skandinavien und Schottland sowie in Hochgebirgslagen Frankreichs, den Pyrenäen, Alpen und Karpaten, auch in Nordamerika und Nordasien.

Blütezeit: Juni, Juli.

Allgemeines: Weitere volkstümliche Namen der Gemsheide sind u. a.: **Niederliegende Azalee, Zwerg-Porst, Alpenheide** oder **Felsenröschen.** Der bodennahe Wuchs des Spalierstrauches ermöglicht der Pflanze das Überleben in exponierten Lagen.

Merkmale: Immergrüner, bis 1,5 m hoher, aufrechter oder aufsteigender, stark verzweigter und dicht beblätterter Strauch von stark aromatischem, fast betäubendem Geruch. Die jungen Triebe sind rostrot filzig behaart. Die Blätter sind im Winter herabgebogen, wechselständig angeordnet und kurzgestielt, ledrig, lineal bis elliptisch länglich, bis 5 mm lang und 12 mm breit, unterseits rostrot filzig, oberseits dunkelgrün, Mittelrippe meist deutlich sichtbar, ganzrandig und mit eingerolltem Rand. Die kleinen, weißen oder rosa Blüten stehen in endständigen, aufrechten, reichblütigen Doldenrispen, auch Ebenstrauß genannt. Die Blütenstiele sind wesentlich länger als die Blüte, bis 25 mm lang, warzig-drüsig, anfangs häufig auch rostrot filzig, aufrecht und an der Frucht herabgebogen; die häutigen Tragblätter bleiben als rotbraune Knospenhüllen, Vorblätter fehlen. Die 5 Kelchblätter sind klein, breit-eiförmig, stumpf, drüsig klebrig und fast in ganzer Länge verwachsen. Die 5 Kronblätter sind frei, bis 8 mm lang, verkehrt-eiförmig, stumpf, sternförmig ausgebreitet. Die 10 Staubblätter sind länger als die Kronblätter, die inneren etwas kürzer, am Grund behaart; die Staubbeutel haben keine Anhängsel und öffnen sich an der Spitze mit 2 Poren. Fruchtknoten oberständig, 5fächerig, warzig-drüsig, Griffel einfach, bleibend mit einer verdickten, 5lappigen Narbe. Die Frucht ist eine hängende, längliche, scheidewandspaltige, von unten her aufspringende, warzig-drüsige Kapsel, bis 6 mm lang. Die sehr zahlreichen, kleinen, spindelförmigen Samen mit lockerer Samenschale.

Standort: Gesellig und oft in Massen auftretend, auf Hoch- und Übergangsmooren, Heiden und in moorigen Kiefernwäldern, von der Ebene bis ins Gebirge zu finden.

Verbreitung: Nördliches und zentrales Europa, südlich bis Süddeutschland, nordöstliches Österreich und nördliche Ukraine, weiter im Süden ausgestorben. Fehlt in England, Irland, Frankreich, Belgien, Holland, Dänemark. Selten in Schottland.

Blütezeit: Mai bis Juni.

Allgemeines: Im Volksmund ist der Sumpf-Porst unter vielerlei Namen bekannt, wie **Kien-** oder **Tannen-Porst, Wilder-** oder **Moor-Rosmarin, Motten-** oder **Wanzenkraut, Brauerkraut.** Systematisch werden 2 Unterarten unterschieden: *L. palustre ssp. palustre,* die der oberen Beschreibung und Verbreitung entspricht, und *L. palustre ssp. groenlandicum,* die sich von der vorigen durch etwas breitere Blätter unterscheidet, deren Mittelrippe unterseits durch dicht wollige Behaarung verdeckt ist. Sie ist im arktischen Nordamerika und Westgrönland beheimatet und stellenweise in England und Deutschland eingebürgert. In Nordamerika wird aus den Blättern dieser Pflanze ein Tee gewonnen, der sogenannte Labrador-, James- oder Countrytee. In den Blättern und jungen Zweigen ist ein narkotischer Stoff enthalten, das Porstöl, verantwortlich für den charakteristischen Geruch der Pflanze und von bitterem Geschmack. Es wurde in Norwegen und in Rußland als Hopfenersatz zum Bierbrauen verwendet, auch um das Bier berauschender zu machen, es muß jedoch sehr unbekömmlich gewesen sein.

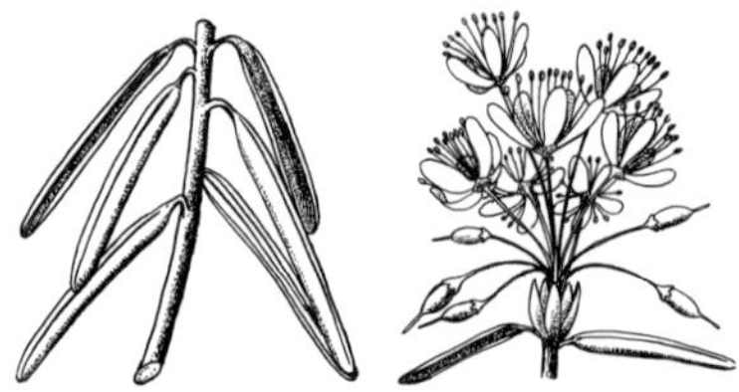

Der Sumpf-Porst ist eine Art, die wohl nicht viel älter als 30 Jahre wird. Die zahlreichen kleinen Samen werden durch den Wind verbreitet, doch bleibt ein Teil von ihnen den Winter über in der Kapsel. Sie keimen nur am Licht, die Keimblätter ergrünen noch in der Samenschale. Besondere Merkmale im Bau der Blätter wie oberseits verdickte Zellwände, unterseits verschiedenartige Behaarung und nur dort Spaltöffnungen sowie große Zellzwischenräume gewährleisten einen hohen Verdunstungsschutz, dazu kommt die Stellung der Blätter im Winter. Das Aussterben des Sumpf-Porst besonders im Süden und Westen seines Verbreitungsgebietes ist eine Folge des Torfstichs und der künstlichen Trockenlegung der Moore.

Merkmale: Immergrüner, bis 1 m hoher, aufrechter oder aufsteigender, buschiger Strauch, kurz reichverzweigt und dicht, gleichmäßig beblättert. Zweige grauberindet, die jungen Triebe behaart. Insgesamt ist er weniger schuppig, die Schuppen sind heller als bei der **Rostblättrigen Alpenrose.** Die kurzgestielten, lorbeerartigen, derb ledrigen Blätter sind wechselständig angeordnet, elliptisch, bis 3 cm lang, oberseits hellgrün glänzend, kahl, unterseits spärlich mit Drüsenschuppen besetzt, diese anfangs bleichgelb, später dunkelbraun; der Rand ist glatt oder nur wenig gekerbt, mit langen, borstigen Haaren gewimpert oder nur schwach eingerollt. Die leuchtend hellroten Blüten stehen zu 3–10 in kurzen, endständigen Doldentrauben. Die Blütenstiele sind bis 15 mm lang, schuppig, die häutigen Tragblätter abfallend. Die 5 Kelchblätter sind verwachsen, bis 4 mm lang, mit lanzettlich spitzen, gewimperten Zipfeln. Die Krone ist schief aufrecht stehend, glockig trichterförmig, außen mit zahlreichen gelblichen Drüsenschuppen besetzt, innen behaart, die Kronblätter sind verwachsen, die 5 Kronzipfel etwa so lang wie die Röhre. Die 10 Staubblätter sind ungleich lang, an ihrer Basis behaart, die Staubbeutel haben keine Anhängsel und öffnen sich an der Spitze durch 2 Poren. Fruchtknoten oberständig, 5fächerig, eiförmig, schuppig, der Griffel etwa so lang wie der Fruchtknoten, an der Basis behaart, Narbe verbreitert mit 5 Papillen. Frucht eine eiförmige, holzige Kapsel, scheidewandspaltig, von der Spitze nach unten 5klappig aufspringend. Die zahlreichen Samen sind sehr klein, hellbraun.

Standort: Kalkliebend, zerstreut verbreitet, aber oft größere Bestände bildend, in offenen, lichten Wäldern und Gebüschen, Geröllhalden, an felsigen Abhängen, in trockenen Lagen und Kalkverwitterungsböden, meist oberhalb der Baumgrenze, in den Alpen von etwa 600–2500 m. In den oberen Lagen bevorzugt windgeschützt und trocken, in niederen Tallagen in schattigen, feuchten Schluchten, wo

der Schnee lange liegenbleibt.

Verbreitung: Zentral- und Ostalpen und Gebirge Nordwest-Jugoslawiens; im Jura und den Westkarpaten angepflanzt, doch selten eingebürgert.

Blütezeit: Mai bis Juli, auch noch bis September und später.

Allgemeines: Die Behaarte Alpenrose ist bei uns geschützt. Sie ist noch unter vielen Namen bekannt, wie z. B.: **Almrausch** oder **Almrose, Steinrose, Schneerösl, Nebelrose** oder **Bergrose.** Die Gattung *Rhododendron* ist mit etwa 1200 beschriebenen Arten die weitaus größte in der Familie der Heidekrautgewächse. Die Verbreitung der Gattung erstreckt sich von Asien über Nordeuropa, Nordamerika, in Australien ist sie nur durch eine einzige Art vertreten und fehlt ganz in Afrika. Bemerkenswert ist die sehr große Artenzahl, die in den zwei Hauptverbreitungszentren vorkommt. So sind über 700 Arten aus den Gebirgsländern Südwestchinas, den Grenzgebieten Tibets und des östlichen Himalaya und etwa 300 Arten aus Neu Guinea bekannt. Die Arten sind in ihrer Mehrzahl Gebirgsbewohner. Sie sind in verschiedenen Höhenstufen vertreten mit einem prägenden Einfluß auf das Vegetationsbild. Selten findet man sie unterhalb 1000 m, abgesehen von den Arten der subarktischen und arktischen Gebiete, die bis auf Meereshöhe wachsen; sie erstrecken sich aber bis auf 4000 m oder höher, wie z. B. *Rh. nivale,* der als winziger Zwergstrauch die 5000-m-Grenze erreicht. Auch in den Tropen sind sie Bewohner der Bergwälder und wachsen sogar auf Bäumen (Epiphyten), wie *Rh. javanicum.* Morphologisch ist die Gattung nicht an extreme Verhältnisse angepaßt und bevorzugt daher die Regionen, die durch ausreichende, regelmäßige Niederschläge bei nicht zu niedrigen Temperaturen ein ausgeglichenes Klima bieten.

Pontische Alpenrose *(Rhododendron luteum* SWEET*)* Heidekrautgewächse

Merkmale: Sommergrüner, aufrechter, bis zu 4 m hoher, breiter, dicht verzweigter Strauch, der sich durch Wurzelsprosse ausbreitet; die jungen Triebe sind am Anfang drüsig-klebrig behaart. Die kurzgestielten Blätter sind wechselständig angeordnet, bis 12 cm lang und 4 cm breit, länglich-lanzettlich, in einer Spitze endend, an der Basis keilförmig, am Rand gezähnelt und gewimpert, oberseits und an den Nerven unterseits kurz-borstig behaart, beiderseits leicht drüsig bereift, die jungen Blätter grau behaart. Blüten vor Erscheinen der Blätter öffnend, zu 7–12 in gedrängten, doldenähnlichen Trauben am Ende der blattlosen Sprosse. Blütenstiele drüsig behaart. Tragblätter häutig, abfallend. Kelch bis 7 mm lang, tief gespalten, die 5 Kelchzipfel schmal länglich und gewimpert. Blütenkrone goldgelb, stark duftend und außen behaart; Krone trichterförmig, bis 5 cm im Durchmesser mit einer kurzen, schmalen Kronröhre. Die 5 Staubblätter an ihrer Basis behaart, Staubbeutel ohne Anhängsel. Fruchtknoten oberständig, 5fächerig, borstig behaart und drüsig, Griffel am Grund behaart. Die Frucht ist eine holzige, in jungem Stadium noch borstige Kapsel, scheidewandspaltig, 5klappig aufspringend. Zahlreiche Samen.

Standort: Als Unterwuchs in Wäldern, meist Nadelwäldern oder auf moorigen Böden.

Verbreitung: Osteuropa und östliches Mitteleuropa, zerstreut und selten von Nordwest-Jugoslawien bis ins südliche Weißrußland.

Blütezeit: Mai.

Allgemeines: Rein gärtnerisch wird in dieser Gattung allgemein zwischen den immergrünen Rhododendren und den meist sommergrünen Azaleen unterschieden. Die hier beschriebene Art *Rh. luteum* wurde früher als *Azalea pontica* bezeichnet. Die Pontische Alpenrose ist eine sehr robuste und winterharte Art und als Stammart vieler Züchtungen geschätzt.

Rostblättrige Alpenrose *(Rhododendron ferrugineum* L.*)* Heidekrautgewächse

Merkmale: Immergrüner, reichverzweigter, graubraun berindeter, bis 1,2 m hoher Strauch. Zweige aufrecht, die jungen Triebe dünn und rostrot schuppig. Die lederigen, kurzgestielten Blätter sind wechselständig angeordnet und besonders zu den Zweigenden hin gehäuft. Blattspreite bis 4 cm lang, elliptisch länglich, spitz zulaufend oder in einem Stachel endend, oberseits dunkelgrün glänzend und kahl, unterseits dicht rostrot schuppig mit hervortretendem Mittelnerv; die Schuppen liegen übereinander, sind in jungen Stadien gelblich und später rostbraun; Rand nicht gewimpert, eingerollt. Die tief rosa-roten Blüten stehen zu 6–10 in kurzen, endständigen Trauben, die etwa 8 mm langen Blütenstiele sind kahl, die häutigen Tragblätter abfallend. Die 5 Kelchblätter sind verwachsen, bis 1,5 mm lang, mit undeutlichen, kleinen, rundlichen, gewimperten Zipfeln. Blütenkrone bis 15 mm lang, glockig trichterförmig, außen drüsig-schuppig, innen kurz behaart, die 5 Kronzipfel ausgebreitet, eiförmig, etwa so lang wie die Kronröhre. Die 10 Staubblätter sind ungleich lang, kürzer als die Blütenkrone, am Grund dicht behaart, die Staubbeutel sind ohne Anhängsel und öffnen sich an der Spitze durch 2 Poren. Fruchtknoten oberständig, 5fächerig, eiförmig, schuppig, Griffel einfach, doppelt so lang wie der Fruchtknoten. Die Frucht ist eine holzige, scheidewandspaltige Kapsel; Samen sehr klein, zahlreich, hellbraun.

Standort: Auf sauren und Silikatböden, eher kalkfliehend; an Gebirgshängen, in lichten Wäldern oder im Gebüsch, an Urgestein, oft dominant in Zwergstrauchregionen, in den Alpen bis etwa 2800 m wachsend.

Verbreitung: In den Alpen, Pyrenäen, dem Apennin, dem Jura und den Gebirgen des westlichen Jugoslawiens.

Blütezeit: Mai bis Juli, je nach Höhenlage, manchmal auch zweimal blühend.

Myrtenblättrige Alpenrose *(Rhododendron myrtifolium* SCHOTT & KOTSCHY*)* Heidekrautgewächse

Merkmale: Immergrüner, sehr dicht verzweigter Strauch, aufrecht und meist nicht höher als 50 cm werdend. Die kurzgestielten Blätter sind wechselständig angeordnet, bis 2 cm lang, verkehrt-lanzettlich mit stumpfer Spitze und fein gekerbtem Rand, oberseits kahl und unterseits oft grünlich und weniger schuppig drüsig als die **Rostblättrige Alpenrose.** Die hellrosa Blüten stehen zu wenigen in endständigen Trauben; Blütenstiele behaart, Tragblätter häutig, abfallend. Kelch klein, 5zählig, Kelchblätter verwachsen. Krone trichterförmig, außen nur spärlich beschuppt, innen kurz behaart. Kronsaum etwa so lang wie die Kronröhre. Die 10 Staubblätter nicht aus der Blüte herausragend, Staubbeutel ohne Anhängsel und an der Spitze durch zwei Poren öffnend. Fruchtknoten oberständig, 5fächerig, schuppig, Griffel etwa so lang wie der Fruchtknoten. Die Frucht ist eine holzige Kapsel, im jungen Stadium noch schuppig, scheidewandspaltig, 5klappig aufspringend mit zahlreichen, sehr kleinen Samen.

Standort: Auf geschützten und felsigen Hängen, auch auf Kalk.

Verbreitung: Östliche und südliche Karpaten, Gebirge Bulgariens und Mazedoniens.

Blütezeit: Mai.

Allgemeines: Der hier beschriebene *Rhododendron myrtifolium,* früher als *Rh. kotschyi* bezeichnet, gehört in die Verwandtschaft der **Rostblättrigen Alpenrose** *(Rh. ferrugineum),* unterscheidet sich aber durch eine kleinere Wuchsform, kleinere Blätter, die unterseits grün und weniger dicht schuppig sind, und einen kürzeren Griffel. Die rostbraune Färbung der Blattunterseite wird durch die für diese Gattung und den Porst typischen, drüsigen Schuppenhaare bestimmt, die als Schildhaare bezeichnet werden. Sie bestehen aus einem jeweils mehrzelligen Fuß und einem Schild oder Köpfchen.

Lappland-Alpenrose *(Rhododendron lapponicum* WAHLB.*)* Heidekrautgewächse

Merkmale: Immergrüner, niederliegender, bis 50 cm hoher, reich verzweigter Zwergstrauch. Zweige dünn, wenig belaubt, an den Zweigenden dichter beblättert, die jungen Triebe dicht schuppig. Die kurzgestielten Blätter sind wechselständig angeordnet, lanzettlich, stumpf, bis 2 cm lang, oberseits spärlich beschuppt mit vertieft liegenden Schuppen, unterseits dicht beschuppt mit übereinander liegenden, bräunlichen Schuppen, sonst kahl und mit eingerollten Rändern. Die purpurvioletten Blüten stehen zu 3–6 in endständigen Trauben, Blütenstiele bis 12 mm lang, Tragblätter häutig, abfallend, Kelch sehr klein, bis 1,5 mm lang, die 5 Kelchzipfel dreieckig, gewimpert und außen beschuppt. Blütenkrone breit glockenförmig, etwa 8 mm lang und 15 mm im Durchmesser, kahl. Staubblätter 5–8, Staubbeutel ohne Anhängsel, Fruchtknoten oberständig, 5fächerig, schuppig, Griffel deutlich länger als der Fruchtknoten, kahl. Die Frucht ist eine holzige Kapsel, im jungen Stadium noch schuppig.

Standort: Kalkliebend, wächst auf trockenen Heiden, felsigen Hängen und auf kahlen, offenen Stellen.

Verbreitung: Lappland, d. h. auf den Gebirgen Finnlands, Norwegens und Schwedens und Nordamerika.

Blütezeit: Juni, Juli.

Allgemeines: *Rhododendron lapponicum* gehört zu den wenigen europäisch-arktischen Arten. Im Gegensatz zu vielen anderen Arten der Gattung ist sie in Kultur fast nicht zu halten. Es wird angenommen, daß die starke Anpassung an die extremen, subpolaren Verhältnisse ein Gedeihen unter anderen Bedingungen nicht zuläßt. So stehen die Pflanzen an ihren natürlichen Standorten in voller Sonne, doch bei hoher Luftfeuchtigkeit, Regen und Nebel. Bei uns können sie volle Sonne nicht vertragen, benötigen aber sehr viel Licht und lichten Schatten.

Zwergalpenrose *(Rhodothamnus chamaecistus* [L.] RCHB.*)* Heidekrautgewächse

Merkmale: Immergrüner, buschiger, bis 40 cm hoch werdender Zwergstrauch, reich und locker verzweigt. Zweige aufsteigend und drüsig behaart. Die dick lederigen Blätter fast sitzend und wechselständig angeordnet, bis 10 cm lang, elliptisch bis verkehrt-lanzettlich und spitz, ganzrandig oder schwach gesägt, kahl, aber weiß borstig gewimpert, oberseits dunkelgrün glänzend. Die hellrosa Blüten stehen zu 1–3 in den Blattachseln an den Enden der vorjährigen Triebe auf langen, drüsig behaarten Blütenstielen. Der Kelch ist 5zählig, die Kelchblätter sind am Grund verwachsen, ihre Zipfel länglich-lanzettlich, bis 6 mm lang, nicht abfallend. Die Blütenkrone ist 5zählig, radförmig, ausgebreitet, bis 3 cm im Durchmesser, mit einer kurzen Kronröhre und tief eingeschnittenen Lappen. Die 10 Staubblätter etwa 12 mm lang, die Blütenkrone etwas überragend, Staubbeutel schwarzbraun, ohne Anhängsel. Fruchtknoten oberständig, 5fächerig, Griffel einfach, bis 20 mm lang. Die Frucht ist eine kugelige, 5fächerige, fachspaltige Kapsel. Samen zahlreich, mit einer fest anliegenden Samenschale.

Standort: Kalkliebende Pflanze, auf trockenen, felsigen Hängen, Geröllhalden, Felsspalten, Felsschutt, von etwa 500–2000 m Höhe.

Verbreitung: Ostalpen: Österreich, Deutschland, Italien, Jugoslawien.

Blütezeit: Mai bis Juli.

Allgemeines: Die Zwergalpenrose gehört bei uns zu den geschützten Pflanzen. Sie ist auch unter den Namen **Zwergröserl** oder **Wilde Myrte** bekannt. Die monotypische, das heißt, nur eine Art umfassende Gattung *Rhodothamnus,* ist der Gattung *Rhododendron* sehr ähnlich, doch stehen die Blüten immer auf vorjährigen Trieben und sind radiär, während bei *Rhododendron* die Blüten besonders im Knospenstadium leicht unsymmetrisch sind. Die Zwergalpenrose wächst sehr langsam.

Moosheide *(Phyllodoce caerulea* [L.] BAB.*)* Heidekrautgewächse

Merkmale: Immergrüner, heideartig buschiger Zwergstrauch, dessen Stämmchen bis 35 cm lang werden, aufrecht oder am Grund wurzeln und dann aufsteigen und sich üppig verzweigen. Die fast sitzenden Blätter sind wechselständig angeordnet und dicht gedrängt stehend, lederig und grün glänzend, bis 12 mm lang, linealisch bis linealisch-länglich mit stumpfer Spitze, ihre Ränder stark eingerollt und gezähnt. Die nickenden Blüten in kurzen, unterhalb des Sproßendes stehenden Trauben angeordnet. Blütenstiele lang und zart, drüsig behaart. Tragblätter den Laubblättern gleich, Vorblätter fehlen. Die 5 Kelchblätter nicht verwachsen, rotbraun, bis 4 mm lang, lanzettlich und drüsig behaart. Blütenkrone 5zählig, lila bis purpurrosa und später sich bläulich verfärbend und abfallend, bis 12 mm lang, krugförmig verwachsen mit kurzen, abstehenden Kronzipfeln. Die 10 Staubblätter in der Blütenkrone eingeschlossen, Staubbeutel ohne Anhängsel und mit einer großen Öffnung aufspringend. Fruchtknoten oberständig, 5fächerig. Die Frucht ist eine fachspaltige, drüsig behaarte, bis 4 mm lange Kapsel.

Standort: Heidegrund in Gebirgslagen mit Ausnahme des äußersten Nordens.

Verbreitung: In arktisch-alpinen Gebieten Nordeuropas, südlich bis Südnorwegen reichend, vereinzelt in Schottland und den Pyrenäen; England, Frankreich, Island, Schweden, Norwegen, Finnland und Nordrußland.

Blütezeit: Mai, Juni.

Allgemeines: Die Gattung *Phyllodoce* ist allgemein unter der Bezeichnung **Blauheide** bekannt. Sie umfaßt etwa 7 Arten, deren Verbreitung in den arktisch-alpinen Gebieten der nördlichen Halbkugel liegt. Man kennt auch Naturhybriden. Alle sind niedrige, heideartige Sträucher, einige von ihnen haben stark duftende Blüten.

Irische Heide, Glanzheide *(Daboecia cantabrica* [HUDSON] C. KOCH*)* Heidekrautgewächse

Merkmale: Immergrüner, zierlicher, etwas sparriger, heideartiger Zwergstrauch, die rotbraunen, drüsig behaarten Zweige niederliegend oder aufstrebend; freistehend, etwa 35 cm hoch; erreicht auf anderen Büschen wuchernd etwa 70 cm Höhe. Blätter gestielt und dicht wechselständig angeordnet, in der Größe veränderlich, 9–14 mm lang, 3–7 mm breit, schmal-lanzettlich bis eiförmig-elliptisch, oberseits dunkelgrün und drüsig rauh, unterseits weißfilzig; die Ränder eingerollt, doch nicht die Unterseite verdeckend. Blüten 4zählig, nickend, rötlich purpurfarben, zu 3–9, selten mehr, blattachselständig, in lockeren, beblätterten Trauben am Ende der Jahrestriebe. Vorblätter fehlen. Kelch bleibend und bis zum Grund vierteilig. Blütenkrone abfallend, walzen-krugförmig mit kurzen, abstehenden Zipfeln, bis 14 mm lang, mehr oder weniger drüsig behaart. Die 8 Staubblätter eingeschlossen, Staubfäden flach, Staubbeutel ohne Anhängsel und an der Spitze röhrenförmig verlängert. Fruchtknoten oberständig, 4fächerig, behaart. Die Frucht ist eine eiförmig längliche, scheidewandspaltige, vielsamige Kapsel.

Standort: Auf Heiden und felsigem Grund, in lichten Wäldern der ozeanischen Gebiete, kalkfliehend.

Verbreitung: Westeuropa, von Nordportugal bis Westirland.

Blütezeit: Juli bis September.

Allgemeines: Eine insgesamt kleinere und zierlichere Art, *D. azorica,* kommt auf den Azoren vor. Die Irische Heide kann man auch in Kultur halten, sie wird in Heide- und Steingärten angepflanzt. Sie verlangt sauren Boden und einen leichten Schutz im Winter; auf Grund des etwas sparrigen Wuchses sollte sie im Frühjahr zurückgeschnitten werden. Die verschiedenen Gartenformen haben unterschiedliche Blütenfarben und Wuchsformen und zum Teil besonders lange Blühdauer entwickelt.

Moosige Schuppenheide *(Cassiope hypnoides* [L.] D. DON*)* Heidekrautgewächse

Merkmale: Immergrüner, niederliegender, verzweigter, winziger Spalierstrauch, der moosähnliche, bis 15 cm hohe Polster bildet. Blätter klein, wechselständig, dicht dachziegelig stehend, sitzend, bis 4 mm lang, linealisch-länglich, spitz, nicht gefurcht, aufrecht abstehend oder locker anliegend, dunkelgrün, kahl und am Rand ganz kurz und fein gewimpert. Blüten 5zählig, weiß, einzeln, blattachselständig und nickend am Ende der Zweige stehend. Blütenstiele dünn, rötlich, behaart, bis 10 mm lang, in Frucht etwas verlängert. Kelchblätter frei, kürzer als die Krone, 2 mm lang, karmesinrot, dreieckig mit häutigem Rand. Blütenkrone abfallend, bis 5 mm lang, breit glockig und bis zur Hälfte gelappt mit rundlichen Zipfeln. Die 10 Staubblätter eingeschlossen; die Staubbeutel öffnen sich mit einer großen Pore; an der Spitze mit einem langen, zurückgeschlagenen Anhängsel versehen. Der Fruchtknoten oberständig, 5fächerig, Griffel am Grund verdickt. Die Frucht ist eine aufrechte, kugelige, etwa 3 mm große, fachspaltige Kapsel.

Standort: An Wasserläufen, auf feuchten, moosigen Tundren, Felsritzen; gewöhnlich an lange bleibenden Schneeflecken.

Verbreitung: Im arktischen Europa, in Island, im Gebirge Skandinaviens und in Finnland.

Blütezeit: April, Mai.

Allgemeines: Die Gattung *Cassiope* umfaßt etwa 12 Arten der kühlen und kalten Zonen der nördlichen Halbkugel, also Nordamerikas, Nord-Europas und Nordasiens und des Himalaya. Diese Verbreitung zeigt auch die Moosige Schuppenheide, mit Ausnahme des Himalayas. Innerhalb der Heidekrautgewächse gehört die Schuppenheide, wie auch *Erica* und *Calluna,* zu den Gattungen, die durch besondere Blattstruktur an extreme Verhältnisse angepaßt sind; so sind die schmalen und oft gefalteten Blätter ein Schutz gegen Austrocknung.

Vierkantige Schuppenheide *(Cassiope tetragona* [L.] D. DON*)* Heidekrautgewächse

Merkmale: Immergrüner, bis 30 cm hoher Zwergstrauch, Zweige anfangs meist niederliegend und dann aufsteigend. Blätter klein, derb lederig, kreuzgegenständig in 4 Reihen angeordnet, dicht dachziegelig anliegend, sitzend, bis 5 mm lang, länglich lanzettlich, stumpf, 3kantig: oberseits konkav, unterseits rund, doch in der Mitte tief gefurcht, behaart. Blüten 5zählig, weiß und manchmal rosa getönt, nickend, einzeln, achselständig, kurze, lockere Trauben bildend. Blütenstiele spärlich behaart, etwa 10 mm lang, in Frucht bis etwa 25 mm verlängert. Kelchblätter frei, eilänglich, kürzer als die Blütenkrone, gelblich, häutig. Blütenkrone bis 8 mm lang, abfallend, glockig, bis etwa zur Hälfte gelappt. Die Staubblätter sind in der Krone eingeschlossen, die Staubbeutel öffnen sich durch eine große Pore; an der Spitze haben sie ein langes, zurückgeschlagenes Anhängsel. Fruchtknoten oberständig, 5fächerig, Griffel am Grund verdickt. Fruchtkapsel aufrecht, kugelig, etwa 4 mm groß, fachspaltig aufspringend.

Standort: Auf trockenen, steinigen oder sandigen Heiden und Tundren, Kalk ertragend.

Verbreitung: Im arktischen Europa besonders in den Gebirgen; Nordrußland, Spitzbergen, Finnland, Norwegen und Schweden.

Blütezeit: April, Mai.

Allgemeines: Von den 12 Arten der Schuppenheide sind die meisten in Kultur. Bei uns wird aber eigentlich nur die oben beschriebene Vierkantige Schuppenheide angepflanzt sowie eine Sorte *Edinburgh,* deren Herkunft nicht bekannt ist und die sich durch besonders große weiße Blüten auszeichnet. Die Schuppenheide verlangt halbschattige Lage, kalkfreien, torfhaltigen und feuchten Boden und steht sehr gut zwischen großen Felsen; besonders geeignet ist sie für das Alpinum. Bei fehlendem Schnee ist ein Winterschutz erforderlich.

Rosmarinheide *(Andromeda polifolia* L.*)* Heidekrautgewächse

Merkmale: Immergrüner, bis 40 cm hoher, wenig verzweigter Zwergstrauch mit einem weitkriechenden, wurzelnden, holzigen Sproß und dünnen, bogig aufstrebenden, grauberindeten, kahlen Zweigen. Die lederigen, kurzgestielten Blätter sind wechselständig angeordnet, bis 4 cm lang, linealisch bis länglich, spitz zulaufend oder stachelspitzig, ganzrandig, oberseits dunkelgrün glänzend, unterseits hell blaugrün bereift mit hervortretendem Mittelnerv, Ränder meist eingerollt. Die 5zähligen Blüten sind hellrosa und später weiß verfärbt, etwas geneigt oder nickend, in meist 2–7blütigen, kurzen, doldenähnlichen, endständigen Trauben. Die dünnen Blütenstiele bis 15 mm lang, rötlich, die zwei unmittelbar an der Basis stehenden Vorblätter von dem Tragblatt verdeckt. Kelchblätter am Grund verwachsen, sehr klein, dreieckig, rötlich. Blütenkrone kugelig krugförmig, bis 8 mm lang, mit kurzen, leicht eingewellten Zipfeln. Die 10 Staubblätter sind etwa ⅓ so lang wie die Krone, Staubbeutel an der Spitze in zwei hornartige, leicht gekrümmte Anhängsel auslaufend, die so lang wie die Staubbeutel sind. Fruchtknoten oberständig, Griffel zylindrisch, eingeschlossen. Fruchtkapsel aufrecht, kugelig zusammengedrückt.

Standort: Auf sauren, nassen Standorten, typische Pflanze der Torfmoosmoore, im Norden häufig, im Süden spärlicher und meist in höheren Lagen, über 600 m bis etwa 1400 m.

Verbreitung: Mittel- und Nordeuropa, nach Süden hin zerstreuter, bis Norditalien, die östlichen Karpaten und das südliche Mittelrußland.

Blütezeit: Mai, Juni, im subalpinen Nadelwald bis Juli.

Allgemeines: Auch **Gränke, Lavendelheide, Polei-Rosmarin** oder **Torf-Rosmarin.** Die Gattung umfaßt etwa 60 Arten der nördlichen Halbkugel. In Europa kommt nur diese eine Art wild vor.

Torfgränke *(Chamaedaphne calyculata* [L.] MOENCH*)* — Heidekrautgewächse

Merkmale: Immergrüner, bis 1 m hoher Strauch mit aufrechten, rutenförmigen Zweigen, die jungen Triebe behaart. Blätter lederig derb, wechselständig angeordnet und sehr kurz gestielt, bis 40 (50) mm lang und etwa 12 mm breit, elliptisch-länglich, Ränder ganz oder undeutlich gesägt und leicht eingerollt, oberseits dunkelgrün, unterseits rostig schuppig mit deutlich hervortretendem Mittelnerv, beiderseits, doch besonders unten mit rostbraunen Schildhaaren besetzt. Die 5zähligen Blüten sind weiß, hängend und stehen einzeln in den Blattachseln am Ende der Zweige, eine einseitswendige, waagerechte oder geneigte, 15–20blütige Traube bildend. Die 2 breit-eiförmigen Vorblätter stehen unmittelbar unter dem Kelch, diesen überlappend. Kelchblätter am Grunde verwachsen, etwa 2 mm lang, eiförmig, stumpflich, außen fein flaumig behaart. Blütenkrone walzenförmig glockig, bis etwa zu ⅓ gelappt, Lappen dreieckig, zurückgeschlagen. Die 10 Staubblätter sind in der Krone eingeschlossen, die Staubbeutel bleiben ohne Anhängsel, sind jedoch an ihrer Spitze röhrenförmig verlängert und öffnen sich am Ende mit 2 Poren. Fruchtknoten oberständig, 5fächerig, Griffel die Krone überragend. Fruchtkapsel hängend, kugelig zusammengedrückt. Samen rundlich.

Standort: Auf Hochmooren und in feuchten Wäldern; selten.

Verbreitung: Nordosteuropa, Baltische Staaten, Nördliches Polen, Skandinavien, Lappland, Finnland, östliches und nördliches Rußland.

Blütezeit: März bis Juli, zuweilen noch einmal im Herbst.

Allgemeines: Die Torfgränke wird auch **Hüllblütige Torfgränke** genannt. Von Linné wurde die Art zur Gattung *Andromeda* gestellt, sie unterscheidet sich aber von dieser durch die einzeln in den Blattachseln stehenden Blüten und die unterseits schuppig rostigen Laubblätter.

Immergrüne Bärentraube *(Arctostaphylos uva-ursi* [L.] SPRENGEL*)* — Heidekrautgewächse

Merkmale: Immergrüner, niederliegender Spalierstrauch, ausgedehnte dichte Matten bildend, mit üppig verzweigten, bis 1,5 m langen, selten wurzelnden Sprossen und runden, rotbraun berindeten Ästen. Blätter wechselständig angeordnet und sehr kurz gestielt, dick, derb, lederig, bis 30 mm lang und 12 mm breit, verkehrt-eiförmig bis verkehrt-lanzettlich-keilig, stumpf oder schwach ausgerandet, ganzrandig, meist behaart an Rand und Mittelrippe, oberseits dunkel glänzend, unterseits heller und deutlich, aber nicht hervortretend netznervig. Blüten 5zählig, grünlich-weiß oder rötlich oder nur mit rötlichen Spitzen, in kurzen, endständigen, etwa 10blütigen, hängenden Trauben. Blütenstiele ungefähr so lang wie der Kelch, kahl, am Grund mit 2 kleinen, gewimperten Vorblättern. Tragblätter kraus behaart und drüsig. Kelchblätter klein, verwachsen mit rundlichen Zipfeln. Blütenkrone ei-krugförmig, bis 6 mm lang, innen behaart, die kleinen Zipfel auswärts gekrümmt. Die 10 Staubblätter sind in der Krone eingeschlossen, die Staubbeutel purpurfarben, an der Spitze durch zwei Poren sich öffnend und mit zwei langen Anhängseln versehen. Fruchtknoten oberständig, meist 5fächerig, Griffel länger als die Staubblätter. Die Frucht ist eine scharlachrote, kugelige, mehlige, vom Kelch umgebene Beere, mit 5–7(–10) Samen.

Standort: Auf Sand, Moor und Kalkboden, auf felsigem Grund, in der Ebene in lichten, trockenen Wäldern, in hohen Lagen als Bestandteil der Zwergstrauchheiden. Gern in trockenen, geschützten Felsnischen, bis etwa 2500 m reichend.

Verbreitung: In fast ganz Europa mit Ausnahme des äußersten Südens verbreitet.

Blütezeit: März bis Juli, je nach Höhenlage.

Allgemeines: Die Verbreitung der Samen erfolgt durch beerenfressende Vögel.

Alpen-Bärentraube *(Arctostaphylos alpina* [L.] SPRENGEL*)* Heidekrautgewächse

Merkmale: Sommergrüner, kriechender, mattenbildender Spalierstrauch, dessen niederliegende Zweige nicht länger als 60 cm werden, mit kurzen, aufsteigenden Endtrieben. Blätter kurzgestielt, wechselständig angeordnet, bis etwa 5 cm lang und 1 cm breit, verkehrt-eiförmig, am Grund lang keilförmig verschmälert und lang gewimpert, spitzlich, am Rand scharf gesägt, beiderseits netznervig, oberseits leuchtend grün, unterseits graugrün; im Herbst verfärben sie sich leuchtend rot und bleiben bis zum Frühjahr stehen. Blüten 5zählig, grünlich-weiß oder leicht rötlich, zu 2–5 in kleinen, aufrechten, endständigen Trauben, kurz vor den Laubblättern oder mit ihnen erscheinend. Blütenstiel am Grund meist mit 2 kleinen Vorblättern, Tragblatt weißlich, gestutzt und am oberen Ende dicht fransig gewimpert. Kelchblätter verwachsen, Zipfel dreieckig und leicht gewimpert. Blütenkrone ei-krugförmig, bis ca. 6 mm lang, nach vorne stark verschmälert mit kleiner Öffnung, die rundlichen Kronzipfel zurückgeschlagen. Die 10 Staubblätter eingeschlossen, die Anhängsel wesentlich kürzer als die Staubbeutel. Fruchtknoten oberständig, kugelig, 5fächerig. Die Frucht ist eine kugelige, saftige, erst rote und dann glänzend blauschwarze Beere. Samen etwa 3 mm lang mit rauher Samenschale.

Standort: Auf Heiden und felsigem Grund, meist über 1500 m in den Alpen verbreitet.

Verbreitung: In den Gebirgen Europas mit Ausnahme des äußersten Nordens: Nordrußland, Nord- und Mittelfinnland und Skandinavien, Schottland, Mittel- und Südeuropa bis zu den Pyrenäen, Zentralapennin und Nord-Albanien. **Blütezeit:** Mai, Juni.

Allgemeines: Von beeindruckender Pracht ist die Herbstfärbung der Alpen-Bärentraube. Die niederliegenden Sprosse bilden zahlreiche Wurzeln aus, die bei Eingehen der Hauptwurzel das Wachstum übernehmen.

Graue Heide *(Erica cinerea* L.*)* Heidekrautgewächse

Merkmale: Immergrüner, bis 75 cm hoher, reichverästelter Zwergstrauch von eher lockerem Wuchs und aufsteigenden Zweigen; die jungen Triebe sind fein behaart. Die Blätter sind sehr kurz gestielt, kahl und glänzend, aufrecht abstehend und zu dreien wirtelig angeordnet, gehäuft stehend, bis 5, selten 7 mm lang, linealisch, Ränder gezähnt und stark eingerollt und unten zusammenstoßend, so daß die Blattunterseite ganz verdeckt ist. Die 4zähligen Blüten sind leuchtend rötlich purpurfarben, selten weiß oder hellrosa und stehen in vielblütigen, endständigen Trauben oder Dolden. Die blühenden Zweige entwickeln unterhalb des Blütenstandes zahlreiche, seitliche, beblätterte, kurze Triebe. Blütenstiele aufrecht oder leicht zurückgekrümmt, höchstens so lang wie die Blüte, dicht fein behaart und mit 3 kleinen Hochblättern am Grund des Kelchs. Kelchblätter grünlich oder rötlich, bis 3 mm lang, lanzettlich, kahl, mit häutigem Rand. Blütenkrone krugförmig, bis 7 mm lang, mit aufrecht bis abstehenden stumpfen Zipfeln. Die 8 Staubblätter sind in der Blüte eingeschlossen, ihre Staubbeutel dunkelpurpurn, am Grund mit 2 kurzen, breiten, gezähnten Anhängseln. Fruchtknoten oberständig, 4fächerig, kahl, Griffel mit kopfiger Narbe. Fruchtkapsel fast kugelig, glatt, kahl, mehrsamig. Samen eiförmig, dunkelbraun mit rauher Samenschale.

Standort: Kalkfliehend, auf Heiden, felsigem Grund, in lichten Wäldern und trockenen Mooren.

Verbreitung: Im Atlantischen Europa von Madeira, Portugal bis Südwestnorwegen; im mediterranen Europa von Südostfrankreich, Korsika bis Norditalien. In Deutschland nur im Nordwestlichen Rheinland. Außerdem im zentralfranzösischen Bergland.

Blütezeit: Juni, Juli.

Allgemeines: Bienenweide und Zierpflanze.

Heidekraut, Besenheide *(Calluna vulgaris* [L.] HULL*)* Heidekrautgewächse

Merkmale: Immergrüner, üppig und dicht verzweigter, fast kahler oder dicht grau behaarter kleiner Strauch, bis 80 cm, selten bis 150 cm hoch werdend, mit einem dichten Wurzelballen. Stämmchen dünn, graubraun, aufrecht oder niederliegend, wurzelnd und aufstrebend. Die sehr kleinen Blätter sind gegenständig 4zeilig angeordnet, sitzend, anliegend; sie stehen an den Hauptsprossen nicht zu dicht, decken sich aber dicht dachziegelig an den seitlichen, nicht blühenden Zweigen; im Sommer dunkelgrün, im Winter braunrot gefärbt. Die Blattspreite ist bis 3,5 mm lang, länglich-lanzettlich, oberseits tief rinnig mit nach oben gerolltem Rand, unterseits gekielt, am Grund stengelumfassend mit zwei abwärts gerichteten, spitzen, am Rand drüsigen Öhrchen. An Kurztrieben der oberen Zweige stehen die dicht- und reichblütigen, fast einseitswendigen Blütentrauben. Blüten hellviolettrosa, selten weiß, kurzgestielt, nickend, am Grund mit meist 6–8, dicht stehenden rundlichen und am Rand gefransten Vorblättern. Kelch 4zählig, Kelchblätter nicht verwachsen, bis 4 mm lang, länger als die Blütenkrone, rosaviolett, Blütenblatt-ähnlich, glänzend, strohartig, nicht abfallend. Die Blütenkrone ist 4zählig tief gelappt, mit spitzen Lappen, ähnlich, doch kleiner als die Kelchblätter. Die 8 Staubblätter sind in der Blütenkrone eingeschlossen, Staubbeutel an der Spitze mit 2 Hörnchen, am Grund mit 2 gezähnten Anhängseln, durch Schlitze in der ganzen Länge öffnend, Blütenstaub weißlich. Fruchtknoten oberständig, 4fächerig, Griffel länger als der Kelch mit dicker, 4höckeriger Narbe. Frucht eine kugelige, bis 1,5 mm lange Kapsel, 4fächerig, weißborstig, Samen sehr zahlreich.

Standort: Die Pflanze ist anspruchslos, bevorzugt magere, nährstoffarme Böden, ist jedoch sehr lichtbedürftig, kalkfliehend, auf offenen Mooren und Heiden, in trockenen, lichten Wäldern, meist Kiefernwälder, auf sandigen Dünen, oft großflächige Heiden bildend; von der Ebene bis in die alpine Region.

Verbreitung: Fast in ganz Europa mit Ausnahme größter Teile des Mittelmeergebietes und der südöstlichen Regionen; fehlt auf den Balearen, auf Sardinien und Korsika, in Süditalien und Griechenland.

Blütezeit: Juli bis November.

Allgemeines: Das Wort Heide bezeichnet eigentlich zunächst eine unbebaute, waldlose Fläche, doch dann auch die darauf wachsende Pflanze. *Calluna* soll aus dem Griechischen kommen und soviel wie reinigen oder fegen bedeuten, und tatsächlich werden die Pflanzen auch zu Besen und Bürsten verarbeitet. Daher stammen die weiteren Bezeichnungen für das Heidekraut, wie Besenheide oder **Brandheide.** *Calluna vulgaris* ist der einzige Vertreter einer alten Gattung ohne nähere Verwandte. In Norddeutschland und Dänemark wurde die Pflanze in eiszeitlichen Ablagerungen fossil nachgewiesen, sie war auch ein wichtiger Bestandteil der Torfbildung. Das Heidekraut ist ein gutes Beispiel für das gesellige Vorkommen von Pflanzen und die Erstbesiedelung von Gebieten durch Holzgewächse. Verschiedene Faktoren tragen zu dieser geradezu landschaftsprägenden Fähigkeit bei, wie: Anspruchslosigkeit in bezug auf Bodennährstoffe, reiche Samenerzeugung und große Fortpflanzungsfähigkeit, dichter, erdrückender Wuchs und eine große Unempfindlichkeit gegen Wärme und Kälte. Die Bestäubung erfolgt in der Hauptsache durch Insekten, besonders Hummeln, Bienen, aber auch Fliegen und Falter. Windbestäubung kann auch vorkommen. Die Samenverbreitung erfolgt ebenfalls durch den Wind. Die Pflanze gehört zu den Winterstehern, d. h., daß die Samen großenteils den Winter über in der Kapsel bleiben und manchmal ganze Pflanzenteile durch Sturm mitgeschleppt werden. Die Samenkeimung erfolgt ausschließlich am Licht. Gartenformen im Frühjahr stutzen!

Merkmale: Immergrüner, kriechender, reichverzweigter Zwergstrauch, nicht höher als 25 cm. Zweige dünn und hellbraun berindet, niederliegend, die blütentragenden Zweige steigen auf; die jungen Zweige sind meist kahl, mit deutlichen Rippen, die vom Grunde jedes Blattes abwärts das Internodium durchlaufen in nahezu gleichbleibender Stärke und gleichem Abstand. Blätter meist zu vieren in Scheinquirlen angeordnet, kurzgestielt, kahl und glänzend, bis 8 mm lang, linealisch, mehr oder weniger abstehend, zugespitzt oder in einem Stachel endend, am Rand ganz fein gezähnt; Ränder eingerollt, die Blattunterseite völlig verdeckend und daher nadelartig aussehend; Nebenblätter fehlen. Die Blüten sind nickend, rosa, fleischfarben oder hellkarmin, selten weiß, in vielblütigen, endständigen, beblätterten, meist einseitswendigen Trauben. Blütenstiele bis 4 mm lang, höchstens so lang wie die Blüte, kahl, dunkelrot, tragen ungefähr in ihrer Mitte 3 kleine, eiförmig rötlich-spitze Vorblätter. Die 4 Kelchblätter sind nicht verwachsen und kürzer als die Blütenkrone, lanzettlich, zugespitzt, trokkenhäutig rötlich. Die 4zählige Blütenkrone ist röhrenförmig, bis 6 mm lang, mit kurzen, aufrechten Lappen, nicht abfallend. Die 8 Staubblätter sind frei, die dunkelpurpurfarbenen Staubbeutel herausragend, ohne Anhängsel und sich durch einen seitlichen Spalt öffnend. Fruchtknoten oberständig, dunkelrot, kahl, Griffel dünn, wenig länger als die Staubblätter mit kleiner Narbe. Fruchtkapsel 2 mm lang, in der Blüte eingeschlossen, vielsamig, 4klappig aufspringend. Samen sehr klein.

Standort: Lichte Kiefernwälder und felsige Orte, meist auf Kalk, sonnige Lagen bevorzugend; tritt oft in Massen auf und reicht vom Alpenvorland bis über die Baumgrenze.

Verbreitung: Alpen und südliches Mitteleuropa, im Norden bis ins östliche Mitteldeutschland, im Osten bis ins östliche Österreich, zerstreut bis Mittelitalien und Mazedonien.

Blütezeit: März bis Juni, in günstigen Lagen

und im Süden schon ab Dezember, Januar.

Allgemeines: Die Schnee-Heide, auch als **Frühlings-Heide** oder **Alpen-Heiderich** bekannt, wurde früher systematisch unter dem Artnamen *Erica carnea* geführt, heißt jetzt aber *E. herbacea.* Die Gattung *Erica* ist mit ca. 500 Arten nach *Rhododendron* die zweitgrößte innerhalb der Familie der Heidekrautgewächse. Ähnlich wie *Rhododendron* zeigt sie eine große Artendichte in einem relativ kleinen Verbreitungsgebiet. In diesem Fall etwa 450 Arten im Winterregen-Gebiet des Kaplandes, wo zahlreiche Arten sehr dicht beieinander vorkommen. Die restlichen Arten sind in Afrika, der Mittelmeerregion und im südwestlichen Europa beheimatet. Die meisten Arten sind niedrige, heidekrautartige Sträucher. Eine der wenigen Ausnahmen bildet *Erica arborea,* die bis zu 5 m hoch wird, ein typischer Bestandteil der immergrünen Macchia des Mittelmeergebietes ist und auch in den ostafrikanischen Gebirgen vorkommt. Aus ihrem Wurzelholz werden die berühmten Bruyère-Pfeifen geschnitzt.

Die lang andauernde und dekorative Blüte macht die Pflanze zu beliebten Ziersträuchern. Gegen Ende des 19. Jahrhunderts wurden zahlreiche südafrikanische *Erica*-Arten nach Europa gebracht und vornehmlich in Glashäusern als Topfpflanzen gehalten. In jüngerer Zeit galt das Interesse dann eher den winterharten Heiden, die im Freien gehalten werden können, wie Schnee-Heide und Graue Heide. Durch vielfältige Kreuzungen verschiedener Arten entstanden viele, meist kleinwüchsige Formen, so daß man das ganze Jahr über blühende Exemplare haben kann. Die Blüten der *Erica*-Arten sind an verschiedene Bestäuber angepaßt: Bienen in der Hauptsache, dann auch Fliegen, Hummeln, Falter und Vögel. Windbestäubung ist sehr selten. Hummeln erreichen den Nektar nur, wenn sie die Blütenkrone am Grund durchbeißen.

Glocken-Heide *(Erica tetralix* L.*)* Heidekrautgewächse

Merkmale: Immergrüner, zierlicher, bis 70 cm hoher Zwergstrauch mit dünnen, aufsteigenden Stämmchen und wenigen halbaufrechten, dünnen Zweigen, die in der Jugend dicht bis zottig behaart sind. Die Blätter sind kurzgestielt, meist zu 4 in Quirlen angeordnet, abstehend und unter den Blütenständen gehäuft, bis 6 mm lang, linealisch länglich bis lanzettlich, zumindest in jungen Stadien behaart. Ihre Ränder sind lang und oft auch drüsig gewimpert, mehr oder weniger eingerollt, doch nie die Unterseite völlig verdeckend. Direkt unterhalb des Blütenstandes liegen die Knoten weiter auseinander als sonst an diesen Zweigen. Die 4zähligen, hellrosa Blüten stehen in endständigen, 5–15blütigen Dolden. Blütenstiele etwas kürzer als die Blüte, weiß-filzig, mit 2–3 kelchblattähnlichen Hochblättern an ihrem oberen Ende. Kelch etwa ein Drittel so lang wie die Krone, zottig behaart und meist wie die Laubblätter gewimpert. Blütenkrone krugförmig, bis 9 mm lang, mit 4 kurzen, abstehenden oder eingerollten Zipfeln. Die 8 Staubblätter in der Blüte eingeschlossen, kahl. Die Staubbeutel dunkelrot und am Grund mit zwei langen Anhängseln. Fruchtknoten oberständig, 4fächerig, weiß-filzig, Griffel länger als die Staubblätter, mit kopfiger Narbe. Fruchtkapsel 8eckig, oben abgeflacht, weißfilzig. Samen zahlreich, ei-rundlich, hellbraun, mit feinkörniger Samenschale.

Standort: Kalkfliehend, auf Torfmooren, feuchten Heiden und moorigen Kiefernwäldern, oft über große Flächen verbreitet.

Verbreitung: Westliches und nördliches Europa, östlich bis Lettland und Zentralfinnland. In Deutschland nur im atlantischen Nordwesten bis Schleswig-Holstein.

Blütezeit: Juli bis September.

Allgemeines: Die Glocken-Heide oder Sumpf-Heide ist recht veränderlich, besonders was die Blattgröße und die Behaarung betrifft.

Ähren-Heide *(Bruckenthalia spiculifolia* [SALISB.] REICHENB.*)* Heidekrautgewächse

Merkmale: Immergrüner, bis 15 cm hoher Zwergstrauch mit aufsteigenden, dünnen, sehr dicht beblätterten Zweigen, die jungen Triebe behaart. Blätter gehäuft, zu 4 oder 5 in sehr unregelmäßigen Quirlen, abstehend, bis 5 mm lang, linealisch-länglich, ganz fein kurz gewimpert, häufig mit einem dicken, drüsig bespitzten Haar endend; Ränder eingerollt, doch bis zu einem Drittel der Blattunterseite freilassend. Blüten 4zählig, klein, hellrosa, in dichten, vielblütigen, kurzen walzenförmigen oder kugeligen, endständigen Trauben. Blütenstiele bis 3 mm lang, ohne Vorblätter. Kelch glockig verwachsen, 1,5 mm lang, rosa, die breit dreieckigen Zipfel etwas kürzer als die Röhre. Blütenkrone 3 mm lang, glockig, die eiförmigen Kronzipfel sind so lang wie die Kronröhre. Die 8 Staubblätter ganz eingeschlossen, Staubbeutel ohne Anhängsel. Fruchtknoten oberständig, kahl, Griffel einfach. Die Frucht ist eine kahle, fachspaltige Kapsel.

Standort: In Wäldern und subalpinen Weiden, kalkfliehend.

Verbreitung: Gebirge Rumäniens und der Balkanhalbinsel, südlich bis Nordgriechenland.

Blütezeit: Juli, August.

Allgemeines: Die Ähren-Heide ist auch unter dem Namen **Siebenbürger Heide** bekannt. *Bruckenthalia* ist eine monotypische Gattung, das heißt, daß sie nur diese einzige Art umfaßt, die in Südost-Europa und Kleinasien beheimatet ist. Die Ähren-Heide gehört in die nahe Verwandtschaft der Gattung *Erica,* unterscheidet sich aber durch den glockig verwachsenen Kelch und durch die 8 miteinander und mit der Krone verwachsenen Staubblätter. Die Ähren-Heide ist ebenfalls eine recht dankbare Kulturpflanze, die als niedriger Bodendecker in Heide- oder Steingärten angepflanzt wird, zusammen mit *Erica* oder *Calluna.* Allerdings darf sie nicht zurückgeschnitten werden.

Kleinfrüchtige Moosbeere *(Vaccinium oxycoccus* L.*)* Heidekrautgewächse

Merkmale: Immergrüner, niederliegender Zwergstrauch mit weitkriechendem, bis 80 cm langem, dünnem, verholzendem Sproß und kurzen, zarten, aufstrebenden Blütentrieben. Blätter sehr kurz gestielt, wechselständig angeordnet, etwa bis 10 mm lang und 5 mm breit, eiförmig bis länglich, zugespitzt, fast kahl, oberseits dunkelgrün glänzend, unterseits blaugrün bereift; Ränder eingerollt. Blüten 4zählig, karminrosa, nickend, in wenigblütigen, endständigen Trauben. Blütenstiele mehrmals so lang wie die Blüte, sehr dünn, rötlich, behaart, in der Mitte mit 2 kleinen, linealisch-länglichen Vorblättern. Kelchlappen kurz, rundlich, am Rand fein gewimpert. Blütenkrone ausgebreitet, türkenbundähnlich, tief bis zum Grund gelappt; Kronlappen bis 6 mm lang, eiförmig-länglich und zurückgekrümmt. Die 8 Staubfäden sind wesentlich kürzer als die Staubbeutel, rötlich und behaart; Staubbeutel gelb, ohne Anhängsel, an der Spitze hornartig verlängert, öffnen sich mit Poren. Fruchtknoten unterständig. Frucht eine kugelige bis birnenförmige, etwa 10 mm große Beere auf niederliegendem Stiel, mehrsamig, saftig, leuchtend rot und manchmal weiß oder braun gesprenkelt.

Standort: Nur in Torfmooren an den nasseren Stellen, in der Ebene und im Gebirge, in den Alpen bis 1300 m vorkommend.

Verbreitung: Mittel- und Nordeuropa, stellenweise bis Zentralfrankreich, Norditalien und südöstliches Rußland.

Blütezeit: Mai bis Juli, Beerenreife Sommer und Herbst.

Allgemeines: Aus Skandinavien sind robustere Formen bekannt, sie werden als Bastarde zwischen dieser Art und *V. microcarpus* angesehen. Die kriechenden, wurzelnden Sprosse und beerenfressende Vögel sorgen für die Verbreitung der Pflanze. Die wohlschmeckenden Beeren werden im Frühjahr gesammelt.

Moorbeere, Rauschbeere *(Vaccinium uliginosum* L.*)* Heidekrautgewächse

Merkmale: Sommergrüner, bis 75 (100) cm hoher, üppig verzweigter Strauch mit einem weit am Boden kriechenden Sproß; die aufrechten Zweige sind rund, grauberindet und meist kahl. Blätter derb, gestielt, wechselständig angeordnet, etwa 25 mm lang und 12 mm breit, verkehrteiförmig, ganzrandig, stumpf oder leicht zugespitzt, kahl, bereift, oberseits mattgrün, unterseits blaugrün mit deutlich netziger Nervatur; sie verfärben sich im Herbst blaurot, ihre Ränder sind leicht umgebogen. Blüten 4- oder 5zählig, weiß oder rötlich, hängend, zu 1–3 traubig angeordnet, an den Enden seitlicher, kurzer, nur schuppig beblätterter Zweige. Kelch bleibend, mit dem Fruchtknoten verwachsen, Kelchzipfel rundlich, rötlich und häutig. Blütenkrone bis 6 mm lang, ei-krugförmig, mit kurzen, rundlichen und zurückgekrümmten Zipfeln. Die 8–10 Staubblätter sind eingeschlossen, die Staubfäden kahl und kürzer als die Staubbeutel, diese gelb, mit kleinen Anhängseln und an der Spitze hornartig verlängert und sich mit Poren öffnend. Fruchtknoten unterständig, Griffel eingeschlossen. Die Frucht ist eine Beere, etwa 10 mm groß, kugelig bis leicht elliptisch, vielsamig, blaubereift mit farblosem Saft, süßlich schmeckend. Samen hellbraun.

Standort: Meist auf sauren Böden, in moorigen Wäldern und Gebüschen, Hochmooren und alpinen Zwergstrauchheiden, von der Ebene bis über 3000 m vorkommend.

Verbreitung: Nord- und Mittel-Europa, südlich bis zur Sierra Nevada, nördlichem Apennin, Albanien und Bulgarien.

Blütezeit: Mai bis Juli, Früchte reifen im August.

Allgemeines: Die fad, süßlich schmeckenden Beeren sind nicht giftig, in größeren Mengen genossen sollen sie jedoch eine leicht narkotische Wirkung haben, daher der Name Rauschbeere, **Trunkelbeere, Schwindelbeere**.

Heidelbeere, Blaubeere *(Vaccinium myrtillus* L.*)* — Heidekrautgewächse

Merkmale: Sommergrüner, bis 35(–60) cm hoher, üppig verzweigter, kleiner Strauch, mit kriechendem Sproß und aufrechten Zweigen, diese scharf dreikantig, grün und kahl. Blätter wechselständig angeordnet, sehr kurz gestielt, bis 3 cm lang, flach, eiförmig, zugespitzt und am Grund abgerundet, mit fein gesägtem Rand, kahl, hellgrün und im Herbst orange verfärbend. Blüten 4- oder 5zählig, nickend, hellgrün und oft violettrosa überlaufen, einzeln oder zu zweien in den Blattachseln stehend. Der kurze Blütenstiel steht zwischen 2 schuppenförmigen Tragblättern, Vorblätter fehlen. Kelch mit dem Fruchtknoten verwachsen und bleibend, nur undeutlich gelappt mit gebuchtetem oder fast glattem Rand. Blütenkrone bis 6 mm lang, kugelig krugförmig, vorne verengt, mit kurzen, stumpfen, eingerollten Zipfeln. Staubblätter 8 oder 10 mit sehr kurzen, nach unten verbreiterten Staubfäden, Staubbeutel gelbbraun, mit zwei gespornten Anhängseln am Grund, an der Spitze röhrenförmig verlängert; öffnet sich durch Poren. Fruchtknoten unterständig, 4- bis 5fächerig. Griffel meist eingeschlossen. Die Frucht ist eine kugelige, bis 10 mm große, vielsamige und vom Kelch gekrönte Beere, süß, blauschwarz bereift mit rotem Saft. Samen braun, leicht halbmondförmig.

Standort: In lichten Nadelwäldern, selten in Laubwäldern, auf lockeren, feuchten, sauren Böden, in Hochmooren und in der alpinen Zwergstrauchregion, bis weit über 2500 m reichend.

Verbreitung: In ganz Mittel- und Nordeuropa, nach Süden hin auf die Gebirge beschränkt.

Blütezeit: Mai, Juni, die Beeren reifen im Juli.

Allgemeines: **Bickbeere** heißt die Heidelbeere auf Plattdeutsch. Die Gattung *Vaccinium* umfaßt etwa 150 Arten der nördlichen Halbkugel; ihre Verbreitung reicht vom Polarkreis bis in die tropischen Gebiete; in der Hauptsache Südostasien, Nordamerika und Mittel- und Südamerika, dort in den Anden von Kolumbien bis Bolivien. Eine andine Art mit wohlschmekkenden Beeren wächst auf einer Höhe zwischen 3000 und 4000 m. In Europa sind nur die 4 hier beschriebenen Arten als Pflanzen der kühlen und gemäßigten Nadelwaldgebiete vertreten. Es gibt eine beachtliche Anzahl von parasitischen Pilzen, die zum Teil auffällige Veränderungen der Wirtspflanze hervorrufen, wie etwa Verlängerung und Anschwellen der Zweige durch einen in der Rinde wuchernden Pilz; Aufblähen, Verkrümmung, Rotfärben der Blätter und des Blattstieles; Verhärtung und Mumifizierung der Früchte. Auch Gallmücken und Gallmilben befallen die Pflanzen und verursachen Blattfaltung und Runzelung und die Bildung von Gallen. In der ganzen Gattung erfolgt die Verbreitung der Früchte durch Vögel, die dadurch nicht unwesentlich zur weiten Ausdehnung mancher Arten beigetragen haben. Es gibt eine große Zahl verschiedenster Vogelarten, die die Früchte fressen und die zum Teil für die einzelnen Arten typisch sind. Doch auch von den Menschen werden die Früchte vieler Arten der Gattung geschätzt und gesammelt. In Europa gehören die Preisel- und Heidelbeeren zu den wenigen wildgesammelten Früchten, denen auch eine gewisse wirtschaftliche Bedeutung zukommt, dasselbe trifft natürlich genauso für die Arten der anderen Verbreitungsgebiete zu. Ganz besonders in Nordamerika sind wildwachsende Arten zu Kulturformen entwickelt worden als Kreuzungsprodukte der heimischen Pflanzen. Die Früchte werden manchmal fast so groß wie kleine Kirschen. Sie sind auch in der Heilkunde, allerdings nicht von alters her bekannt. Roh, gekocht oder als Backwerk sind sie sehr beliebt, werden aber auch zur Herstellung von Heidelbeerwein und -Sekt und sogar Heidelbeergeist genommen. Der Farbstoff der Heidelbeere ist dem der Weintraube ähnlich und wurde früher zum Färben von Wein benutzt.

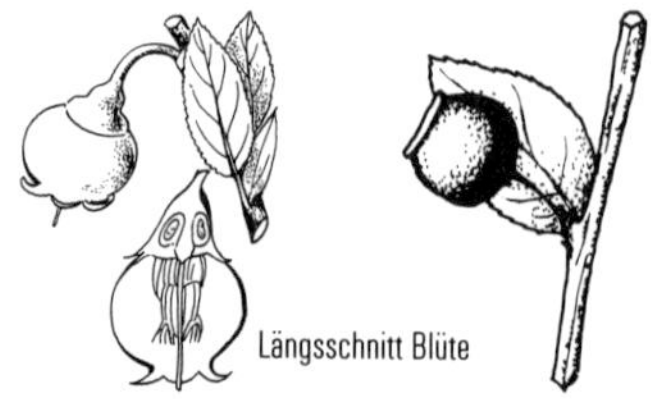

Blüten

Merkmale: Immergrüner, aufrechter, bis höchstens 30 cm hoher, spärlich verzweigter Zwergstrauch mit unterirdisch kriechenden und wurzelnden, schuppig beblätterten Sprossen. Die Zweige aufrecht, aufstrebend oder gebogen, die jungen flaumig behaart. Blätter kurzgestielt, wechselständig und oft zweizeilig angeordnet, dick und derb lederig, elliptisch bis länglich oder verkehrt-eiförmig, an der Spitze stumpf oder leicht ausgerandet, ganzrandig, kahl, oberseits dunkelgrün, glänzend, unterseits heller grün und dicht mit dunklen Drüsenhaaren punktiert. Seitennerven deutlich sichtbar, Ränder ganz leicht eingerollt. Blüten 4- oder 5zählig, weiß oder rötlich und schwach duftend, in meist vielblütigen, gedrängten, endständigen und hängenden Trauben. Vorblätter rötlich. Kelch mit dem Fruchtknoten verwachsen, 5lappig, häutig, die dreieckigen Lappen sind gewimpert. Blütenkrone überhängend, bis 8 mm lang, glockig, bis etwa zur Hälfte gespalten, Lappen zugespitzt und an der Spitze auswärts gekrümmt. Die 10 Staubblätter am Grund behaart, Staubbeutel ohne Anhängsel und an der Spitze röhrig verlängert, öffnen sich durch Poren. Fruchtknoten unterständig, 4–5fächerig, Griffel herausragend. Die kugeligen Beeren bis 10 mm groß, vielsamig, oben von dem Kelchrest gekrönt, erst weiß, dann dunkelscharlachrot, eßbar und von herbem Geschmack. Samen rotbraun, halbmondförmig.

Standort: In sonnigen Lagen, auf trockenen, meist sauren Sand-, Heide- und Moorböden, in lichten Nadelwäldern, Zwischenmooren und Zwergstrauchheiden der höheren Lagen, bis etwa 3000 m.

Verbreitung: Nord- und Mitteleuropa, südlich bis in die Gebirge des nördlichen Apennin, Albanien und Bulgarien.

Blütezeit: Mai bis Juli, in tieferen Lagen zum zweiten Mal im August; die Beeren reifen August/September.

Allgemeines: Preisel- oder auch Preisselbeere, niederdeutsch **Krons-** oder **Krambeere** genannt. *Vitis-idaea* heißt: Weinrebe vom Berg Ida-Kreta. Systematisch werden zwei Unterarten beschrieben: *subsp. vitis-idaea,* die der oben beschriebenen Art entspricht, und *subsp. minus*; diese ist von sehr kleinem Wuchs, bis 8 cm hoch, Blätter sehr klein, Trauben nur 2–5blütig, Blüten leuchtend rosa mit kurz hervorragendem Griffel und kleineren Beeren. In Nordasien und Nordamerika verbreitet. Die Preiselbeere ist etwas frosthärter und unempfindlicher gegen Trockenheit als die Heidelbeere, doch benötigen beide Arten in exponierten Gebirgslagen eine Schneedecke als Schutz, um ein Zurückfrieren zu verhindern. In der Ebene gedeiht die Preiselbeere gut in trokkenen Kiefernwäldern, wo sie in Norddeutschland und Skandinavien ausgedehnte Flächen bedeckt. Auch in Felsritzen und verwitternden Felshängen vermag die Preiselbeere sich dank eines sehr ausgedehnten Wurzelsystems zu behaupten. Dies verhindert die Auswaschung des Humus und dient als Keimplatz für sekundäre Felsbesiedler. In niederen Lagen blüht und fruchtet die Preiselbeere zweimal im Jahr. Die zweiten Früchte reifen im Spätherbst, sie sind größer und werden mehr geschätzt als die ersten. In Bayern werden sie **Winterzäcken** genannt. Die Bestäubung erfolgt in der Hauptsache durch Hummeln und Bienen, die Verbreitung der Früchte durch Vögel, die von den leuchtendroten Beeren, die den Winter über an der Pflanze stehen, angelockt werden. Doch können die schwimmfähigen Früchte auch durch das Wasser verbreitet werden. Die Keimung erfolgt am Licht. Die Verwendung der Früchte als Kompott oder Wein ist bekannt und besonders in Norddeutschland und Skandinavien geschätzt. Interessant ist der Gehalt der Früchte an Benzoesäure, die einen Pilzbefall sowohl der Beeren wie des daraus hergestellten Kompotts weitgehend verhindert.

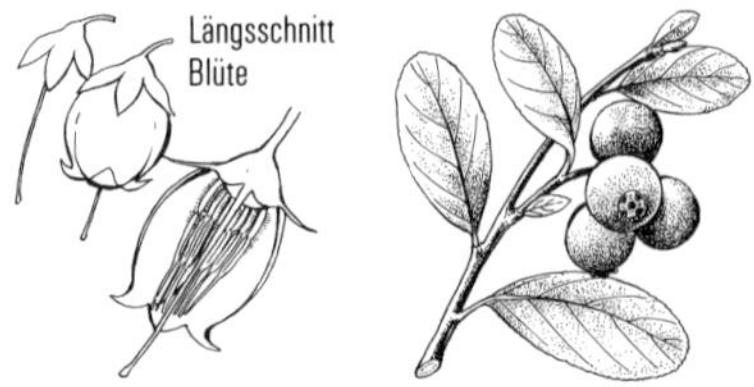

Schwarze Krähenbeere *(Empetrum nigrum L.)* Krähenbeerengewächse

Merkmale: Immergrüner, heidekrautartiger Zwergstrauch, die jungen Triebe ganz fein drüsig behaart und bald verkahlend. Blätter in unregelmäßigen Quirlen zu 3–4 oder wechselständig angeordnet, lederig, bis 7 mm lang und 2 mm breit, linealisch-länglich bis schmal-elliptisch, die jungen drüsig, später kahl. Ränder nach unten gebogen und angenähert, so daß eine Längsfurche entsteht. Die Blüten sind zwittrig oder eingeschlechtig, meist 3(2)zählig, zu 1–3 in den Blattachseln stehend. Kelch und Kronblätter etwa 1,5 mm lang, länglich, grünlichrosa bis purpurfarben, frei, wie auch die lang herausragenden Staubblätter. Fruchtknoten oberständig, 6–9fächerig, Narbe sitzend, 6–9strahlig. Die Frucht ist eine kleine, schwarze Steinfrucht, 5 mm im Durchmesser.
Standort: Auf sauren Böden, in Heiden, Mooren, Nadelwäldern und Gebirgshängen.
Verbreitung: Nordeuropa und in Gebirgslagen südlich bis zu den Pyrenäen, Mittelitalien, Bulgarien und südlicher Ural.
Blütezeit: Mai bis Juni.
Allgemeines: Die Gattung besteht aus einer Anzahl Sippen, die zum größten Teil in Amerika beheimatet sind. Die zwei europäischen Sippen werden als Unterarten der oben beschriebenen Art behandelt. Die *subsp. nigrum* hat eingeschlechtige Blüten, kriechende Zweige, die bis 1,2 m lang werden, spärlich verzweigt sind und meist wurzeln. Im Verbreitungsgebiet wie oben beschrieben, doch im äußersten Norden selten und in den Alpen meist fehlend. Bei der *subsp. hermaphroditum* sind die Blüten meist zwittrig, die Staubblätter bleibend, die Zweige selten länger als 50 cm, aufsteigend oder niederliegend, üppig verzweigt, doch nicht wurzelnd. Sie ist verbreitet im nördlichen Europa und südlich in den höheren Gebirgslagen (Alpen). Die Beeren werden in nordischen Ländern gerne gegessen.

Schmalblättrige Steinlinde *(Phillyrea angustifolia L.)* Ölbaumgewächse

Merkmale: Immergrüner, dicht belaubter, sparrig ästiger Strauch von 1,5 bis 3 m Wuchshöhe mit langen, rutenartigen, hellgrauen oder gelblichen, glatten Zweigen. Laubblätter wechselständig, lineal-lanzettlich, bis 6 cm lang und 0,5–1 cm breit, ungeteilt, ledrig-derb, ganzrandig oder spärlich gezähnt, stachelspitz, am Grund keilförmig, beiderseits glänzend, mit 5–6 undeutlich ausgeprägten Hauptnerven. Blattstiel 2–8 mm lang. Blüten grünlichweiß oder schwefelgelb, duftend, in kurzen, in den Blattachseln stehenden Ähren oder Trauben angeordnet. Kelch klein, glockig, 4zählig, mit rundlichen Zipfeln. Krone ebenfalls glockig oder radförmig ausgebreitet, mit 4 am Grund zu einer kurzen Röhre verwachsenen Kronblättern. 2 fast sitzende Staubblätter. Staubbeutel seitenständig. Griffel sehr kurz, mit zweispaltiger Narbe. Steinfrüchte klein, kurz gestielt, erbsengroß, etwa 1 cm im Durchmesser, blauschwarz, mit 2 Samen.
Standort: An sonnigen Hängen, an Felsen, in Gebüschen sowie in lichten Wäldern. Die Steinlinde ist eine Charakterart der mediterranen Hartlaubgebüsche und Macchien. Mit Vorliebe auf kalkhaltigen, trockenen Böden.
Verbreitung: Westliches Mittelmeergebiet. Von Portugal und Spanien über Südfrankreich bis Italien und Jugoslawien zu finden. Die Ostgrenze verläuft von Algerien über die Adrialänder bis zum nördlichen Teil der Balkanhalbinsel. Die Nordgrenze wird in Südtirol und in den Gebieten der Südschweiz erreicht.
Blütezeit: Mai und Juni.
Allgemeines: Neben der Schmalblättrigen Steinlinde findet man im Mittelmeergebiet auch die **Breitblättrige Steinlinde.** Dieser dichte, kleinblättrige Strauch besitzt ebenfalls gegenständige Blätter mit gesägtem Blattrand und 5–12 Paar Seitennerven. Die Blüten sind grünlichweiß, die Früchte rötlichbraun.

Gewöhnlicher Flieder, Garten-Flieder *(Syringa vulgaris L.)* Ölbaumgewächse

Merkmale: Sommergrüner, langsamwüchsiger, bis 10 m hoher Strauch oder kleiner Baum mit weitreichender, flacher Bewurzelung und besenförmiger Krone. Die Zweige sind rutenförmig, die jungen rundlich glatt, olivgrün berindet und anfangs kurz drüsig behaart; an älteren Zweigen und Stämmen ist die Rinde graubraun, rauh, später längsrissig und dünn abblätternd. Die Knospen sind eiförmig, ungleich groß, mit olivgrünen, braungesäumten, rundlichen Schuppen. Die Blätter sind gegenständig angeordnet und etwa 3 cm lang gestielt, eiförmig, in der Regel deutlich länger als breit, am Grunde herzförmig oder breit keilförmig, kahl, Spitze lang herausgezogen, ganzrandig, oberseits lebhaft grün, unterseits etwas blasser. Die lilafarbenen, wohlriechenden, 4zähligen Blüten stehen in reichblütigen, dichten, bis 20 cm langen Rispen. Rispen meist paarweise, entwickeln sich aus den oberen Seitenknospen am Ende der letztjährigen Zweige. Endknospe fällt ab. Die Rispen sind am Grund meist blattlos. Die Blüten erscheinen nach den Blättern. Kelch klein und unregelmäßig kurz gezähnt. Blütenkrone mit zylindrischer, schlanker, bis 12 mm langer Röhre, Zipfel abstehend oder etwas zurückgebogen, eiförmig, abgerundet. Die 2 Staubblätter im oberen Teil der Kronröhre angewachsen und nicht herausragend. Fruchtknoten oberständig, 2fächerig, der kurze Griffel ist in der Kronröhre eingeschlossen. Die Frucht ist eine lang-eiförmige und vorne zugespitzte, etwa 10 mm lange, holzige, braun glänzende Kapsel. Samen hellbraun, ringsherum geflügelt.

Standort: In Gebüschen, Laubwäldern und Hecken, an steinigen Hängen.

Verbreitung: Südosteuropa, vom nördlichen Mittelrumänien bis Mittelalbanien und Nordostgriechenland. Häufig als Zierpflanze kultiviert und in Mittel- und Westeuropa eingebürgert.

Blütezeit: April, Mai, Juni.

Allgemeines: Die Familie der Ölbaumgewächse umfaßt Bäume und Sträucher der tropischen und gemäßigten Zonen. Zahlreiche Gattungen der Familie sind weitbekannte Zier- und Nutzpflanzen geworden. Die wohl älteste aller Kulturpflanzen mit gleichzeitig größter wirtschaftlicher Bedeutung ist der **Ölbaum,** *Olea europea.* Seine Früchte (Steinfrüchte) sind die Oliven. Der Ölbaum wird hauptsächlich im Mittelmeergebiet angebaut, wo er sich mit kargen Böden und sehr geringen Niederschlägen begnügt und Hunderte, ja tausend Jahre alt wird. Die Gattung *Olea* umfaßt etwa 20 Arten, die im Mittelmeergebiet, Afrika und Asien beheimatet sind, einige von ihnen liefern wertvolle Hölzer. Von den als Zierpflanzen kultivierten Gattungen seien die **Eschen, Forsythien,** der **Jasmin, Liguster** und **Flieder** genannt. Die Gattung *Syringa,* Flieder, besteht aus etwa 30 Arten, deren Verbreitungsgebiete in Ost- und Vorderasien und Südosteuropa liegen. Im Jahre 902 wurde der Flieder von den Arabern nach Spanien gebracht und wird daher auch **Spanischer Flieder** genannt. Doch kam er damals nicht nach Mitteleuropa. Das geschah erst Mitte des 16. Jahrhunderts. Er war aber über längere Zeiten nur ein Zierstrauch der vornehmen Gärten. Zwar waren schon sehr früh weiß- und rotblühende Formen bekannt, doch erst Mitte des letzten Jahrhunderts begann man in Frankreich an den Züchtungen zu arbeiten. Inzwischen gibt es Hunderte von Sorten, die von einfachen bis zu gefüllten Blüten eine weite Farbskala umfassen. Natürlich wurden auch zahlreiche andere Arten und deren Zuchtformen in Kultur genommen, so spielen in Nordamerika die *Preston*-Hybriden eine wichtige Rolle.

Große Bedeutung haben die Fliederarten im Winter, da sie leicht zum Austreiben gebracht werden können. Die ersten Versuche wurden schon Ende des 18. Jahrhunderts in Frankreich unternommen. Inzwischen hat man zahlreiche Techniken entwickelt. Das ätherische Öl der Blüten wird zur Parfümherstellung verwendet. Das sehr harte Holz ist von feiner Struktur und läßt sich gut polieren.

Fruchtstand

Gewöhnlicher Liguster, Rainweide *(Ligustrum vulgare L.)* Ölbaumgewächse

Merkmale: Dichter, buschiger, langsamwüchsiger, bis 3(5) m hoher Strauch mit weitverzweigten, Schößlinge treibenden Wurzeln und dünnen, aufrechten Zweigen, die weich und grau behaart sind; die jungen sind bräunlich und fein, kurz behaart. Die Knospen sind ei-kegelförmig und gekielt, die Endknospe ist größer. Blätter gegenständig oder zu dreien quirlig angeordnet und kurzgestielt, dünn, bis 6 cm lang und 2 cm breit, lanzettlich, ganzrandig, kahl, oberseits dunkelgrün, unterseits heller mit deutlicher Mittelrippe, im Herbst violett verfärbend und abfallend. In milden Lagen und Wintern fallen die Blätter erst im Frühjahr zum Neuaustrieb ab. Die kleinen Blüten sind 4zählig, grünlichweiß oder weiß und duftend und stehen in kleinen, aufrechten, endständigen, fein behaarten und bis 6 cm langen Rispen. Kelch bleibend, glockig, undeutlich gezähnt. Blütenkrone trichterförmig ausgebreitet, bis 6 mm Durchmesser, Kronröhre so lang wie der Kronsaum, Zipfel an der Spitze grünlich. Die Staubblätter ragen nicht heraus, sind an der Krone angewachsen, haben kleine Staubbeutel. Fruchtknoten oberständig, 2fächerig, Griffel dünn mit 2lappiger Narbe. Die Frucht ist eine fast kugelige oder eiförmige, bis etwa 8 mm große Beere, glänzend schwarz mit violett färbendem roten Fleisch, nicht eßbar. Samen violett-braun.

Standort: An Waldrändern und in Gebüschen, an sonnigen Hängen, auf nahrhaften, kalkhaltigen Böden, bis etwa 1500 m.

Verbreitung: Süd-, West- und Mitteleuropa, östlich bis in die mittlere Ukraine, auch lokal in Südostnorwegen und Südwestschweden.

Blütezeit: Mai bis Juli, Beerenreife August bis September.

Allgemeines: Hauptverbreitungsgebiet der Gattung liegt in Süd- und Ostasien, Malaysia und Australien, die einzige in Europa vertretene Art ist der Gemeine Liguster.

Strauch-Jasmin *(Jasminum fruticans L.)* Ölbaumgewächse

Merkmale: Kleiner, immergrüner oder wintergrüner, 1–2 m hoher, etwas sparriger, kahler Strauch mit scharfkantigen, 4eckigen, rutenförmigen, grünen Zweigen. Laubblätter wechselständig, 3zählig, seltener mit nur 1 oder 2 Blättchen, diese 1–2 cm lang, länglich-elliptisch bis spatelförmig, vorne meist stumpf oder ausgerandet, ledrig, glänzend, auf beiden Seiten kahl. Blüten gelb, 1–1,5 cm lang, fast geruchlos, zu 2–5 in armblütigen Trugdolden an kurzen Seitensprossen stehend. Kelchblätter teilweise fein gewimpert, mit länglichen Zipfeln, diese nur ¼ der Kronröhrenlänge erreichend. Krone mit langer Röhre und etwa gleich langen, freien Teilen, diese radförmig ausgebreitet und bis 3 cm im Durchmesser. Frucht kugelig, 7–9 mm lang, schwarz, mit fleischiger Fruchtwand.

Standort: Häufig als Unterwuchs in Mischwäldern, in Hecken, Gebüschen, an sonnigen Abhängen sowie an Felsen. In Mitteleuropa gern als Zierstrauch angepflanzt. In den wärmeren, südlichen Gebieten (Wallis, Tessin, Südtirol) bisweilen verwildert und eingebürgert.

Verbreitung: Mittelmeergebiet. Von der Iberischen Halbinsel über Südfrankreich, den Südalpenraum, Italien und die Balkanhalbinsel bis Kleinasien, Persien und Nordafrika.

Blütezeit: Mai bis Juli.

Allgemeines: Der Strauch-Jasmin unterscheidet sich von den anderen bei uns vorkommenden Arten durch seine wechselständigen Blätter und die schwach duftenden Blüten. Der **Echte Jasmin** wurde erst im 16. Jahrhundert nach Europa gebracht. Zur Gewinnung des Duftstoffes wird eine großblütige Varietät dieser Art in Südfrankreich feldmäßig angebaut und für die Parfümherstellung genutzt. Häufig findet man in den Gärten den rotblühenden **Chinesischen Jasmin** *(J. beesianum)* oder den **Primel-Jasmin** *(J. primulinum)*.

Großes Immergrün *(Vinca major L.)*

Immergrüngewächse

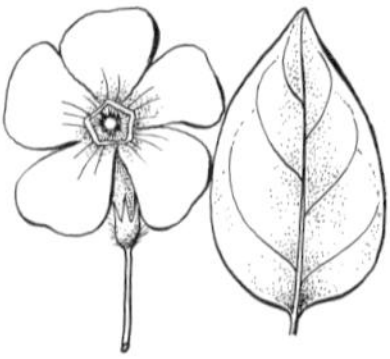

Merkmale: Ausdauernder, immergrüner Halbstrauch, mit einem am Boden kriechenden und an den Knoten wurzelnden Sproß; Zweige bis 1 m lang, am Grund erst aufsteigend, dann herabgebogen, niederliegend und kriechend, die Blütensprosse sind aufsteigend bis 30 cm hoch. Blätter lederig, gegenständig angeordnet, gestielt, bis 9 cm lang und 6 cm breit, die unteren kleiner, meist eiförmig oder breit-eiförmig, selten lanzettlich, am Grund fast herzförmig, vorne verschmälert, am Rand gewimpert, deutlich fiedernervig. Blüten 5zählig, hellblau oder blauviolett, selten weiß, langgestielt, einzeln in den oberen Blattachseln stehend; Blütenstiele kürzer als das dazugehörende Blatt. Kelch bleibend, kurz trichterförmig, mit schmal dreieckigen, am Rand dicht gewimperten, bis 17 mm langen Zipfeln. Blütenkrone präsentiertellerförmig, bis 50 mm im Durchmesser, die kurze Röhre verbreitert sich gleichmäßig trichterförmig, Kronzipfel schief und vorne abgeschnitten, in der Knospe nach links überlappend. Die 5 Staubblätter mit den Staubfäden an der Kronröhre angeheftet, das Verbindungsglied zwischen den Staubbeuteln verbreitert und behaart. Fruchtknoten oberständig, 2fächerig, Griffel kurz, an der Spitze verdickt mit 5 hängenden Haarbüscheln. Frucht zwei trockene, oft ungleich große, am Grund verbundene Balgfrüchte. Samen höckerig rauh, kahl.

Standort: An schattigen Plätzen, in Wäldern, am Rand von Gebüschen und feuchten Hekken, an Bächen; kommt selten vor.

Verbreitung: Westliches und Zentrales Mittelmeergebiet, häufig auch anderswo eingebürgert.

Blütezeit: März, Mai, manchmal noch einmal im Herbst.

Allgemeines: Das Große Immergrün ist im Mittelmeergebiet beheimatet und bei uns nicht ganz winterhart.

Kleines Immergrün *(Vinca minor L.)*

Immergrüngewächse

Merkmale: Ausdauernder, immergrüner, am Grund verholzender, kahler Halbstrauch, mit einem dünnen, lang kriechenden Sproß, an den Knoten Wurzeln und Zweige treibend, Blütensprosse aufsteigend bis 20 cm hoch, nichtblühend niederliegend. Blätter deutlich lederig, gegenständig angeordnet, kurzgestielt, bis 4,5 cm lang und 2,5 cm breit, die unteren kleiner, meist lanzettlich oder elliptisch, an den kriechenden Zweigen oft eiförmig, am Grund abgerundet oder keilförmig, oberseits glänzend mit hervortretender Nervatur, unterseits heller mit deutlichem Mittelnerv, am Rand nicht gewimpert. Die Blüten sind 5zählig, meist blau, stehen einzeln, langgestielt in den oberen Blattachseln; Blütenstiele häufig länger als das dazugehörige Blatt. Kelch bleibend, trichterförmig, mit schmal eiförmigen bis schmal dreieckigen, kahlen, etwa 4 mm langen Zipfeln. Blütenkrone präsentiertellerförmig, Röhre trichterig und sich gleichmäßig verbreiternd, Kronzipfel schief vorne abgeschnitten, stumpf, in der Knospe links überlappend. Staubblätter in der Hälfte der Blütenkrone angeheftet, Verbindungsglied zwischen den Staubbeuteln verdickt und behaart. Fruchtknoten oberständig, 2fächerig, Griffel kurz, an der Spitze verdickt, mit 5 herabhängenden Haarbüscheln. Balgfrüchte länglich walzlich, zugespitzt, bis 22 mm lang. Samen braun, grobwarzig.

Standort: Häufig am Rand von Gebüschen, Wäldern, Hecken, an Mauern und Felsen, in Weinbergen, von der Ebene bis in die montane Stufe. Häufig verwildert; auch eingebürgert.

Verbreitung: Im südlichen und westlichen Mitteleuropa, östlich bis Litauen und zur Krim.

Blütezeit: März bis Juni, selten im Herbst.

Allgemeines: Das Kleine Immergrün wird seit Jahrhunderten kultiviert und ist verwildert; die Grenzen der natürlichen Verbreitung sind nur schwer zu bestimmen.

Gemeiner Oleander *(Nerium oleander L.)* Immergrüngewächse

Merkmale: Aufrechter, buschiger, 2 bis 4 m hoher Strauch. Laubblätter meist in Quirlen zu 3 oder 4 angeordnet, seltener gegenständig, lederartig, lineal-lanzettlich, 6–15 cm lang, in den Stiel verschmälert, mit stark hervortretendem Mittelnerv und zahlreichen, fast parallel verlaufenden Seitennerven, häufig mit umgerolltem Blattrand. Blüten leuchtend rot oder weiß, etwa 3 cm im Durchmesser, endständig zu Doldentrauben vereinigt, ohne Duft. Kelch trichterförmig, tief 5spaltig, drüsig, mit abstehenden, ei-lanzettlichen und zugespitzten Zipfeln. Krone tellerartig ausgebreitet, mit 5 nach rechts gedrehten, radförmig ausgebreiteten, schief abgeschnittenen Zipfeln, im Schlund mit 5 Schuppen, die eine kleine Nebenkrone bilden. Fruchtknoten am Grund mit Nektardrüsen. Griffel fadenförmig, mit dickem Narbenkopf. Balgfrüchte schotenartig verlängert, gerade und etwas zusammengedrückt, aufrecht, deutlich kantig, bis 15 cm lang. Samen dicht zottig behaart.

Standort: Wild an felsigen Abhängen des Gardaseegebietes. Häufig im Mittelmeerraum angepflanzt und vielerorts verwildert. Sehr üppig in trockenen Flußbetten und auf Kiesböden.

Verbreitung: Mittelmeergebiet. Von Nordafrika über das südliche Europa bis Israel, Kleinasien und Persien verbreitet.

Blütezeit: Juni bis Oktober.

Allgemeines: Die Kultur des Gemeinen Oleanders ist nur in den mildesten Gebieten möglich. Trotzdem ist eine gewisse winterliche Kühle (5–8° C) für eine reiche Blütenbildung im Sommer Voraussetzung. Blätter und Sprosse enthalten einen giftigen Milchsaft, dessen Substanzen ähnlich wie jene von *Strophantus* eine herzlähmende Wirkung haben. Im Jahre 1808 soll angeblich frisch geschnittenes Oleanderholz, als Bratenspieß verwendet, 8 Soldaten des napoleonischen Heeres das Leben gekostet haben.

Keuschbaum *(Vitex agnus-castus L.)* Eisenkrautgewächse

Merkmale: Sommergrüner, 2–4 m hoher Strauch mit hellbraunen, anfangs graufilzigen, vierkantigen und stechend riechenden Zweigen. Laubblätter gegenständig, handförmig, 5–7zählig geteilt; Teilblättchen schmal-elliptisch bis lanzettlich, 5–10 cm lang und 0,5–1,5 cm breit, ganzrandig oder mit einigen groben Zähnen besetzt, auf der Oberseite kahl, unterseits graufilzig behaart. Blüten klein, hellviolett, seltener rosa oder weiß, schwach duftend, in einer endständigen, dichten Ähre angeordnet, diese wiederum zu 10–18 cm langen Rispen vereinigt. Kelch glockig, 5zählig. Krone bis 8 mm lang, außen und innen behaart, mit röhrenförmigem bis trichterartigem, verwachsenem Teil und einem schief 5lappigen bis fast 2lippigen Saum. Immer 4 Staubblätter, davon 2 kürzere und 2 längere. Griffel an der Spitze gespalten, von den Staubblättern deutlich überragt. Früchte kugelig, 3–4 cm im Durchmesser, mit meist 4 Samen. Das Fruchtfleisch der Steinfrucht ist von stechend scharfem Geschmack.

Standort: An Flußufern, in Bachbetten, an Hängen und Waldsäumen sowie an der Meeresküste, häufig zusammen mit Oleander und Tamarisken-Arten. Von der Ebene bis in die untere Bergstufe. Häufig auf kalkhaltigen Unterlagen.

Verbreitung: Mittelmeergebiet von Spanien über Italien und die Balkanländer bis zur Krim und Zentralasien beheimatet.

Blütezeit: Juli und August.

Allgemeines: Der Keuschbaum war schon im Altertum als Symbol der Keuschheit bekannt. Man war der irrigen Ansicht, daß die Früchte des Strauches jede sexuelle Regung unterdrükken. In den Samen ist ein ätherisches Öl enthalten, das den äußerst scharfen Geschmack verursacht. Die Früchte dienten deshalb in den südlichen Ländern lange als Pfefferersatz; daher auch der Name **Mönchspfeffer.**

Immergrün-
gewächse

Eisenkraut-
gewächse

Griechische Baumschlinge *(Periploca graeca* L.*)* Schwalbenwurzgewächse

Merkmale: Sommergrüner, aufrechter oder windender Strauch von 5–15 m Wuchshöhe. Rinde rotbraun, teilweise bereift, rissig. Laubblätter einfach, gegenständig angeordnet, kurz gestielt, 4–12 cm lang und 2–7 cm breit, eiförmig bis elliptisch oder auch lanzettlich, am oberen Ende spitz bis stumpf, bisweilen zu einer kurzen Spitze ausgezogen, am Grund keilförmig bis abgerundet, ganzrandig bis spärlich behaart, oberseits glänzend, dunkelgrün, unterseits heller, bläulichgrün, leicht gewellt, bis zum Laubfall im Herbst grün bleibend. Blüten 5zählig, außen grünlich, innen schmutzig violett, 2–2,5 cm im Durchmesser, zu 8–15 in end- oder achselständigen Trugdolden angeordnet. Kelch glockenförmig, 3–5 mm lang, Kelchzipfel ungefähr so lang wie die Röhre, außen lang, weiß behaart. Kronblätter nur an der Basis miteinander verwachsen, 8–14 mm lang und 2–3 mm breit, länglich-lanzettlich, stumpf, am Rand zurückgeschlagen, oberseits vor allem an den Rändern lang weiß behaart, unterseits kahl, Zipfel zur Blütezeit radförmig ausgebreitet. Staubblätter am Grund durch einen Kranz verbunden, in 5 kronblattartige, lang zugespitzte Schuppen auslaufend und somit ein Nebenkrönchen bildend. Staubfäden schmutzig violett, frei, bogenförmig über dem Narbenkopf zusammenstoßend. Staubbeutel auf der Rückseite behaart, mit kurzem Anhängsel, mit dem Narbenkopf eine Einheit (= Gynostegium) bildend. Pollenkörner nicht einzeln, sondern jeweils 4 zu einer Einheit (= Tetrade) verklebt. Frucht glatt, braun, aus 2 nur an der Basis miteinander verwachsenen Fruchtblättern bestehend, jedes Fruchtblatt 5–12 cm lang, länglich-walzenförmig, sich balgartig an der Bauchnaht öffnend. Samen 8–12 mm lang, länglich-walzenförmig, mit mehreren Längsleisten besetzt, schwarzbraun, am oberen Ende einen 25–30 mm langen Schopf aus weißen, seidenglänzenden Haaren tragend.

Standort: In Auenwäldern, an Wasserläufen, an Waldrändern und in Gebüschen. Häufig in Macchien anzutreffen. Liebt nährstoffreiche, lockere Böden in warmen, sonnigen Lagen.

Verbreitung: Östliches Mittelmeergebiet. Von Italien und den Balkanländern ostwärts bis zum Kaukasus beheimatet.

Blütezeit: Juli bis August.

Der hübsche, selbstklimmende Strauch ist seit 1597 in Kultur und wird häufig zur Bekleidung von Mauern, Säulen, Laubgängen und Zäunen angepflanzt. Im Blütenbau lassen sich hochentwickelte Anpassungen an bestimmte Bestäubergruppen (Hummeln, Bienen) beobachten. So befinden sich am Narbenkopf Bildungen (= Translatoren), die aus einem löffelartig geformten Becher, einem Stiel und einer daran befestigten Klebscheibe bestehen. Zur Pollenreife krümmt sich dieser Stiel mit der Klebscheibe nach außen. Versucht nun ein Insekt zu den Nektardrüsen am Blütengrund vorzudringen, so berührt es dabei unwillkürlich mit dem Kopf die Klebscheibe, die an diesem heften bleibt. Durch die Bewegungen des Insekts wird nun der gesamte Apparat aus der Blüte herausgezogen und damit auch die Masse der Pollen, die inzwischen in den löffelartigen Becher gefallen ist. Besucht dieses Insekt daraufhin eine weitere Blüte, so berührt sie beim Hineinkriechen mit dem Kopf die empfängnisfähigen Narbenflächen unter dem Narbenkopf und verursacht damit die Übertragung einiger Pollentetraden.

In der Rinde der Griechischen Baumschlinge sind Gerbstoffe, Gallussäure, verschiedene Zucker, Öle sowie ein stark herzwirksames Glykosid (Periplocin) enthalten.

Die **Schmalblättrige Baumschlinge** *(P. laevigata)* hat schmälere Laubblätter und kommt auch im westlichen Mittelmeergebiet vor. Die ähnliche **Chinesische Baumschlinge** *(P. sepium)* – rechts im Bild – wird auch in Mitteleuropa kultiviert und ist frosthart. Die afrikanische Art *P. nigrescens* dient zum Vergiften von Pfeilspitzen.

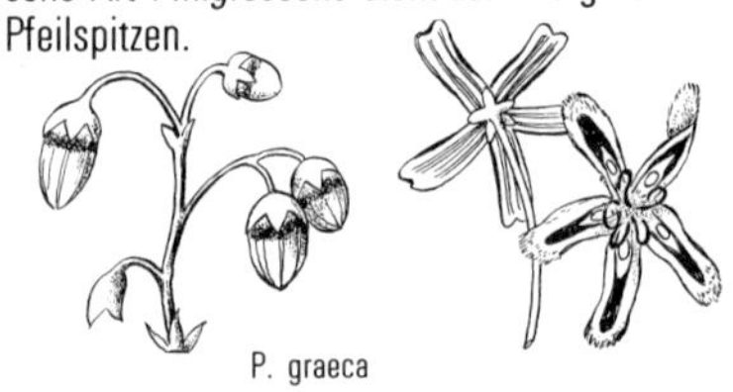

P. graeca

P. sepium

P. sepium

Berg-Gamander *(Teucrium montanum* L.*)* — Lippenblütler

Merkmale: Niederliegender, 5–35 cm hoher Spalierstrauch mit kräftiger Pfahlwurzel und dünnen, stielrunden, mitunter knotigen, graubraunen, stark verzweigten Ästen. Laubblätter lineal-lanzettlich, 1 bis 2 cm lang und 2–4 mm breit, ganzrandig, vorne etwas zugespitzt, allmählich in den sehr kurzen Blattstiel verschmälert, am Rand leicht eingerollt, oberseits graugrün, kahl und glatt, unterseits weißfilzig, mit wenigen Fiedernerven. Blüten gelblichweiß, 10–15 mm lang, in 1–3blütigen, halbkugeligen, dichten, endständigen Köpfen angeordnet, diese in den Achseln der obersten, zum Teil stark verkleinerten Laubblätter stehend. Kelch röhrig-glockig, schwach flaumig, Kelchzähne kürzer als die Röhre, dreieckig und kurz zugespitzt, leicht violett überlaufen. Kronblätter kahl, mit einer den Kelch überragenden Röhre, vorne mit stark verbreiterter, herabgeschlagener Unterlippe; deren Mittellappen sind ungeteilt, aber leicht gezähnelt, viel größer als die gleichfalls herabgeschlagenen Seitenlappen; die oberen Kronblätter aufrecht, grünlich oder violett geadert. Nüßchen etwa 2 mm lang, undeutlich netzig, mit großer Anheftungsstelle.

Standort: An trockenen Felsen, auf ruhendem Kalkschutt, auf Flußanschwemmungen, in offenen Weiden und Heiden. Meist in der Hügel- und Bergstufe zu finden. Im Wallis bis 2200 m. Mit Vorliebe an Südhängen.

Verbreitung: Südeuropäische Gebirge. Von Spanien bis zur Balkanhalbinsel, zur Krim und bis Kleinasien zu finden, nördlich bis in das belgisch-niederrheinische Kalkgebiet, ebenso vereinzelt im Jura und in den Karpaten vorkommend.

Blütezeit: Juni bis August.

Allgemeines: Neben dieser in den Gebirgen vorkommenden Art findet man im westlichen Mittelmeergebiet, in Italien und auf Sizilien rot blühenden **Katzen-Gamander** *(T. marum)*.

Strauch-Gamander *(Teucrium fruticans* L.*)* — Lippenblütler

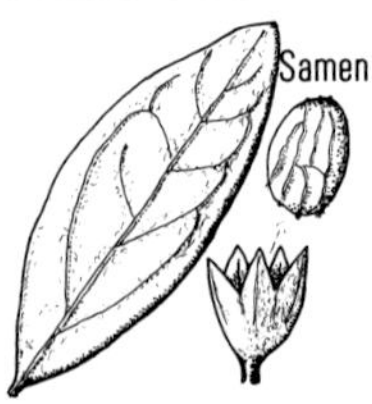

Merkmale: Immergrüner, dornenloser, aufrechter bis halbliegender Strauch von 1–2,5 m Wuchshöhe. Äste locker verzweigt, ausgebreitet, 4kantig, dicht weißfilzig. Laubblätter einfach, gegenständig angeordnet, kurz gestielt, 15–50 mm lang und 5–20 mm breit, lanzettlich bis eiförmig, am oberen Ende spitz bis stumpf, ganzrandig, ledrig, auf der Oberseite matt, dunkelgrün, auf der Unterseite dicht weiß-filzig, Blattrand eingerollt, Blattnerven auf der Unterseite deutlich hervortretend. Blüten blaß blau bis tief violett, zygomorph, 10–15 mm im Durchmesser, kurz gestielt, einzeln oder zu zweit zu beblätterten, aufrechten, lockeren Trauben angeordnet. Kelch kurz glokkenförmig, mit 5 nahezu gleichlangen Kelchzipfeln, außen weiß-filzig, innen dunkelgrün. Kronröhre sehr kurz; Oberlippe im Vergleich zur Unterlippe sehr viel kleiner, dadurch Krone scheinbar 1lippig; Unterlippe 2–3 cm lang, länglich, 5–6lappig, mit purpurroter Aderung. 4 Staubblätter, sehr lang, überhängend, in Basisnähe drüsig behaart. Frucht in 4 Teilfrüchte (= Klausen) zerfallend.

Standort: Auf trockenen Felsmatten, bewaldeten Hügeln, Weiden und an der Küste. Meist in warmen, sonnigen Lagen, häufig in Macchien und Garigues. Von der Ebene bis in die Hügelregion steigend.

Verbreitung: Westliches Mittelmeergebiet. Von Portugal und Marokko ostwärts bis Malta, Sizilien und den küstennahen Bereichen Jugoslawiens beheimatet.

Blütezeit: Dezember bis Mai.

Allgemeines: In den Blättern des Strauches sind in größeren Mengen ätherische Öle und Bitterstoffe enthalten, die in der Medizin zur Wundbehandlung verwendet werden. Selten als Zierstrauch gepflanzt. In Marokko wächst im Rif eine Form mit größeren, breiteren Blättern (var. *latifolium*).

Gemeiner Rosmarin *(Rosmarinus officinalis* L.*)* Lippenblütler

Merkmale: Immergrüner, aromatisch riechender, bis 2 m hoher Strauch mit aufrechten, aufsteigenden oder selten niederliegenden, grauberindeten Zweigen. Blätter lederig, kreuzweise gegenständig, sitzend, bis 40 mm lang und 3,5 mm breit, linealisch mit eingerollten Rändern, oberseits kräftig grün und schwach runzelig, unterseits weiß filzig behaart. Blatt- und Blütenstiele dicht sternhaarig filzig. Blüten hellblau-violett, selten weiß oder rosa, 5zählig, 2lippig, in wenigblütigen Scheinquirlen zu kurzen, achselständigen Trauben vereint. Kelch glockig, bis 4 mm lang, grün oder purpurfarben, spärlich filzig, später verlängert, fast kahl und deutlich nervig. Blütenkrone bis 12 mm lang mit hervorragender Röhre, Oberlippe 2spaltig und stark zurückgebogen, Unterlippe 3spaltig, mit einem großen, herabgeschlagenen, schneckenförmigen Mittellappen. Die 2 Staubblätter herausragend. Die Staubfäden haben am unteren Teil einen kleinen, seitlichen Zahn. Staubbeutel nur 1fächerig. Fruchtknoten oberständig mit langem Griffel. Nüßchen braun, glatt.

Standort: Trockenes Gebüsch, typischer Bestandteil der Macchien.

Verbreitung: Im Mittelmeergebiet bis Portugal und Nordwestspanien.

Blütezeit: Januar, März, April, vereinzelt das ganze Jahr über.

Allgemeines: In der Gattung Rosmarin gibt es nur noch eine zweite Art, *R. eriocalix*, in Südspanien und Nordafrika beheimatet. Sie ist der oben beschriebenen ähnlich, jedoch meist von niederliegendem Wuchs mit grauen Zweigen und kleineren Blättern, die Behaarung von Blatt, Blütenstiel und Kelch besteht aus Sternhaaren und langen Drüsenhaaren. Rosmarin, eine alte Duft-, Heil- und Gewürzpflanze, ist uns schon seit dem Altertum bekannt. Das erste gewonnene ätherische Öl war das Rosmarinöl. Köstlich ist Honig von Rosmarinblüten.

Echter Lavendel *(Lavandula angustifolia* MILLER*)* Lippenblütler

Merkmale: Graufilzig behaarter, aromatischer, 1(–2) m hoher Strauch, mit aufsteigenden oder aufrechten und stark verästelten Zweigen oder mit steif-aufrechten, unverzweigten oder Kurztriebe tragenden Zweigen. Die Blätter sind gegenständig angeordnet, bis etwa 40(–50) mm lang, lanzettlich, länglich oder linealisch, an beiden Enden verschmälert, stumpf, ganzrandig und am Rand mehr oder weniger eingerollt, die jungen Blätter beiderseitig graufilzig, später vergrünend. Die blaulila, lavendelfarbenen Blüten sind 5zählig und stehen in 6–10blütigen Scheinquirlen, die zu einem bis 8 cm langen, ährigen Blütenstand vereinigt sind. Hochblätter bis 8 mm lang, meist breit rautenförmig, verkehrt-eiförmig, begrannt, mit deutlichen Nerven, häutig, braun oder violett gefärbt. Blütenstiele sehr kurz, mit oder ohne kleine linealische Tragblätter. Kelch grauviolett, kurz flaumig, eiförmig-röhrig, bis 7 mm lang, 13nervig, mit sehr kurzen, etwas ungleichen Zähnen, der obere an der Spitze verkehrt-herzförmig vergrößert. Blütenkrone schwach 2lippig, mit bis zu 12 mm lang vorragender Röhre, Oberlippe aus 2, Unterlippe aus 3 rundlichen, gleich großen Zipfeln gebildet. Die 4 Staubblätter sind herabgebogen und eingeschlossen, die 2 vorderen länger. Fruchtknoten oberständig, 4teilig. Nüßchen glänzend braun.

Standort: Trockene, sonnige Hänge, vereinzelt bis zur Waldgrenze ansteigend.

Verbreitung: Mittelmeergebiet. In Kultur als Zier- und Nutzpflanze weit verbreitet.

Blütezeit: Juni, Juli bis August.

Allgemeines: Es werden folgende Unterarten unterschieden: *subsp. angustifolia* in ihrer Verbreitung der Art entsprechend; ihre Hochblätter sind meist kürzer als der Kelch; die *subsp. pyrenaica* ist auf die östlichen Pyrenäen und Nordostspanien beschränkt; hier sind die Hochblätter meist länger als der Kelch.

Ysop *(Hyssopus officinalis* L.*)*

Lippenblütler

Merkmale: Scharf aromatisch riechende, bis 60 cm hohe Staude oder Zwergstrauch mit zahlreichen aufrechten, selten niederliegenden, verzweigten, mattbraunen Ästen und abblätternder Rinde. Blätter gegenständig, an Kurztrieben scheinbar quirlig angeordnet, sitzend oder fast sitzend, bis 50 mm lang und 10 mm breit, linealisch, lanzettlich oder länglich, stumpf oder kurz zugespitzt, ganzrandig, kahl bis zottig behaart, beiderseitig dicht mit Öldrüsen besetzt. Die 5zähligen, leuchtendblauen oder violetten, selten weißen oder rosa Blüten, zu 4–16 in einseitswendigen Scheinquirlen zu endständigen, ährigen Blütenständen vereinigt. Vorblätter linealisch, spitz zulaufend, nicht begrannt oder Grannen von 1–3 mm Länge. Kelch oft violett, röhrig, 15nervig, kahl oder flaumig behaart, Kelchzähne bis 3 mm lang, gleich groß, mit oder ohne Granne. Blütenkrone bis 12 mm lang, trichterförmig, 2lippig, Oberlippe aufrecht und ausgerandet, Unterlippe lang abstehend, 3lippig mit einem großen ausgerandeten Mittellappen. Die 4 Staubblätter herausragend und spreizend, Staubfäden weiß oder violett. Fruchtknoten oberständig. Griffel länger als die Staubblätter. Nüßchen etwa 2 mm lang, braun und glatt, bei Feuchtigkeit verschleimend.

Standort: Trockene Hügel und Hänge, Felsenheiden, bevorzugt auf kalkhaltigen Böden, häufig kultiviert.

Verbreitung: Süd-, Südmittel- und Osteuropa, mancherorts aus Kulturen verwildert und eingebürgert.

Blütezeit: Juli, August bis Oktober.

Allgemeines: Der Ysop ist die einzige Art der Gattung und sehr veränderlich in seinen Merkmalen, wie Behaarung, Ausbildung oder Fehlen der Granne. Der Name Ysop soll aus dem Arabischen kommen und heiliges Kraut bedeuten. Er wird seit dem 16. Jahrhundert als Heil- und Gewürzpflanze kultiviert.

Echter Salbei *(Salvia officinalis* L.*)*

Lippenblütler

Merkmale: Stark duftender, am Grund verholzter, bis 60 cm hoher Halbstrauch, mit niederliegend aufsteigendem, graubraun berindetem Sproß und zahlreichen aufrechten, dicht abstehend behaarten und bis oben beblätterten Zweigen. Blätter wenigstens zum Teil wintergrün, derb, gegenständig angeordnet, gestielt, länglich, am Grund verschmälert, ganzrandig oder fein gekerbt, runzelig, oberseits grünlich und anfangs dicht behaart, unterseits dicht weiß filzig. Blüten 5zählig, violettblau, rosa oder weiß, in 5- bis 10blütigen Scheinquirlen in den Blattachseln stehend und zu einem endständigen, ährigen Blütenstand vereint. Hochblätter kürzer als der Kelch, eiförmig-lanzettlich, vor der Fruchtreife abfallend. Kelch röhrig glockig, bis 14 mm lang, flaumig behaart und drüsig gepunktet. Blütenkrone bis 35 mm lang, mit gerader, allmählich sich verbreiternder und innen mit einem Haarring versehener Röhre, Oberlippe 2lappig, fast gerade, Unterlippe 3lappig, der mittlere Lappen größer, rundlich, ausgerandet. 2 Staubblätter, Verbindungsglied zwischen den 2 fast gleichen Staubbeutelhälften kurz und stark gekrümmt. Fruchtknoten oberständig, Narbe 2ästig, Nüßchen fast kugelig, dunkelbraun, glatt.

Standort: An steinigen Hängen, an Wegrändern, auf trockenem Grasland, an Kalkhängen, häufig kultivert.

Verbreitung: Nord- und Zentralspanien, Südfrankreich und westlicher Teil der Balkanhalbinsel, in Teilen Süd- und Südmitteleuropas eingebürgert.

Blütezeit: Juni, Juli.

Allgemeines: Die Gattung *Salvia* ist mit etwa 700 Arten die größte in der Familie der Lippenblütler. Verbreitungsgebiete: Hauptsächlich Tropen und Subtropen, zahlreiche Arten gibt es auch im Mittelmeergebiet. Die Verbreitung in Mitteleuropa erfolgte meist durch Kultur.

Brandkraut *(Phlomis fruticosa* L.*)* Lippenblütler

Merkmale: Weißfilziger, bis 1,3 m hoher Strauch von sparrigem Wuchs und mit drüsenlosen Zweigen. Blätter gegenständig angeordnet. Untere Blätter lederig, gestielt, bis 9 cm lang, elliptisch-lanzettlich oder lanzettlich-eiförmig, am Grund abgestutzt oder keilförmig, ganzrandig oder leicht gekerbt, oberseits kurz sternhaarig filzig, unterseits weiß sternhaarig filzig. Blattstiele bis 4 cm lang. Tragblätter sitzend oder gestielt, meist lanzettlich, stumpf. Die gelben, 5zähligen Blüten stehen in wenig- bis vielblütigen (14–36), dichten Scheinquirlen. Vorblätter bis 20 mm lang und 7 mm breit, verkehrt-eiförmig, lanzettlich bis elliptisch, mit gerader Spitze endend, wollig sternhaarig, am Rand manchmal gewimpert, Haare bis 3 mm lang. Kelch röhrig, bis 19 mm lang, wollig sternhaarig, die 5 Zähne etwa 3,5 mm lang, pfriemförmig und nicht gewimpert. Blütenkrone 2lippig, bis 35 mm lang, Oberlippe helmförmig ausgerandet, Unterlippe 3lappig, abstehend ausgebreitet. Die 4 Staubblätter unter der Oberlippe parallel aufsteigend, die hinteren kürzer. Fruchtknoten oberständig, Griffel mit ungleich langen Narbenlappen. Nüßchen dreieckig, kahl oder behaart.

Standort: Meist auf trockenem, felsigem Grund.

Verbreitung: Mittelmeergebiet, bis Sardinien.

Blütezeit: Juni, Juli.

Allgemeines: Der Name *Phlomis* wurde früher auch für einige Arten der Königskerze verwendet und soll von *Phlox* (= Flamme) kommen; die wolligen Blätter fanden als Lampendocht Verwendung. Das Brandkraut gehört, wie **Rosmarin** und **Thymian,** zu den typischen Gewächsen der Macchia. Zu ihren Pflanzenformen gehören wintergrüne, hartlaubige Sträucher oder kleine Bäume, Sträucher, die im Sommer den Großteil der Blätter abwerfen, und die Zwiebel- und Knollengewächse.

Gemeiner Bocksdorn, Teufelszwirn *(Lycium halimifolium* MILL.*)* Nachtschattengewächse

Merkmale: Kahler, 1–3 m hoher Strauch mit rutenförmigen, anfangs aufrechten, später bogig überhängenden, hellbraunen und mitunter dornigen Zweigen. Laubblätter von unterschiedlicher Form, in der Regel schmal-elliptisch bis länglich-lanzettlich, etwa 2–10 cm lang und 0,5–3 cm breit, meist in der Mitte am breitesten, vorne zugespitzt, am Grund keilförmig verschmälert, mit 0,5–2 cm langem Blattstiel. Blüten lila-purpurn oder bräunlich, etwa 2 cm im Durchmesser, einzeln oder zu 2–5 in den Blattachseln angeordnet, von angenehmem Duft. Kelch bis 4 mm lang, 2lippig mit kurzer, 2zähniger Oberlippe und 3zipfliger Unterlippe. Kronröhre mit engem Grund, deutlich trichterförmig, mit radförmig ausgebreitetem, 5lappigem Saum, die Lappen sind nur halb so lang wie die Röhre. Kronblätter mit dunkelvioletten Linien, die sich gegen den Kronschlund hinziehen. Staubblätter weit aus der Blüte herausragend, am Grund meist leicht bebärtet. Fruchtknoten zweifächrig, mit fadenförmigem Griffel und kopfiger Narbe. Frucht eine ellipsoide bis eiförmige, 2–2,5 cm lange, scharlachrote oder orangegelbe, vielsamige Beere.

Standort: Häufig in Hecken, Gebüschen, an Mauern, Zäunen und an trockenen Hängen, mitunter auf Schuttplätzen. Gern auf Sand.

Verbreitung: Süd- und Mitteleuropa sowie Nordafrika. Von der Iberischen Halbinsel über den Balkan bis Westasien verbreitet.

Blütezeit: Juni bis August.

Allgemeines: Der Strauch wurde wahrscheinlich nach der kleinasiatischen Landschaft Lycien benannt, wo der Bocksdorn nach Dioskurides (griechischer Arzt im 1. Jahrhundert n. Chr.) sehr verbreitet war. Durch die langen, rutenförmigen Zweige, die zudem mit Dornen besetzt sind, kann sich der Bocksdorn im Astwerk anderer Sträucher festhalten (= Spreizklimmer) und auch Kulturpflanzen schädigen.

Lippen-
blütler

Nachtschatten-
gewächse

Herzblättrige Kugelblume *(Globularia cordifolia L.)* Kugelblumengewächse

Merkmale: Immergrüner, verzweigter, rasenbildender Spalierstrauch mit kriechenden und holzigen Zweigen, die an den Knoten wurzeln. Die blütentragenden Zweige sind bis 10 cm lang, blattlos oder tragen nur 1–3 kleine, lanzettlich bewimperte Blättchen. Die Blätter sind rosettig angeordnet, langgestielt, lederig, flach, kahl, bis etwa 25 mm lang, spatelig, in der Regel ausgerandet, manchmal stachelspitzig oder am Ende mit 3 kleinen Zähnen versehen, wobei die seitlichen Zähne länger als der mittlere sind. Die Blüten sind hellblau-lila, 5zählig, zweiseitig symmetrisch in dichten, einzeln stehenden kugeligen Köpfchen am Ende der Blütensprosse. Köpfchen bis 2 cm im Durchmesser, von zahlreichen eiförmig-lanzettlichen bis eiförmigen, lang spitz zulaufenden Hüllblättern umgeben. Kelch röhrig verwachsen, steifhaarig, 2lippig, Zähne lanzettlich, spitz zulaufend. Blütenkrone 2lippig, bis 8 mm lang, Oberlippe tief 2lappig mit fädlichen Abschnitten, Unterlippe länger als die obere, 3lappig mit linealischen Abschnitten. Die 4 Staubblätter ragen heraus, 2 sind länger und 2 kürzer. Fruchtknoten oberständig, 1fächerig, Griffel herausragend, Narbe 2lappig. Die Frucht ist ein vom bleibenden Kelch umschlossenes, einsamiges Nüßchen.

Standort: Häufig auf Felsen, auf trockenen, sonnigen Abhängen, steinigen Alpenmatten, von Tallagen bis 2000 m Höhe vorkommend, in den Alpen nur auf Kalkböden.

Verbreitung: In den Gebirgen Zentral- und Südeuropas; nordöstliches Spanien, Alpen, Karpaten, Apennin und Balkanhalbinsel.

Blütezeit: Mai bis Juli, in höheren Lagen bis August.

Allgemeines: Die Gattung umfaßt 27 Arten, zum größten Teil im Mittelmeergebiet heimisch. Eine Art kommt auch auf den südschwedischen Inseln vor.

Stechender Mäusedorn *(Ruscus aculeatus L.)* Liliengewächse

Merkmale: Immergrüner, bis 1 m hoher Halbstrauch mit einer unterirdischen Grundachse und starren, aufrechten, holzigen und verzweigten Sprossen. Die eigentlichen Laubblätter sind klein, braunhäutig, schuppenartig, dreieckig bis lanzettlich. Aus ihren Blattachseln entwickeln sich blattartige Sprosse oder Phyllokladien, in 2 Zeilen wechselständig angeordnet. Sie sind lederig starr, bis 2,5 cm lang, eiförmig länglich, scharf stachelspitzig und deutlich nervig. Auf der Oberseite der Phyllokladien, etwa in der Mitte, stehen die kleinen, kurzgestielten Blüten einzeln oder in wenigblütigen Büscheln in den Achseln kleiner, derber, grünhäutiger und stachelspitziger Hochblätter. Blüten eingeschlechtig, zweihäusig, bis 2 mm breit. Die 6 Blütenhüllblätter sind frei, grünlichweiß und stehen in 2 Kreisen, die inneren sind viel kleiner. Die 3 Staubblätter sind zu einer kurzen Röhre vereinigt. Die weiblichen Blüten haben einen rundlichen, 1fächerigen Fruchtknoten mit einem sehr kurzen Griffel und einer dicken, kopfigen Narbe. Die Frucht ist eine 1–2samige, korallenrote Beere. Samen kugelig. Häufig drehen sich die Phyllokladien seitlich oder nach unten, so daß es aussieht, als säßen die Beeren auf der Unterseite.

Standort: An trockenen, sonnigen und warmen Hängen, in Gebüschen und Wäldern, vereinzelt bis 1000 m ansteigend.

Verbreitung: Im Mittelmeergebiet und auf den Kanarischen Inseln. In Westfrankreich, Belgien und England eingebürgert.

Blütezeit: März, April.

Allgemeines: Die Gattung *Ruscus* ist dem **Spargel** nahestehend und besteht nur aus 2 oder 3 Arten, die im Mittelmeergebiet und Makronesien beheimatet sind. Der Name Mäusedorn kommt daher, daß seine stechenden Zweige, über Speisen gelegt, die Mäuse fernhalten sollten.

Kugelblumen-
gewächse

Lilien-
gewächse

Schwarzer Holunder *(Sambucus nigra L.)* Geißblattgewächse

Merkmale: Großer, bis 7 m hoher Strauch oder Baum mit dichtbelaubter Krone und flacher Bewurzelung. Stamm mit hellbrauner bis grauer, rissiger Rinde; Zweige reich an weißem, weichem Mark, die jungen grün, dann hellgrau berindet, mit zahlreichen auffälligen Rindenporen, kahl und kantig. Der Blattaustrieb erfolgt lange vor der Blüte. Die Blätter sind gegenständig angeordnet und unpaarig gefiedert, mit meist 2–3 Paaren von Fiederblättchen und einem größeren Endblättchen. Fiedern fast sitzend, elliptisch oder länglich, zugespitzt, unregelmäßig gesägt und spärlich behaart, oberseits dunkelgrün, unterseits heller. Blattstiel oberseits rinnig; Nebenblättchen abfallend, klein, faden- oder drüsenartig. Die kleinen Blüten sind 5zählig, weiß bis gelblichweiß und stark duftend und stehen in dichtblütigen, anfangs aufrechten, 5strahligen, endständigen flachen, schirmförmigen Trugdolden oder Ebensträußchen. Kelch verwachsen, mit kurzer Röhre und kurzen Zähnen. Blütenkrone radförmig, bis 8 mm breit. Die 5 Staubblätter stehen zwischen den Kronlappen. Staubbeutel gelb, öffnen sich nach außen. Fruchtknoten unterständig, Griffel kurz und dick. Fruchtstand mit purpur-violetten Stielen überhängend. Die Frucht ist eine 3samige, kugelige, bis 6 mm große Steinfrucht, eßbar, glänzend schwarzviolett mit blutrotem Saft. Steine bräunlich, eiförmig.

Standort: Verbreitet in Auwäldern, an Ufern, Zäunen und Waldrändern, mit Vorliebe auf stickstoffreichen Böden, bis in die Alpentäler (etwa 1200 m). Überall auch kultiviert.

Verbreitung: Fast ganz Europa, mit Ausnahme des äußersten Nordens.

Blütezeit: Mai bis Juli; die Beeren reifen im August bis September.

Allgemeines: Der **Holler** ist eine in Mitteleuropa heimische und seit langem kultivierte Pflanze von starker Ausschlagfähigkeit.

Roter Trauben-Holunder *(Sambucus racemosa L.)* Geißblattgewächse

Merkmale: Mittelgroßer bis großer, 3(5) m hoher Strauch mit weitreichenden Wurzeln, Wurzelsprosse treibend, insgesamt kleiner und zierlicher als der **Schwarze Hollunder.** Blattaustrieb gleichzeitig mit der Blüte. Der Stamm ist dunkelbraun berindet, die Zweige sind dick hellbraungrau berindet, mit deutlichen Rindenporen. Die Blätter sind gestielt, gegenständig angeordnet, unpaarig gefiedert mit 1–3 Paaren von Fiederblättchen, das Endblättchen ist nicht größer. Blattfiedern kurzgestielt, länglich oder lanzettlich, zugespitzt und am Rand grobgesägt, oberseits dunkelgrün, unterseits bläulichgrün. Die kleinen Nebenblätter abfallend, grün, walzenförmig. Die sehr kleinen Blüten sind 5zählig, grünlichgelb und schwach mehlig duftend und stehen in aufrechten, dichten, behaarten, eiförmigen Trugdolden. Der Kelch ist kurz röhrig verwachsen mit kurzen Zipfeln. Blütenkrone radförmig, bis 4 mm breit, kurzlebig. Die 5 Staubblätter stehen zwischen den Kronlappen, die Staubbeutel sind gelb und öffnen sich nach außen. Fruchtknoten unterständig mit kurzem, dickem Griffel. Die dichtstehenden Steinfrüchte sind kugelig, bis 5 mm groß, leuchtend korallenrot. Steine gelbbraun, schmal.

Standort: Meist in sonnigen Lagen und auf lockeren, lehmig-sandigen Böden, in Bergwäldern, Hecken und an Waldrändern, in Holzschlägen, an felsigen Berghängen; in den Alpen bis 1400 m.

Verbreitung: In Mittel- und Südeuropa; in Schweden und Dänemark aus Kulturen verwildert.

Blütezeit: März bis Mai; Früchte reifen Ende Juni bis Mitte August.

Allgemeines: Der Trauben-Holunder ist im Gegensatz zum Schwarzen Holunder kein Kulturbegleiter des Menschen. Die Früchte sind an sich nicht eßbar, doch ist der Saft gekocht verwertbar.

Wolliger Schneeball *(Viburnum lantana L.)* Geißblattgewächse

Merkmale: Aufrechter, buschiger, bis 4 m hoher, raschwüchsiger Strauch. Rinde anfangs rauh, dann graubraun, längsrissig und korkig, die jungen Zweige und Knospen sind gelbgrau filzig behaart. Knospen ungeschützt, ohne Schuppen. Blätter gegenständig angeordnet, kurzgestielt, weich und dicklich, sich rauh anfühlend, eiförmig oder oval, stumpf, am Grund abgerundet oder herzförmig, am Rand scharf gekerbt gesägt, oberseits runzelig, dunkelgrün, unterseits graufilzig, wie auch der Blattstiel. Nebenblätter fehlen. Die kleinen Blüten sind weiß und wohlriechend, in der Knospe oft rötlich überlaufen, 5zählig und stehen in dichten, gewölbten, endständigen Trugdolden, Strahlen und Blütenstiele dicht filzhaarig. Kelch verwachsen mit kurzer Röhre und kurzen Zipfeln. Blütenkrone kurz glockig, bis 8 mm breit mit kleinen Zipfeln. Die 5 Staubblätter in der Krone angewachsen und zwischen den Kronblättern stehend, die Staubbeutel öffnen sich nach innen. Fruchtknoten unterständig, Griffel kurz dreilappig. Die Frucht ist eine einsamige, aufrechte Steinfrucht, eiförmig und etwas abgeflacht, vom Kelchrand gekrönt, anfangs rot, dann schwarz glänzend. Stein fast flach.

Standort: Bevorzugt auf Kalkböden und in sonnigen Lagen, in den Alpen bis etwa 1400 m.

Verbreitung: Hauptsächlich im Mittelmeergebiet und in wärmebegünstigten Gebieten Mitteleuropas, auch in England, auf der Balkanhalbinsel und in Südrußland.

Blütezeit: April, Mai bis Juni.

Allgemeines: Die biegsamen Zweige wurden früher zum Binden von Garben und zu allerlei Flechtwerk verwendet; daher kommt der Name **Schlinge, Lederwide** oder **Widebaum.** Die Beeren schmecken fade süßlich und sind kaum genießbar. Die Blüten werden von Insekten, wie Bienen und Käfern, besucht.

Gewöhnlicher Schneeball *(Viburnum opulus L.)* Geißblattgewächse

Merkmale: Aufrechter, raschwüchsiger, bis 4 oder 5 m hoher, großer Strauch oder kleiner Baum mit flacher Bewurzelung, zahlreiche Wurzelsprosse treibend. Die Rinde ist gelblichgrau und längsrissig, die jungen Zweige kahl und mehr oder weniger kantig. Die Knospen sind durch Schuppen geschützt. Die Blätter sind gegenständig angeordnet, langgestielt, ahornähnlich, breit eiförmig, 3–5lappig, am Grund abgerundet oder leicht herzförmig, am Rand unregelmäßig gezähnt, oberseits glatt, kahl, hellgrün, unterseits graugrün, flaumig behaart. Blattstiel kahl und oberseits rinnig, am Grund mit borstenförmigen Nebenblättern, an der Ansatzstelle mit napfförmigen Drüsen. Die weißen, 5zähligen Blüten stehen in lockeren, reichverzweigten, endständigen Trugdolden oder Ebensträußen; Strahlen kahl oder kurzdrüsig. Randblüten strahlend, größer, flach, bis 25 mm breit, mit 5 ungleichen Lappen, unfruchtbar; innere Blüten kleiner, zwittrig, kurz glockig, manchmal rötlichweiß. Die 5 Staubblätter in der Blütenkrone angewachsen und zwischen den Zipfeln stehend, Staubbeutel öffnen sich nach innen. Fruchtknoten unterständig, Griffel kurz 3lappig. Die Frucht ist eine kugelige, bis 10 mm große Steinfrucht, glänzend rot und trägt an der Spitze den Griffelrest. Stein flach, rot.

Standort: Meist auf feuchten, humus- und kalkreichen Böden, auch in schattigen Lagen, in Gebüschen, Auwäldern, Ufern und feuchten Wiesen, von der Ebene bis in die Alpentäler.

Verbreitung: Fast ganz Europa mit Ausnahme des äußersten Nordens.

Blütezeit: Mai bis Juli.

Allgemeines: Bei dem Garten-Schneeball sind alle Blüten wie die Randblüten groß und steril. Im nichtblühenden Zustand besteht Verwechslungsmöglichkeit mit gewissen Ahornarten, doch ist der Schneeball durch die typischen Nebenblätter zu erkennen.

Moosglöckchen, Erdglöckchen *(Linnaea borealis* L.*)*

Merkmale: Zierlich zarter, bis 15 cm hoher Zwergstrauch mit kriechendem, holzigen, fast fädlichen Stengel und zahlreichen, aufrechten, fein behaarten Blütensprossen. Blätter kurzgestielt und gegenständig angeordnet, derb lederig, rundlich bis breit eiförmig, breit zugespitzt und in den Stiel plötzlich zugeschweift; kahl, vordere Hälfte leicht kerbig gesägt, oberseits dunkelgrün, unterseits bläulichgrün. Blattstiel lang gewimpert, Nebenblätter früh abfallend, klein und schuppenförmig. Die nickenden Blüten sind 5zählig, stark nach Vanille duftend, stehen einzeln oder meist zu zweien (selten mehr) auf den langen, aufrechten Blütensprossen. Die drüsig behaarten Blütenstiele sind so lang wie oder länger als die Blüte, die dicht unterhalb der Blüte stehenden Vorblätter sind lanzettlich. Der Kelch ist manchmal braun gefleckt, etwa 2,5 mm lang, glockig, mit lanzettlich spitzen und drüsenhaarigen Zipfeln, meist abfallend. Die Blütenkrone ist weißlichrosa bis rosarot oder auch ganz weiß, innen mit dunklen, länglichen Saftmalen gezeichnet, bis 1 cm lang, trichterig-glockig, leicht schief 5lappig. Nur 4 Staubblätter, am Grund der Blütenkrone angewachsen und eingeschlossen, die zwei unteren sind länger. Fruchtknoten unterständig, 3fächerig, kugelig und drüsig behaart; von den drei Fruchtfächern ist nur eines fruchtbar; es hat nur eine einzige Samenanlage. Griffel sehr dünn mit 3lappiger Narbe. Die Frucht ist eine einsamige, bis 3 mm lange, von den Hochblättern umhüllte, trockene Schließfrucht.

Standort: Sehr zerstreut in moosigen Nadelwäldern und Zwergstrauchbeständen, bis 2000 m reichend.

Verbreitung: Nordeuropa, Nord- und Mittelrußland, Zentralalpen, Sudeten, Karpaten, Kaukasus, Ural.

Blütezeit: Juli bis Ende August, in Norddeutschland früher als in den Alpen blühend. In Skandinavien gibt es eine Sommerblüte Ende Juni bis Anfang Juli und eine Herbstblüte Ende August bis Anfang September.

Allgemeines: Das Moosglöckchen war die Lieblingspflanze des schwedischen Naturwissenschaftlers und Botanikers Carl von Linné. Er sammelte sie 1732 auf seiner Reise durch Lappland. Der Holländer Gronovius widmete die Gattung *Linnaea* dem berühmten Linné; sie wurde dann unter Linnés Namen in dem von ihm publizierten Species Plantarum 1753 veröffentlicht. So ergibt sich die ungewöhnliche Situation, daß Linné der Autor einer nach ihm benannten Gattung ist. Auf vielen Bildnissen ist Linné mit *Linnaea borealis* abgebildet, sie findet sich auch in seinem Wappen wieder. Auch in der Geschichte des Porzellans spielt das Moosglöckchen eine Rolle, denn die ersten klassischen botanischen Illustrationen finden sich auf einem 1750/52 in China für Linné angefertigten Teeservice, auf dem *Linnaea borealis* abgebildet ist. Von diesem ersten Porzellan zerbrach auf dem Transport ein großer Teil, es wurde ein zweites angefertigt. Die Verbindung nach China stellten die großen Handelsgesellschaften her. Ihr Verdienst lag auch darin, auf ihren Reisen nach Amerika, Afrika und dem Fernen Orient Künstler und Naturwissenschaftler mitzunehmen und auf diese Weise entscheidend das Kennenlernen der Pflanzen zu fördern. Die Gattung *Linnaea* hat nur eine einzige Art. Einige Merkmale sind sehr veränderlich; die Blattform und Farbe, Form und Zeichnung der Blüte. Diese Veränderlichkeit zeigt sich auch in den Alpen, ist aber in Nordeuropa besonders stark ausgeprägt. Mißbildungen der Blüte sind relativ häufig. Im Verzweigungssystem einer blühenden Pflanze kann man deutlich zwischen den kriechenden Langtrieben, den sterilen und den fruchtbaren Kurztrieben unterscheiden, wobei die sterilen Kurztriebe nie, die fruchtbaren häufig Wurzeln entwickeln. Die Blüten werden von Fliegen, selten von Faltern angeflogen. Die Früchte werden vermutlich von Vögeln verschleppt.

Alpen-Heckenkirsche *(Lonicera alpigena L.)*

Geißblattgewächse

Merkmale: Aufrechter, bis 2 (oder 3) m hoher, meist kahler Strauch. Die jungen Zweige mit festem Mark angefüllt, die älteren gelblichgrau berindet, Rinde längsrissig, löst sich in Streifen ab. Blätter gegenständig angeordnet, kurzgestielt, groß, bis 11 cm lang und 5,5 cm breit, länglich verkehrt-eiförmig bis elliptisch, zugespitzt bis lang stachelspitzig, am Grund abgerundet oder verschmälert, kahl, ganzrandig und in jungen Stadien gewimpert, oberseits dunkelgrün, unterseits glänzend heller grün. Die Blüten sind 5zählig, 2lippig, gelblich oder grünlichgelb, rötlichbraun getönt und stehen paarweise in den Blattachseln auf einem gemeinsamen Blütenstiel. Dieser von sehr unterschiedlicher Länge (2–5 cm). Tragblätter linealisch und meist länger als der Fruchtknoten, Vorblätter sehr klein, eiförmig. Blütenkrone bis 2 cm lang, fast trichterförmig, mit stark höckeriger Blütenröhre, diese kürzer als der Kronsaum, kahl oder spärlich drüsig, innen zottig behaart. Die Staubblätter etwa bis zum Kronsaum reichend. Die Fruchtknoten eines jeden Blütenpaares völlig miteinander verwachsen, unterständig und mit behaartem Griffel. Die Beeren sind kugelig bis eiförmig, etwa 10 mm groß, glänzend, leuchtend rot, giftig!

Standort: Gerne auf Kalkböden wachsend, meist im Gebirge, in lichten Laubwäldern und Gebüschen, in Holzschlägen, Schluchten, an Bächen, bis etwa 2300 m ansteigend.

Verbreitung: Gebirge Süd- und Südmitteleuropas, fehlt im Schwarzwald.

Blütezeit: Mai bis Juli.

Allgemeines: Auf Grund der unterschiedlichen Verwachsung der Fruchtknoten und Beeren werden hier zwei Unterarten genannt: *subsp. alpigena* mit verwachsenen Fruchtknoten und Beeren; *subsp. formanekiana*, deren Fruchtknoten und Beeren frei oder nur am Grund leicht verwachsen sind (Balkanhalbinsel).

Garten-Geißblatt, Jelängerjelieber *(Lonicera caprifolium L.)*

Geißblattgewächse

Merkmale: Holziger Schlingstrauch, bis 4(10) m hoch kletternd, mit rechtswindenden Stengeln. Die hellbraune Rinde löst sich in langen Streifen von den Zweigen. Die jungen Zweige und Blätter sind schwach behaart. Blätter gegenständig angeordnet, sitzend oder kurzgestielt, bis 10 cm lang und 5 cm breit, elliptisch bis breit elliptisch, stumpf, ganzrandig, oberseits dunkelgrün, unterseits bläulichgrün. Die oberen Blätter an den Zweigenden sind am Grund paarweise kurz miteinander verbunden, die obersten hingegen sind zu einem elliptischen oder kreisrunden, vom Stengel durchwachsenen Doppelblatt verbunden. Die großen, 5zähligen Blüten sind gelblichweiß, oft rötlich überlaufen, am Abend stark duftend und sitzen in Quirlen zu 6 unmittelbar auf dem obersten, verwachsenen runden Blattpaar, zuweilen auch noch auf den 1–2 nächstfolgenden Blättern. Kelchzähne bleibend. Blütenkrone 2lippig, die enge, lange Röhre etwa 1½mal so lang wie der Kronsaum, kahl oder spärlich behaart; Oberlippe 4-, Unterlippe 1lappig. Die 5 Staubblätter herausragend. Fruchtknoten unterständig, krugförmig, Griffel verlängert mit kopfiger Narbe. Beeren wenigsamig, ellipsoidisch, von den Kelchzipfeln gekrönt, orangerot oder dunkelrot.

Standort: In Hecken und Gebüschen, an Waldrändern.

Verbreitung: Ost-, Zentral- und Mitteleuropa, westlich bis Italien; häufig aus Kulturen verwildert und eingebürgert.

Blütezeit: Mai bis Juli.

Allgemeines: **Wohlriechendes Geißblatt,** auch **Nachtschatten** oder Nachtfräulein genannt. Ebenso wie die Blüten der **Wald-Heckenkirsche** gehören die des Garten-Geißblatts zu den in Mitteleuropa seltenen Schwärmerblumen. Die Blüten öffnen sich erst gegen Abend und strömen hauptsächlich nachts einen intensiven Duft aus.

Blaue Heckenkirsche *(Lonicera coerulea* L.*)*

Geißblattgewächse

Merkmale: Aufrechter, bis 2 m hoher Strauch, kahl oder mehr oder weniger behaart. Die jungen Zweige mit festem Mark, die älteren gelblichbraun bis rötlich berindet, die Rinde löst sich in Streifen ab. Blätter gegenständig angeordnet, gestielt, bis 7 cm lang und 3 cm breit, meist elliptisch, manchmal verkehrt-eiförmig, eiförmig oder länglich, spitzlich oder spitz, ganzrandig, unterseits bläulichgrün, anfangs leicht behaart, später kahl. Nebenblätter oft verwachsen. Die Blüten sind 5zählig, gelblichweiß und paarweise, nickend in den Blattachseln stehend. Blütenstiele kürzer als die Blüte, kahl oder behaart; Tragblätter linealisch und länger als die Vorblätter, diese zu einer röhrigen, die Fruchtknoten beider Blüten umschließenden Hülle verwachsen und mit den Früchten zu einem fleischigen Organ heranwachsend. Kelchzähne kurz gewimpert. Blütenkrone bis 16 mm lang, trichterförmig, mit höckeriger, innen und außen behaarter Röhre, kaum 2lippig. Die Fruchtknoten sind unterständig und nicht miteinander verwachsen. Die Staubblätter sind etwa so lang wie die Blüte oder weniger länger als sie. Die Frucht ist eine von den fleischigen Vorblättern umgebene Doppelbeere, saftig, schwarzblau bereift und wohlschmeckend.

Standort: Meist in gebirgigen Gegenden vorkommend, in feuchten, humusreichen Wäldern, an felsig buschigen Stellen, auf steinigen Kalkböden, etwa zwischen 800–2000 m.

Verbreitung: Nordosteuropa, von den Pyrenäen bis Bulgarien bis in die südwestliche Tschechoslowakei. **Blütezeit:** Mai bis Juli.

Allgemeines: Die Art ist sehr veränderlich in der Behaarung der jungen Zweige, Blätter und Blütenröhren. Es werden 2 Unterarten beschrieben: *subsp. coerulea,* insgesamt weniger behaart und mit einer sehr breiten Blütenröhre. Die *subsp. pallasii* ist allgemein dichter, kurz behaart und hat eine schmale Blütenröhre.

Schwarze Heckenkirsche *(Lonicera nigra* L.*)*

Geißblattgewächse

Merkmale: Aufrechter, bis 2 m hoher Strauch mit dünnen, oft gebogenen Zweigen, die graubraun und mit festem Mark gefüllt sind. Junge Zweige kahl oder kurz behaart. Die Blätter sind gegenständig angeordnet, kurzgestielt, weich, bis 7 cm lang und 3 cm breit, schmal elliptisch bis länglich verkehrt-eiförmig, mehr oder weniger spitz, am Grund kurz verschmälert, oberseits glänzend grün, unterseits blaugrün und kahl oder an den Nerven flaumig behaart. Die hellrosa Blüten sind 5zählig und 2lippig, paarweise auf einem langen gemeinsamen Stiel in den Blattachseln stehend. Blütenstiel bis 4 cm lang, kahl. Die Tragblätter sind eiförmig-lanzettlich und kürzer als der Fruchtknoten, die Vorblätter sind quer elliptisch, paarweise miteinander verwachsen und kürzer als der Fruchtknoten. Die Blütenkrone bis 1 cm lang, Kronröhre deutlich höckerig, innen und außen behaart, etwa so lang oder länger als der Kronsaum. Die 5 Staubblätter sind gleich lang. Die Fruchtknoten sind unterständig und nur am Grund miteinander verwachsen; Griffel verlängert mit kopfiger Narbe. Die doppelkugeligen, oft ungleichen Beeren sind recht groß, bis etwa 1 cm, schwarz und bläulich bereift. Samen ellipsoidisch.

Standort: In Gebirgswäldern und an buschigen Stellen, auf frischen, feuchten oder steinigen Böden, nicht sehr häufig, bis etwa 1600 m.

Verbreitung: In den Gebirgen Süd- und Mitteleuropas, von den Pyrenäen bis zu den Karpaten und Bulgarien.

Blütezeit: April bis Juli.

Allgemeines: Die Beeren werden, vielleicht wegen ihrer Farbe, fälschlicherweise oft für giftig gehalten, sie werden auch **Tintenbeere, Tüfelsbeeri** oder **Schwarze Hundsbeere** genannt. Im Winter sind die Zweige durch eine typische Knospenform zu erkennen: klein, schwärzlich, kahl und vielschuppig.

Wald-Heckenkirsche *(Lonicera periclymenum* L.*)* Geißblattgewächse

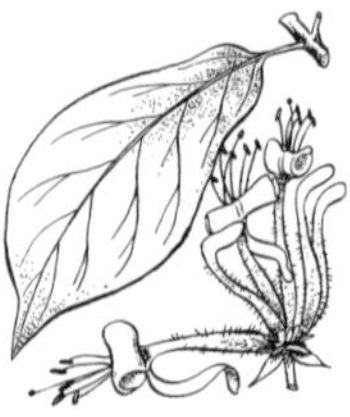

Merkmale: Lianenartiger, bis 5 oder sogar 10 m hoch kletternder, holziger Strauch mit rechtswindenden Stengeln, kahl, spärlich oder drüsig behaart. Blätter gegenständig angeordnet, kurzgestielt oder sitzend, alle frei, d. h. nicht paarweise miteinander verwachsen wie beim **Garten-Geißblatt,** bis 9 cm lang und 5 cm breit, länglich bis elliptisch, stumpf oder spitz, am Rand manchmal buchtig gezähnt, oberseits dunkelgrün, unterseits bläulich bereift; nur die jungen Blätter sind leicht behaart. Blüten 5zählig, groß und wohlriechend, gelblichweiß bis gelb und oft purpurrot überlaufen, zu mehreren in endständigen Köpfchen. Blütenstiele bis 4 (oder 9) cm lang, drüsig behaart. Kelchzipfel bis zur Fruchtreife bleibend, drüsig behaart. Blütenkrone 2lippig, mit schmaler, leicht höckeriger, drüsig behaarter, bis 24 mm langer Röhre; Oberlippe 4lappig, Unterlippe 1lappig. Die 5 Staubblätter sind ungleich lang und weit aus der Blüte herausragend. Fruchtknoten unterständig, der fadenförmige Griffel überragt die Staubblätter. Beeren wenigsamig, rundlich, mit bleibenden Kelchzipfeln, dunkelrot und saftig.

Standort: An Waldrändern, Gebüschen und buschigen Abhängen, an Zäunen und Hecken, in lichten Wäldern.

Verbreitung: Im westlichen, mittleren und südlichen Europa, nordöstlich bis Südschweden reichend.

Blütezeit: Mai, Juni, selten bis September.

Allgemeines: Systematisch werden bei dieser Art zwei Unterarten unterschieden: *subsp. periclymenum* mit meist sitzendem obersten Blattpaar, vorkommend in dem Verbreitungsgebiet der Art mit Ausnahme Südspaniens und Portugals. Als zweite Unterart wird *subsp. hispanica* unterschieden, die in Mittel- und Südspanien sowie Südportugal zu finden und deren oberstes Blattpaar gestielt ist.

Pyrenäen-Heckenkirsche *(Lonicera pyrenaica* L.*)* Geißblattgewächse

Merkmale: Aufrechter, bis 1 m hoher, kahler Strauch, Zweige mit festem Kern. Die Blätter sind gegenständig angeordnet und alle frei, d. h. auch die obersten nicht verwachsen, etwas lederig, bis 4 cm lang und 2 cm breit, schmal verkehrt-eiförmig bis verkehrt-lanzettlich, spitz zulaufend oder stachelspitzig, am Grund herablaufend, kahl, unterseits bläulichgrün und netzaderig. Die 5zähligen Blüten sind weiß oder gelblich, oft rötlich getönt und stehen paarweise in den Blattachseln auf einem gemeinsamen Stiel, der etwa 2 cm lang ist. Die Tragblätter sind lanzettlich und länger als der Fruchtknoten. Vorblätter nicht verwachsen und wesentlich kürzer als der Fruchtknoten. Der Kelch ist 5zipfelig. Blütenkrone bis 20 mm lang, trichterigglockig und fast regelmäßig, Röhre nur schwach höckerig, kahl und deutlich länger als der Kronsaum. Die 5 Staubblätter sind gleich lang. Fruchtknoten unterständig und nur am Grund leicht miteinander verwachsen, Griffel verlängert mit kopfiger Narbe. Die Beeren sind frei, rundlich, rot.

Standort: Auf Kalkfelsen.

Verbreitung: In den Pyrenäen und den Gebirgen im nordöstlichen Spanien und auf den Balearischen Inseln.

Blütezeit: Juni, Juli.

Allgemeines: Auf Grund der Blatt- und Blütengröße werden systematisch zwei Unterarten unterschieden: *subsp. pyrenaica,* verbreitet in den Pyrenäen und Gebirgen Nordostspaniens, ihre Blattgröße liegt unter 3,5 cm Länge und 1,5 cm Breite, und die Blüte ist kleiner als 15 mm. Die *subsp. majoricensis,* die auf den Balearischen Inseln vorkommt, hat Blätter, die bis 4 cm lang und bis 2 cm breit sind, und Blüten zwischen 15 und 20 mm Länge. Interessant bei den Arten der Gattung ist die Knospenbildung; in einer Blattachsel werden statt einer mehrere Seitenknospen ausgebildet.

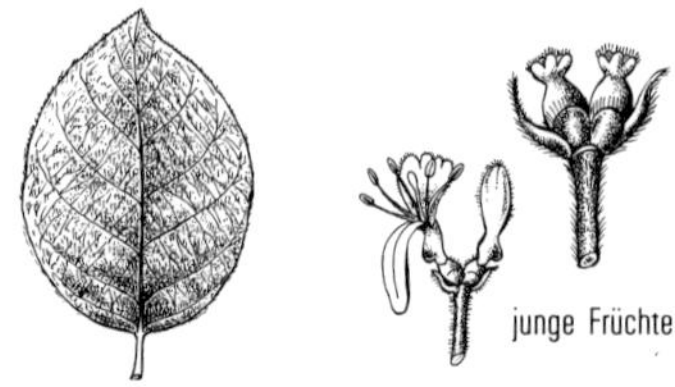

Merkmale: Aufrechter, üppig verzweigter, bis 3 m hoher, flachwurzelnder Strauch. Die jungen Zweige sind kurz und weich grau behaart, die älteren sind hohl mit braunem Markrand, kahl, dünn und gebogen, dunkelgrau-braun; die Stämmchen sind graubraun berindet mit längsrissiger Rinde. Die Blätter sind weich, gegenständig angeordnet, gestielt, bis 7 cm lang und 5 cm breit, breit elliptisch-eiförmig bis fast kreisrund, manchmal schmal elliptisch bis verkehrt-eiförmig, mehr oder weniger spitz zulaufend, am Grund leicht abgerundet oder verschmälert, ganzrandig und gewimpert, oberseits dunkelgrau-grün und zerstreut behaart; die Unterseiten sind heller und dicht anliegend behaart, ebenso die bis 20 mm langen Blattstiele. Die Blüten sind 5zählig, gelblichweiß, anfangs meist weiß und dann gelblich verfärbend und stehen paarweise auf gemeinsamen Stielen in den Blattachseln. Blütenstiele bis 2 cm lang, flaumig behaart. Die lanzettlichen Tragblätter sind etwa so lang wie der Fruchtknoten, die eiförmigen Vorblätter sind kürzer als der Fruchtknoten. Kelch abfallend. Blütenkrone 2lippig, bis 12 mm lang, die Röhre ist behaart, etwa so lang wie der Kronsaum oder kürzer. Die 5 Staubblätter sind gleich lang. Der Fruchtknoten ist unterständig, nicht mit dem benachbarten verwachsen, drüsig, der Griffel ist verlängert mit kopfiger Narbe. Die Beeren sind 4samig, kugelig und etwa erbsengroß, leuchtend hellrot und glasartig glänzend, sehr selten weiß oder gelb. Die Beeren sind nicht giftig, doch ungenießbar, bitter und erregen Brechreiz.

Standort: Gerne auf trockenen, kräftigen und auch kalkhaltigen Böden, in lichten Wäldern, an Waldrändern, Hecken und Gebüschen, bis ca. 1600 m ansteigend.

Verbreitung: Verbreitet in Europa mit Ausnahme des äußersten Nordens, des äußersten Südens und der Inseln.

Blütezeit: Mai, Juni; die Beeren reifen Ende Juni bis Juli.

Allgemeines: Die **Gemeine** oder **Rote Hekkenkirsche** wird ihrer dem Volksglauben nach giftigen Beeren wegen **Hundsbeer, Teufelskirsche** oder **Teufelsbeer** genannt. Der Artname *xylosteum* kommt aus dem Griechischen und bedeutet Beinholz, er charakterisiert damit das gelbliche, sehr harte und zähe Holz der Pflanze, das für Drechslerarbeiten geeignet ist. Die Bezeichnung Geißblattgewächs rührt wohl daher, daß die Blätter gerne von Ziegen und Schafen gefressen werden. Die Familie der Geißblattgewächse umfaßt fast ausschließlich holzige Pflanzen, deren Verbreitung hauptsächlich in den gemäßigten Zonen der nördlichen Halbkugel liegt. In den Tropen kommen sie nur in Gebirgslagen vor. Die weitaus größte Gattung der Familie ist das **Geißblatt** oder die Heckenkirsche, *Lonicera,* mit etwa 180 Arten, die hauptsächlich in Ostasien und in den Anden beheimatet sind. Sie umfaßt aufrechte und windende, und zwar rechtswindende, immergrüne und sommergrüne Sträucher. Die Früchte der Gattung sind immer freistehende oder verwachsene Beeren, die eine Doppelbeere bilden. Bei manchen Arten sind die Beeren giftig, bei anderen aber nur ungenießbar und unbekömmlich, doch einige sind sogar sehr wohlschmeckend, wie die der **Blauen Heckenkirsche,** *L. caerulea,* und ganz besonders die ihrer Varietät *edulis,* die in Sibirien und der Mongolei sehr geschätzt werden. Sehr gut schmeckt auch die **Nordamerikanische Bärenbeere** *(L. involucrata).* Als Kulturpflanzen sind die Vertreter der Gattung vielfältig verwertbar, sie sind äußerst unkompliziert zu halten, da sie keinerlei Bodenansprüche stellen und zudem auch sehr viel Schatten vertragen. Zwar sind es keine ausgesprochenen Blütensträucher, doch strömen z. B. die Lianen nachts einen starken Duft aus. Auch die hier beschriebene Gemeine Heckenkirsche wird als Zierstrauch angepflanzt.

Sträucher als Nutz-, Zier- und Giftpflanzen

Unübersehbar ist die Zahl der Sträucher, die vom Menschen als Medizinalpflanzen, als Spender eßbarer Früchte und Gewürze sowie als Zierpflanzen in Gärten und Parkanlagen genutzt werden. Die folgenden Beispiele können daher nur eine sehr unvollständige Übersicht vom vielfältigen Nutzen der Strauchgehölze vermitteln.

Als **Heilpflanze** schätzt man den Wacholder *(Juniperus communis)*, aus dessen würzigen Beeren zahlreiche Volksheilmittel hergestellt werden, die Schwarze Johannisbeere *(Ribes nigrum)* mit ihren Vitamin-C-reichen Früchten (Cassis-Sirup), den Schwarzen Holunder *(Sambucus nigra)* mit vielerlei Heilwirkungen seiner Rinde, Blüten und Früchte, die Hagebutten der Wildrosen und den Weißdorn *(Crataegus)*, aus dem bedeutende Herzmittel gewonnen werden.

Eßbare Früchte liefern die aus dem Vorderen Orient stammende Weinrebe *(Vitis vinifera)*, für viele Menschen ist sie der wichtigste Nutzstrauch; die überaus zahlreichen Beerensträucher, deren wirtschaftlich wichtigste Vertreter aus nur drei Familien stammen: die *Heidekrautgewächse* mit Heidel-, Moos-, Rausch- und Preiselbeeren sowie der Bärentraube, die *Steinbrechgewächse* mit den Stachel- und Johannisbeeren und die *Rosengewächse* mit Weißdorn, Mispeln, Mehlbeeren, Kratzbeeren, Brombeeren, Himbeeren, Hagebutten und Schlehen. Diese bilden, wie die Felsenbirne, Übergänge zu den meist den Bäumen zugehörigen Obstgehölzen mit den Kultursorten des Stein-, Kern- und Schalenobstes (Kirschen, Pflaumen, Äpfel, Birnen, Mandeln). Weitere Sträucher mit verwertbaren Früchten aus anderen Pflanzenfamilien:

Berberitze *(Berberis vulgaris)*, Mahonie *(Mahonia aquifolium)*, Kapernstrauch *(Capparis spinosa)*, Sanddorn *(Hippophae rhamnoides)*, Granatapfel *(Punica granatum)*, Kornelkirsche *(Cornus mas)* und Haselnuß *(Corylus avellana)*.

Als **Nutzholz** verwendet man die zähen Stämmchen des Buchses *(Buxus sempervirens)* etwa für Holzschnittstöcke und die des Pfaffenhütchens *(Euonymus europaeus)* für Drechslerarbeiten, sowie die Ruten verschiedener Weiden *(Salix)* und des Spanischen Ginsters *(Spartium junceum)* für vielerlei Flechtarbeiten. Vor dem Siegeszug der Kunststoffe spielten Körbe aus Weidengeflecht auch in Mitteleuropa noch eine bedeutende Rolle für Haushalte, Landwirtschaft und Gewerbe.

Bekannte **Gewürzpflanzen,** wie der Lorbeer *(Laurus nobilis)* und der Rosmarin *(Rosmarinus officinalis)* und der Echte Salbei *(Salvia officinalis)* enthalten aromatische ätherische Öle in ihren Blättern, beim Wacholder *(Juniperus communis)* würzen die Früchte.

Die Pollen der Haselnußsträucher und die der Weidenkätzchen, besonders der Salweide *(Salix caprea)*, aber auch die Blüten der Schnee-Heide *(Erica herbacea)* und des Seidelbastes *(Daphne mezereum)* bilden die ersten **Futterquellen der Bienen** im Frühling und sind deshalb für den Imker von besonderem Interesse.

Zahlreiche Arten werden ihrer reizvollen Blüten, Blätter, Früchte oder Wuchsformen wegen als **Ziersträucher** in unseren Gartenanlagen geschätzt. Viele von ihnen stammen aus nichteuropäischen Ländern, vor allem aus Ostasien und Nordamerika, wo die Holzgewächse in der natürlichen Pflanzendecke weit artenreicher vorkommen als in Europa.

Sehr beliebt sind der Flieder *(Syringa)*, die

Korbweide

Goldregen

Schneeballsträucher *(Viburnum)*, die zum Teil rotlaubigen Berberitzenarten *(Berberis)*, die gelbblühende Alpen- und die rotblühende Blutjohannisbeere *(Ribes)*, großblütige Kulturformen der Waldrebe *(Clematis)*, das Gartengeißblatt *(Lonicera caprifolium)*, die artenreiche Sippe der Rosen *(Rosa)*, die in naturnahen Gärten auch wieder als Wildformen (botanische Rosen) geschätzt werden, die Stechpalme *(Ilex)*, die Myrte *(Myrtus)*, der Kirschlorbeer *(Prunus laurocerasus)*, der Goldregen *(Laburnum)* und der Perückenbaum *(Cotinus coggygria)*.
Einige dieser beliebten Zierpflanzen und mehrere einheimische Wildarten sind wegen ihrer **Giftigkeit** nicht unproblematisch. Sie bedeuten vor allem für Kinder, die oft an Blättern kauen und Früchte verschlucken, eine Gefahr. Es empfiehlt sich deshalb, in der näheren Umgebung von Kindergärten, Kinderkrippen und Spielplätzen keine giftigen Gehölze zu pflanzen. In verschiedenen Ländern gaben die zuständigen Behörden (Jugendämter) Listen heraus, die alle für Kinder gefährlichen Arten aufführen. Weil es aber weder wünschenswert noch möglich ist, die in Europa vorkommenden giftigen Sträucher auszumerzen, muß die Erziehung der Kinder zum richtigen Umgang mit der Natur im Vordergrund der Bemühungen stehen. Kinder lassen sich vor allem von den appetitlich glänzenden, farbigen Beerenfrüchten verschiedener Arten verführen, und gerade diese enthalten im Vergleich zu anderen Teilen der Pflanze die größten Giftmengen.
Für die Gefährlichkeit der einzelnen Giftpflanzen gibt es praktisch kein objektives

Maß, weil die Wirkung eines Giftes nicht nur von seinen chemischen Eigenschaften und von der Dosis, sondern wesentlich auch von der Konstitution des betroffenen Menschen abhängt. Die Gifte der verschiedenen Strauchgehölzarten unterscheiden sich erheblich voneinander – auch in ihrer Wirkung. Im allgemeinen vertragen Erwachsene größere Giftmengen als Kinder. Die meisten einheimischen Giftsträucher sind verhältnismäßig ungefährlich. Nur nach der Aufnahme großer Mengen giftiger Pflanzenteile werden Erste-Hilfe-Maßnahmen und das Aufsuchen eines Arztes oder Krankenhauses nötig, manchmal lebensrettend. Weil die Gifte in der Regel über die Verdauungsorgane aufgenommen werden, besteht die Therapie im wesentlichen in einer Magenspülung. Im folgenden sind einige der in Europa häufigsten Giftsträucher erwähnt.

Erste Hilfe wird unumgänglich nach dem Verzehr von Früchten und Samen des Goldregens und des Seidelbastes. Der in Gärten häufig angepflanzte Goldregen *(Laburnum anagyroides)* stammt aus Südosteuropa und enthält das nervenlähmende Gift Cytisin. Das Gift befindet sich vor allem in den Blüten, Samen und Wurzeln; es bewirkt Übelkeit, Magenkrämpfe und Muskelzuckungen bis zum Kreislaufkollaps. Im schlimmsten Fall tritt Atemlähmung mit Todesfolge ein. 2–5 Früchte oder 10–25 Samen können bei Kindern eine tödliche Dosis bedeuten. Als erste Maßnahme muß der Magen so schnell wie möglich entleert werden – etwa durch Auslösung des Erbrechens.

Eine nicht häufige, aber in Europa weitverbreitete Pflanze ist der hauptsächlich in Laubmischwäldern vorkommende Gemeine Seidelbast *(Daphne mezereum)*. Er enthält in allen Teilen das Gift Mezerin. Den stark duftenden Blüten des zeitigen Frühjahrs folgen im Sommer leuchtendrote, fleischige Steinfrüchte. Schon bei oberflächlicher Berührung kommt es zur Entzündung der Haut mit Blasenbildung. Das Einnehmen der Früchte oder anderer Pflanzenteile führt zur Schwellung der Mundschleimhäute, zu Darmkrämpfen, Fieber und schließlich zum Tod im Kollaps. Bei Kindern können bereits 10–12 Beeren tödlich wirken. Auch hier muß der Magen sofort entleert werden.

Weniger giftig und nur bei Aufnahme großer Mengen gefährlich oder gar tödlich sind die Früchte und Samen folgender Arten: der Besenginster *(Sarothamnus scoparius)*, die Mistel *(Viscum album)*, der Kreuzdorn *(Rhamnus cathartica)*, der Faulbaum *(Frangula alnus)*, der Efeu *(Hedera helix)*, die Stechpalme *(Ilex aquifolium)* und der Liguster *(Ligustrum vulgare)*.

Die grünen Schalen und unreifen Früchte der Roßkastanie *(Aesculus hippocastanum)* enthalten Saponine; Vergiftungen treten selten auf; das Zerbeißen der Früchte und Schalen ist meist nicht gefährlich. Beim Schwarzen Holunder *(Sambucus nigra)* kann der Genuß vieler roher Beeren zu leichten Vergiftungserscheinungen führen, während die gekochten Früchte ungefährlich, ja heilkräftig sind. Beim Roten Traubenholunder *(Sambucus racemosa)* kommt den Kernen Giftwirkung zu, während der Saft gut verwendet werden kann. Die leuchtendorangeroten Früchte der Eberesche *(Sorbus aucuparia)* wird wegen ihrer nachhaltigen Bitterkeit kaum ein Kind verzehren; sie könnten Brechreiz erregen, sind aber in gekochtem Zustand ungefährlich und werden, gut gesüßt, zu Mus und Marmelade verarbeitet.

Gegen Störungen im Verdauungsapparat und leichte Giftwirkungen nach dem Genuß geringer Mengen der genannten Strauchfrüchte wehrt sich der Körper oft mit Brechdurchfällen, ohne daß weitere nachteilige Folgen zu befürchten sind.

Ökologische Zusammenhänge

Als ausgesprochene Waldrand-Pflanzen, welche den Gebüsch-Mantel am Rande naturnaher Wälder bilden, leiden vor allem in Mitteleuropa auch die Sträucher an den Folgen einer intensiv betriebenen Landwirtschaft. Die Kulturen werden oft sehr nah an die ersten Waldbäume herangeführt, so daß sich eine natürliche, strauchreiche Mantel- und Saum-Vegetation gar nicht mehr ausbilden kann. Auch das Kanalisieren der Bäche und Flüsse bedeutet eine Einengung der Lebensräume unserer Strauchgehölze in den mitteleuropäischen Kulturlandschaften.

Die Mantel-Gebüsche der Wälder, die Heckenzüge im Weideland, die buschreichen Feld- und Auengehölze bilden ihrerseits nahrungs- und deckungsreiche Lebensräume für vielgliederige Tiergesellschaften von Insekten, Lurchen, Kriechtieren, Vögeln, Säugern und anderen. Eine Verarmung der ehemals stark gegliederten landwirtschaftlich genutzten Flächen mit dem Verlust vieler Strauchgehölze zeitigt deshalb sehr negative ökologische Folgen, sowohl für die Tierwelt, als auch für den Wasserhaushalt einer Landschaft. Wo Sträucher und Bäume schwinden, verschlechtern sich die Kleinklimate und die Erosionsgefahr wächst sprunghaft an.

Geschützte Arten

Gefährdet und in Mitteleuropa vielerorts geschützt sind hauptsächlich die im folgenden aufgeführten selten gewordenen Sträucher: Die Seidelbast-Arten mit dem Rosmarin-Seidelbast oder Fluhröschen *(Daphne cneorum)*, dem Lorbeer-Seidelbast *(D. laureola)*, dem Gestreiften Seidelbast oder Steinröschen *(D. striata)* und dem Gemeinen Seidelbast *(D. mezereum)*, die beiden Alpenrosenarten *(Rhododendron ferrugineum* und *R. hirsutum)*, die Zwerg-Alpenrose *(Rhodothamnus chamaecistus)*, der Zwerg-Wacholder *(Juniperus communis subsp. nana)*, eine Unterart des Gemeinen Wacholders, der Sanddorn *(Hippophae rhamnoides)* und die Stechpalme *(Ilex aquifolium)* sowie die blühende Salweide *(Salix caprea)*. M. B.

Bildautoren

J. Apel: S. 59 u.l., 99 u., 105 o., 215 o., 227 o.; **A. Bärtels:** S. 17 o.l., 17 o.r., 17 u.r., 19 o., 23 o.r., 27 o., 29 u.r., 33 o.l., 37 u., 39 u., 47 u.l., 49 o.l., 49 o.r., 51 o.r., 71 u.r., 73 u.r., 81 o.l., 85 u., 91 o.l., 91 u., 95 o.r., 95 u., 101 o.r., 103 u.l., 109 o.l., 115 u.l., 121 u.r., 127 o.r., 129 u.r., 133 u.r., 135 o.r., 135 u.l., 139 u., 141 o.l., 141 o.r., 145 o.r., 147 o.l., 155 o.r., 161 o.r., 171 o.r., 171 u.r., 179 o.r., 187 o.l., 187 u.M.r., 189 o.r., 219 M.l., 225 o.r., 229 u.l., 229 u.r., 237 u., 243 o., 245 M.r., 253 u.l., 255 o., 255 u., 263 o.r., 269 o.r., 271 u., 277 o.; **E. Bayer:** S. 253 M.l.; **Bio-Info: Kratz:** S. 275 u.l.; **Dr. M. Bolliger:** S. 21 u.l., 51 u.r., 145 u.r.; **Dr. J. Chmelar:** S. 169 o.l., 171 o.l., 171 u.l., 175 o.l., 175 u.l., 189 u.l., 195 o.l., 221 o.; **R. Cramm:** S. 31 o., 61 u.l., 107 o., 179 o.l., 215 u.r., 221 u., 233 o., 235 u.r., 239 o.l.; **J. Diedrich:** S. 109 o.r.; **H. Eisenbeiß:** S. 27 u., 35 o.l., 35 u.l., 45 o.l., 53 o.l., 83 o.r., 93 o., 93 u., 97 o.l., 99 o.l., 107 u., 109 u., 119 u., 139 o.r., 149 u.l., 165 u., 167 u., 213 u., 223 o., 231 o.r., 235 o., 265 o., 275 o.l.; **X. Finkenzeller:** S. 123 u.r.; **R. Gebhard:** S. 79 o.r., 113 u.r.; **Prof. Dr. J. Grau:** S. 125 u.l.; **R. Haslberger:** S. 233 u.l., 235 u.l.; **H. Heppner:** S. 47 u.r., 79 o.l., 83 o.l., 89 u.r., 105 u., 207 u.M.r., 263 u.r., 267 u.r., 269 o.l.; **G. Kalden:** S. 217 o.; **E. Lautenschlager:** S. 165 o., 169 o.r., 173 u.r., 175 o.r., 175 u.r., 177 o.l., 177 u.l., 177 u.r., 181 u., 183 o.l., 183 o.r., 183 u.l., 183 u.r., 185 o.r., 187 o.r., 189 o.l., 189 u.r., 193 u.l., 193 u.r., 195 o.M., 195 o.r., 195 u., 197 u.M.l., 197 u.l., 197 u.r., 199 o.r., 199 u.r., 201 u.l., 201 u.r., 203 o.l.; **W. Layer:** S. 45 o.r., 137 u.r., 191 u.r., 241 o.r.; **K. H. Löhr:** S. 47 o.l.; **G. Lopez:** S. 21 o., 25 o.l., 25 u.l., 25 u.r., 29 o.l., 31 u.l., 49 u., 57 o., 61 u.r., 69 o., 71 o.l., 79 u.r., 81 o.r., 85 o.r., 87 u., 89 o., 89 u.l., 97 o.r., 99 o.r., 101 u.l., 103 u.r., 121 o.l., 121 u.l., 125 o.l., 125 o.r., 131 u.l., 131 u.r., 133 o.r., 135 o.l., 143 o.l., 143 u., 145 o.l., 149 o.r., 149 u.r., 151 o., 153 o.l., 155 u.l., 161 u.l., 163 u.r., 203 u.l., 205 u.M.r., 205 u.r., 207 u.r., 225 o.l., 245 u.l., 245 u.r., 247 o.r., 249 u.l., 249 u.r., 251 u., 253 u.r., 257 u.l., 257 u.r., 259 o.l., 277 u.l., 279 o., 279 u.; **B. Münker:** S. 253 o.r.; **Natural History Photo Agency:** Cambridge: S. 191 o., Campbell: 127 o.l., 231 u., Hawkes: 211 u.r., Savonius: 101 u.r., 123 o., 219 o.r.; **H. Partsch:** S. 157 u.l., 185 u.l., 187 u.r., 233 u.r., 249 o.r., 273 u.l.; **M. Pforr:** S. 21 u.r., 39 o.l., 43 u.r., 47 o.r., 51 o.l., 55 u., 65 o.l., 71 u.l., 117 o., 117 u., 147 u.r., 149 o.l., 151 u., 155 o.l., 159 o., 159 u.r., 173 o., 173 u.l., 181 o.r., 185 u.r., 203 o.r., 205 u.l., 239 u.r., 263 u.l.; **R. Podloucky:** S. 177 o.r.; **Dr. E. Pott:** S. 29 o.r., 139 o.l., 153 o.r., 153 u., 157 o.r., 157 u.r., 159 u.l., 245 o.r., 249 o.l., 269 M.r.; **H. Reinhard:** S. 53 o.r., 53 u.l., 87 o., 111 o.l., 131 o.l., 131 o.r., 143 o.r., 147 o.r., 147 u.l., 155 u.r., 211 o., 219 u.r., 267 u.l., 269 u.l.; **J. Schimmitat:** S. 77 u.l., 95 o.l., 113 u.l., 133 u.l., 179 u.l., 179 u.r.; **H. Schrempp:** S. 23 u., 33 u.l., 33 u.r., 45 u., 51 u.l., 53 u.r., 59 u.r., 61 o.l., 61 o.r., 65 o.r., 65 u., 67 o.l., 67 o.r., 67 u.l., 67 u.r., 69 u.l., 69 u.r., 71 o.r., 73 u.l., 75 o., 75 u., 77 o.l., 77 o.r., 77 u.r., 79 u.l., 83 u., 91 o.r., 97 u., 101 o.l., 103 o., 113 o.r., 115 u.r., 133 o.l., 137 u.l., 157 o.l., 161 o.l., 163 o., 181 o.l., 185 o.l., 193 o., 197 o., 199 u.l., 201 o.l., 201 o.r., 201 o.M.r., 203 u.r., 205 o.l., 205 o.r., 207 o., 207 u.l., 219 u.l., 229 o.l., 237 o., 239 o.r., 239 u.l., 241 u., 251 o., 261 o.r., 269 u.r., 271 o., 273 o.l., 273 o.r., 275 o.r., 275 u.r.; **E. Schuhmacher:** S. 17 u.l., 19 u.l., 43 o.r., 43 u.l., 73 o., 129 o., 141 u., 213 o., 273 u.r.; **S. Seidl:** S. 81 u., 229 o.r.; **B. Siegemund:** S. 35 o.r.; **Silvestris-Fotoservice:** Jacana-Carrara: S. 85 o.l., Jacana-Champroux: 137 o., Jacana-Frederic: 87 M., Jacana-Lecourt: 121 o.r., Jacana-Liutier: 169 u.r., Jacana-Nardin: 113 M.r., 167 o., 211 u.l., Jacana-Pillond: 29 u.l., 265 u.r., Jacana-Sommer: 163 u.l., Jacana-Varanger: 187 u.l., Jacana-Veiller: 209 o., Jacana-Viard: 31 u.r., 41 u., 209 u.r., 265 u.l., Jacana-Volot: 19 u.r., 55 o., 199 o.M.l., 209 u.l., 225 u., 227 u.r., 277 u.r., Jacana-Xavier: 145 u.l., Skibbe: 161 u.r.; **G. Steinbach:** S. 25 o.r., 33 o.r., 37 o.l., 37 o.r., 57 u.r., 63 u.l., 127 u.l., 127 u.r., 191 u.l., 241 o.l., 247 o.l., 247 u.l., 247 u.r., 261 u.l., 261 u.r., 267 o.l., 267 o.r.; **G. Synatzschke:** S. 57 u.l., 169 u.l., 215 u.l., 227 u.l., 245 o.l.; **K. Wagner:** S. 63 u.r., 119 o.; **H. Wöhler:** S. 63 o., 111 u., 223 u.; **K. Wolfstetter:** S. 23 o.l., 41 o., 43 o.l., 113 o.l., 135 u.r.; **K. Wothe:** S. 35 u.r., 39 o.r., 59 o., 115 o., 123 u.l., 125 u.r., 217 u., 231 o.l., 243 u., 259 o.r., 259 u.l., 259 u.r., 261 o.l.; **Xeniel-Dia:** Dr. J. Nittinger: S. 263 o.l., Götz: 129 u.l., Dr. Smettau: 257 o. – Bei den einfarbigen Weidenbildern handelt es sich um Röntgenogramme.

Allgemeiner Teil: H. Eisenbeiß: S. 281 o.r.; **M. Pforr:** S. 6; **Dr. E. Pott:** S. 283 u.; **H. Schrempp:** S. 10 u.r., 14 o.l., 281 o.l.; **Silvestris-Fotoservice: Jacana-Viard:** S. 10 o.; **G. Steinbach:** S. 10 u.l., 12 o.l., 15 o.r.

Register der beschriebenen Arten

Im Text nur erwähnte, etwa außereuropäische oder kultivierte Arten wurden nicht ins Register aufgenommen. Sie sind über die jeweilige Gattung beziehungsweise die nächstverwandte Art unter der Textrubrik »Allgemeines« aufzusuchen.